PERSPECTIVES DE LA REGRESSION DANS
LES VIES ANTERIEURES ET DE LA
REGRESSION SPIRITUELLE

GUÉRIR L'ÂME ÉTERNELLE

ANDY TOMLINSON

from the
heart press

Publié par The Heart Press
Site Web : www.fromtheheartpress.com
Première publication au Royaume-Uni : *O Books,* 2005
Deuxième publication au Royaume-Uni : *From the Heart Press,* 2012
Publication française : *From the Heart Press,* 2018

Droits d'auteur : Andy Tomlinson
ISBN : 978-0-9572507-4-1

Tous droits réservés. A l'exception de brèves citations dans des articles ou revues critiques, toute reproduction de ce livre, de quelque manière que ce soit, et sans autorisation préalable écrite des maisons d'édition, est interdite.

Les droits d'auteur de M. Andy Tomlinson ont pu être établis en conformité avec le Copyright, Designs and Patents Act 1988.

La notice catalographique de ce livre est disponible à la British Library.

Design : Ashleigh Hanson, Email : hansonashleigh@hotmail.com

Titre original en Anglais : Healing the Eternal Soul

Traduction : Nathalie Adet-Legendre et Régis Legendre © 2018
E-mail : regislegendre@free.fr

Pour plus d'informations concernant Andy Tomlinson et la formation de la thérapie par la régression, veuillez consulter le site web :
www.regressionacademy.com.

REMERCIEMENTS ET AUTORISATIONS

La qualité de la relation thérapeutique répond à des exigences éthiques dont fait partie intégrante la confidentialité. Je suis donc reconnaissant aux nombreux clients qui m'ont autorisé à divulguer leurs expériences dans mes études de cas. Leurs noms ont été modifiés mais ce qui a trait à la vie antérieure et aux techniques de soins ont été enregistrées scrupuleusement.

Mes remerciements s'adressent plus particulièrement au Dr. Peter Hardwick pour avoir lu le manuscrit et avoir fait part de ses suggestions en décrivant les concepts psycho-spirituels et ésotériques qui constituent le thème central de ce livre. J'ai particulièrement apprécié la patience infinie dont il a fait preuve. Je suis également reconnaissant au Dr. Roger Woolger pour sa contribution particulièrement inspirante. Je lui dois également mes remerciements pour la mise à disposition de documentations et ouvrages de référence. Tel est le cas également du Dr Hans TenDam pour toutes ses suggestions fort utiles.

Toute ma reconnaissance s'adresse également à mes confrères thérapeutes membres de la *Spiritual Regression Therapy Association* et de l'*Earth Association of Regression Therapy*. Dès lors qu'il est matériellement impossible de les nommer tous, je remercie tout particulièrement Ulf Parczyk, Els Geljon, Helen Holt, Diba Yilmaz and Di Griffith. Dans le cadre de la régression spirituelle de la vie entre les vies, les membres de *l'Institut Michael Newton* sont également vivement remerciés pour leur contribution, et en particulier le Dr. Michael Newton et le Dr. Art Roffey.

J'étends mes remerciements aux nombreux éditeurs pour ce qui a trait aux citations :

Shambhala Publications, Inc., Boston, www.shambhala.com, *The Tibetan book of the Dead,* translated with commentary by Francesca Fremantle and Chogyam Trungpa.

Random House Group Limited, *The Tibetan Book of Living and Dying,* by Sogyal Rinpoche, published by Rider.

University of Virginia Press, *Twenty Cases Suggestive of Reincarnation,* by Dr Ian Stevenson.

Praeger Publishers, *Where Reincarnation and Biology Intersect,* by Dr Ian Stevenson.

Harper Perennial, *The Enlightened Heart,* by Stephen Mitchell.

The Theosophical Books, *Idyll of the White Lotus,* by Mebel Collins.

Beyond Words Publishing, *Autobiography in Five Chapters,* by Portia Nelson, quoted by Charles Whitfield in *Healing the Child Within.*

Brunner & Mazet, *The Collected Papers of Milton Erickson Vol. IV,* quoted by Yvonne Dolan in *A Path With a Heart.*

Atlantic, Daily Mail quotes.

Headline Books, *Spirit Releasement Therapy,* by William Baldwin.

Llewellyn Publications, *Life Between Lives; Hypnotherapy for Spiritual Regression,* by Michael Newton.

Michael Newton Institute, *Training Manual.*

REMARQUES

Bien que les études de cas présentées dans ce livre décrivent des situations où les clients obtiennent des résultats satisfaisants, voire spectaculaires, telle n'est pas l'intention de l'auteur de faire de la thérapie par la régression dans les vies antérieures un thème à sensation. L'intention est plutôt de créer une plus grande ouverture pour une méthode de soins qui reste trop faiblement diffusée. De plus, aucun thérapeute ne devrait mettre en application les puissantes techniques de régression sans être formé de façon adéquate.

TABLE DES MATIÉRES

PROLOGUE   1

1 - INTRODUCTION   7
Imagination - au-delà de l'approche conventionnelle, le corps subtil – l'énergie au-delà du corps physique, mémoires de vies antérieures, étude de cas d'une régression dans une vie antérieure, visée de la thérapie par régression dans les vies antérieures.

2 - ASPECTS THÉORIQUES DE LA RÉGRESSION DANS LA VIE ANTÉRIEURE ET DE LA RÉGRESSION SPIRITUELLE   25
L'Ancienne Sagesse, la dualité matériel et spirituel, stockage des mémoires des vies antérieures, le principe du karma, la réincarnation, la loi d'attraction, les complexes.

3 - ACCÉDER A UNE VIE ANTÉRIEURE   45
Utilisation de l'hypnose, pont émotionnel, pont verbal, pont somatique, pont par un balayage énergétique, pont visuel, surmonter les obstacles à l'entrée dans une vie antérieure.

4 - EXPLORATION D'UNE VIE ANTÉRIEURE   67
Incarner le personnage dans la scène, naviguer dans le temps, gestion des diversions, gestion des catharsis.

5 - LE PASSAGE DE LA MORT   81
Une mort paisible, traumas non résolus au moment de la mort, attachement au plan terrestre.

6 - TRANSFORMATION DANS LE PLAN SPIRITUEL   91
Rencontre avec les personnages des vies antérieures, transformer une émotion figée, assistance des guides spirituels, trouver le pardon, balayage énergétique des points non résolus.

7 - LA RÉGRESSION SPIRITUELLE DE LA VIE ENTRE LES VIES   109
Préparation, approfondissement de la transe, entrée dans le plan spirituel, revue de la vie passée avec le guide spirituel, rencontre avec le groupe d'âmes, rencontre avec les Anciens, choix du

corps de la vie future, départ pour la réincarnation, autres activités spirituelles, travailler dans le présent éternel, récit complet d'une régression spirituelle.

8 - TRAVAILLER AVEC LES MÉMOIRES CORPORELLES — 169

Le langage du corps, explorer les mémoires corporelles, transformer les mémoires corporelles des vies antérieures, transformer les mémoires corporelles de la vie présente, psychodrame, dissociation et fragmentation dans les traumas profonds.

9 - LES ÉNERGIES INTRUSIVES — 193

Détection, libération des esprits intrusifs, nettoyage des énergies intrusives négatives, soin énergétique et entretien de fin de séance.

10 – INTÉGRATION — 209

Intégration d'une vie antérieure, intégration d'une thérapie par la régression, retour dans l'ici et maintenant, autres activités d'intégration.

11 - ENTRETIEN PRÉLIMINAIRE — 225

L'alliance thérapeutique, objectifs et symptômes mesurables, fixer le cadre de la thérapie et recueillir les antécédents, contre-indications à la thérapie par la régression, effets secondaires des neuroleptiques, problème des faux souvenirs.

12 - CONCLUSION — 237

ANNEXE I - Notes — 243
ANNEXE II - Structurer une séance de thérapie par la régression — 251
ANNEXE III - Structurer une séance de régression spirituelle — 265
ANNEXE IV - Libération des énergies intrusives — 291
LECTURES COMPLÉMENTAIRES — 297
ASSOCIATIONS DE THÉRAPIE PAR LA RÉGRESSION — 303
SOURCES ET RENVOIS — 307
BIBLIOGRAPHIE — 313
A PROPOS DE L'AUTEUR — 319

Prologue

Me voilà assis pensant à la révélation qui m'a été faite. Ce médium m'avait apporté une information bien avant qu'il ait pu être démontré qu'elle était manifestement exacte. Il commença en disant: *« L'esprit qui apparaît a un pouvoir considérable et une lumière éclatante. Il dit que vous irez au Brésil dans six mois et aurez deux choses à faire. Vous rencontrerez un homme dénommé Jean de Dieu dans une grande salle où chacun sera habillé en blanc. Vous avez été choisi pour trouver un cristal que vous utiliserez dans votre pratique de soins, qui se trouve dans une cave où ils enterrent les gens, et vous devrez vous concentrer sur un œil d'éléphant pour le trouver. Ces consignes sont très importantes ».* Ma réaction immédiate fut de requérir plus d'informations. *La seule réponse reçue fut : quelqu'un vous aidera et vous serez attiré vers ce qu'il vous dira. L'information relative au lieu vers lequel il faudra vous diriger vous sera donnée. Le voyage au Brésil aura lieu en août et durera environ trois semaines et vous emprunterez une rivière pour vous déplacer. Vous devrez vous munir d'un antidote contre les piqûres de serpent. Si vous faites confiance en votre intuition, chaque chose trouvera sa juste place ».*

Dans les mois qui suivirent, je demandais à chaque personne que je rencontrais si elle avait un lien quelconque avec le Brésil. Je finis par y renoncer et poursuivis ma vie quotidienne. Trois mois plus tard, Dr Art Roffey, un confrère des Etats-Unis vint offrir une conférence sur le shamanisme. En apprentissage durant un certain nombre d'années chez son mentor shaman Don Theo Paredes, Art voyageait aussi au Pérou. Il me demanda si j'étais intéressé d'aller au Pérou mais je répondis que j'étais surtout intéressé par le Brésil. C'est à ce moment-là, qu'il me parla de

GUÉRIR L'ÂME ÉTERNELLE

Ipupiara Makunaiman, communément dénommé Ipu. Il était né en 1946 et issu de la tribu Ureu-eu-wau-wau (Peuple des étoiles) de l'Amazonie brésilienne. En ce temps-là, les Ureu-eu-wau-wau comptaient 2400 personnes mais aujourd'hui seulement 43 avaient survécu. Après une longue période de pratique de shaman et de soins, les aînés de la tribu, ont prié Ipu de se former d'une façon différente de la traditionnelle. Suivant leurs instructions, il obtint un doctorat en Anthropologie et Biologie, et réussit à maîtriser l'anglais, l'espagnol, le portugais et huit autres dialectes indigènes sud-américains. Tandis qu'il maintint une pratique de soins en tant que shaman traditionnel, il co-fonda la Native Cultural Alliance dédiée à la préservation et au partage de cultures et de sagesses autochtones. Cela comprenait l'organisation de voyages en Amazonie. Quand je pris contact avec Ipu et appris que le prochain voyage se déroulait au mois d'août, je compris intuitivement qu'il était le guide dont j'avais besoin pour mon voyage au Brésil et réservais mon billet d'avion.

Je découvris alors qu'une grande partie du voyage organisé par Ipu, se faisait par bateau, servant également d'espace d'habitation et de lieu de couchage. Notre voyage se déroulait le long du Rio Negro, un confluent de l'Amazone. L'acidité de l'eau de la rivière la rend moins exposée aux moustiques que l'Amazone, mais ma préoccupation en prenant part au voyage était surtout de me procurer un antidote aux piqûres de serpent. On me dit qu'il y avait un seul serpent venimeux dans cette partie de l'Amazone, le serpent corail. Il n'était pas question pour obtenir un antidote d'aller dans une pharmacie et de l'acheter. Un serpent devait être capturé vivant et extrait de son habitat, sous des troncs de bois en décomposition, et envoyé à un centre qui extrairait le poison et préparerait l'antidote. Bien que les hôpitaux conservent des antidotes en cas d'urgence, ils se situent à plusieurs jours de navigation. On m'a assuré que les piqûres de serpent étaient très rares.

Prologue

Un shaman attendait debout sur une estrade pour accueillir le bateau. Après les salutations d'usage, j'ai été conduit à une hutte à proximité, où quelques femmes étaient en train de tisser alors qu'un autre shaman attendait à l'entrée. Tandis que je passais la porte, il me présenta un bocal comprenant deux serpents corail morts préservés dans un fluide. Il avait été intuitivement amené à me les présenter lors de mon entrée dans la hutte. A l'aide d'un interprète, je découvrais qu'un soin shamanique contre les piqûres de serpent venait de m'être offert. Il s'avère que le serpent corail porte l'antidote dans sa colonne vertébrale. Pour traiter une piqûre de serpent, le shaman applique un garrot sur le membre lésé et si le serpent est capturé, une entaille du serpent mort est frottée sur la plaie. Lorsque l'antidote provenant de la colonne vertébrale commence à faire effet, la surface rouge produite par la piqûre change de couleur. Si le serpent ne peut être capturé, un des serpents préservé dans le bocal est utilisé. Le fluide de préservation est mis au feu et le serpent calciné frotté contre la plaie. Les shamans pratiquent ces soins depuis des millénaires.

Une deuxième surprise m'attendait à la cérémonie des shamans. Lorsque je lui demandais si le shaman pouvait me donner une piste pour le cristal que je recherchais, la traduction de ses mots furent *"vous soignez les âmes"*. En tant que thérapeute de la régression dans les vies antérieures, j'exerce un travail qui est profondément spirituel mais je n'avais jamais pensé à le qualifier en ces termes. Ici se trouvait un Shaman qui avait toute sa vie vécu en plein cœur de la jungle, qui ne parlait pas l'anglais et qui ne m'avait jamais vu auparavant, mais qui comprît immédiatement le sens de mon travail. Il poursuivit en disant *"le cristal que vous recherchez n'est pas sous une forme physique mais sous une forme éthérique. Il est une source d'énergie »*.

Vers la fin du voyage, notre groupe visita une petite chute d'eau à Iracema, située sur un confluent de l'Amazone. Pour les locaux, le nom Iracema signifie "larmes coulent des yeux d'une vierge». Ce site sacré possède des grottes qui sont utilisées pour des cérémonies de soins thérapeutiques depuis plus de deux mille ans. Mon intérêt grandît, lorsque je découvris que ces grottes avaient aussi été utilisées pour enterrer les os et restes des ancêtres. A ce moment-là, j'étais toujours convaincu que je cherchais un cristal sous une forme matérielle. Une torche à la main, j'explorais les profondeurs des grottes, quelquefois à genoux. Alors que je dirigeais ma torche dans les crevasses, je me rendis compte qu'elles étaient habitées de chauve-souris. Courber la tête, afin d'éviter qu'elles me heurtent en volant, devint une habitude. J'étais en effet déterminé à explorer les grottes, cherchant toutes sortes de choses qui pourraient ressembler à un éléphant. Dans certaines crevasses, des araignées, avec des pattes tellement longues que je ne pouvais voir leur corps, avançaient furtivement en ma direction. Finalement, je réalisais que je n'allais rien trouver. Après une journée de repos, je me promenais vers les grottes et reposant ma main à un endroit sur la paroi de la grotte, je me sentis appelé à méditer. Tandis que je visualisais un éléphant doté dans son œil d'un cristal, un portail s'ouvrit et je vis ce que je pourrais uniquement décrire comme un couloir de lumière conduisant à une masse de lumière vive. Je me sentis investi d'un pouvoir de guérison dans mes mains. Je ne compris pas tout de suite l'entière signification de cet évènement.

La dernière partie du voyage se déroula à Abadiania, qui est situé à environ deux heures de voiture de Brasilia. Joao Teixeira de Faria, dénommé *Jean de Dieu* a fait de ce lieu un centre de soins. Ovationné par certains comme étant un guérisseur miraculeux depuis plus de 2000 ans, il avait la réputation de guérir plus de malades en un jour qu'un hôpital en un mois. Je dois admettre franchement qu'en arrivant j'étais sceptique au sujet de son travail et également lorsque je visionnais des vidéos le montrant en train de pratiquer des opérations des plus spectaculaires. Parmi celles-ci, figuraient l'extraction de tumeurs

Prologue

à mains nus et le curetage avec un couteau d'une cataracte sans regarder ce qu'il faisait. Lorsque j'entrais dans la salle de soins de la Casa, je trouvais des centaines de personnes en posture de méditation unies par l'énergie émanant de la colline de quartz sur laquelle est construite la Casa. Au cœur de cette extraordinaire énergie, j'apprends que le soin est apporté par des esprits de lumière qui canalisent l'énergie, d'une façon similaire à la façon dont le laser opère dans nos contrées de l'Ouest pour les opérations chirurgicales des yeux.

Il y a trois ans, j'ai parlé à une Australienne, dénommée Claire, porteuse d'une maladie attaquant le système nerveux central, diagnostiquée comme ayant une espérance de vie de six mois. Dès la première séance avec *Jean de Dieu*, ses tremblements cessèrent et elle put se débarrasser de ses béquilles et marcher sans assistance. Elle expliqua que l'opération fut conduite à l'aide de longs ciseaux d'environ 12 centimètres introduits à l'intérieur de son nez jusque dans la tête sans aucune anesthésie médicale. Tandis que Joao faisait pénétrer d'un mouvement rotatoire les ciseaux, elle ne ressentit aucune douleur, mais fut consciente de ce qu'il faisait quand sa bouche se remplit de fluide provenant du sinus et d'un peu de sang. Je découvris que ce type d'opérations est effectué par des esprits de lumière, que Joao appelle "Entités" qui prennent possession de son corps. Des opérations portant sur le corps biologique, telles que celles décrites, sont effectuées devant de grands groupes de personnes, afin de démontrer aux esprits sceptiques l'existence de l'esprit de lumière. J'ai parlé à d'autres personnes de langue anglaise qui m'ont toutes raconté leur propre guérison. Bien que mes doutes commençaient à s'atténuer, toutes les personnes auxquelles j'avais parlé, n'avaient pas été guéries. Ce travail, comme toute guérison, doit être effectué selon les lois du karma. Certaines personnes avaient bénéficié d'une guérison partielle, voire d'aucune guérison du corps biologique tant qu'elles n'avaient pas opéré de changements dans leur vie quotidienne et il leur fut conseillé de revenir à une date ultérieure pour une guérison complète.

De nombreux autres guérisseurs étaient attirés par l'énergie thérapeutique de la Casa et demandaient de l'aide pour développer leur intuition et leurs facultés de soins. Rester assis dans un état de méditation pendant plus de trois heures avec des personnes venant se faire soigner est une expérience spirituelle exaltante. Ceux séjournant pour quelques semaines dans les hôtels locaux, subvenant aux besoins des visiteurs de la Casa, bénéficiaient aussi de cette merveilleuse communauté. Ainsi que l'avait prédit le medium, la plupart des gens étaient vêtus de blanc afin de manifester leur respect pour le travail effectué dans ce centre. Plus de 500 personnes se déplaçant chaque jour pour bénéficier de guérisons, il était difficile de ne pas se montrer humble face à l'ampleur de cette aventure spirituelle. Voici plus de 30 ans que Joao pratique la chirurgie en transe médiumnique sans aucune rétribution financière.

Au retour de ce voyage, je rencontrai Art et lui racontai le voyage et la source d'énergie et de guérison rencontrées. Sa première réaction spontanée fut de me confier un ornement sacré, doté d'un pouvoir de guérison qu'il avait conservé, disant qu'il devait m'être transmis. Figure sculptée dans le quartz par les Chavins du Pérou il y a plus de 2000 ans, sa forte puissance de guérison pouvait être clairement ressentie. Il s'avéra plus tard qu'un Shaman de sa tribu avait après mon départ dit à Ipu que je ne trouverais pas un cristal tangible à l'occasion de mon voyage au Brésil. Je devais le recevoir plus tard de quelqu'un qui suivait le chemin spirituel de guérison. La vie semble s'être déployée exactement comme le medium et le Shaman l'avaient prédit, chacun se manifestant comme les acteurs d'une histoire merveilleuse à épisodes et s'ajustant parfaitement les unes aux autres.

1

INTRODUCTION

Plonge dans le vaste océan de la conscience
Laisse cette goutte d'eau que tu es
Devenir une centaine de mers puissantes.
Mais ne pense pas que cette goutte d'eau seule deviendra un océan, l'océan également est une goutte d'eau.

Jeladuddin Rumi, Soufi 13ème siècle

IMAGINATION - AU-DELÀ DE L'APPROCHE CONVENTIONNELLE

Mon expérience de la grotte et de la puissance énergétique de guérison utilisée par *Jean de Dieu* était-elle bien réelle et jusqu'à quel point? La psychologie moderne dit bien peu de choses sur l'imagination, la perception holistique ou l'intuition. L'essentiel des approches thérapeutiques et des recherches font appel à l'hémisphère gauche du cerveau associé à la pensée rationnelle, à la logique et à la communication verbale. La culture occidentale nous a inculqué la suprématie de cet hémisphère, reléguant l'imagination aux artistes, aux musiciens ou aux écrivains. Quand des expériences comme la mienne, ou des réminiscences de vies antérieures soulèvent des discussions, elles sont souvent discréditées comme étant le fruit de l'imagination, sous-entendu elles ont été inventées ou créées de toutes pièces. En état de relaxation, la plupart des gens ont des rythmes cérébraux ralentis et trouvent plus facile d'utiliser leur intuition et imagination mais la psychologie moderne ignore de quelle nature elles sont ou d'où elles proviennent. A l'aube de la psychologie moderne, Carl Jung se référait à l'imagination comme une ouverture vers la conscience collective. Selon lui, il s'agissait d'une réserve de mémoires ancestrales et de vies antérieures. Adoptant une autre approche Stanislov Grof travailla sur les états modifiés de conscience. Il effectua des expériences cliniques avec du LSD et réalisa que beaucoup de participants avaient spontanément accès à des mémoires infantiles antérieures à la naissance et à des vies antérieures. Il découvrit ensuite que ces états modifiés de conscience pouvaient être atteints en utilisant des exercices de respiration profonde plutôt que le LSD[1]. Roberto Assagioli, le fondateur de la thérapie dénommée *Psychosynthèse* et contributeur de la branche de la psychologie, appelée psychologie transpersonnelle, découvrit que les états modifiés de conscience pouvaient être atteints grâce à la méditation[2].

L'utilisation de l'imagination dans l'exploration d'autres réalités est connue depuis l'origine des temps. Les aborigènes d'Australie l'appelaient *« le temps du rêve »*. Le shamanisme[3] n'établit aucune distinction entre le réel et l'imaginaire. Le shaman entre dans un état d'ouverture, semblable à une transe, en général à l'aide de résonances rythmiques. Le shamanisme a dix mille ans d'existence et se retrouve dans toutes les tribus indigènes de tous les continents. Aucune de ces anciennes cultures n'ont laissé de traces écrites, mais nous pouvons tout de même tirer des enseignements de leur pratique grâce à ceux qui sont toujours en vie et qui sont désireux de partager leur connaissance.

La vérité est que depuis l'origine des temps sur terre, nous avons à l'échelle humaine fait usage de notre imagination et des ondes cérébrales, tels qu'expérimentés dans les états modifiés de

Introduction

conscience. L'imagination agit comme une porte d'entrée pour accéder à l'intuition et à d'autres réalités où les vies antérieures sont accessibles. En aiguisant notre attention, il nous est encore possible de rencontrer ces réalités hors du périmètre du monde terrestre. De même que faire usage de notre imagination nous permet de voyager sur le champ, quand nous puisons dans la réserve de mémoire où nos vies antérieures sont stockées, nous pouvons entreprendre ce voyage instantanément. Cela équivaut en quelque sorte à presser le bouton de commande d'un ordinateur pour accéder à sa mémoire. Dès lors que le bon bouton est actionné, il devient possible d'accéder à cette mémoire. Pour ce qui concerne les mémoires de vies antérieures, ce bouton de commande s'appelle un pont et se manifeste par une imagerie guidée, une phrase, une émotion ou une sensation physique.

LE CORPS SUBTIL — L'ÉNERGIE AU-DELÀ DU CORPS PHYSIQUE

Comment cela fonctionne-t-il ? Tout au long de l'histoire de la physique et de la médecine occidentale, le corps a essentiellement été comme un objet tangible. Cette croyance fut renversée quand Einstein, grâce à sa théorie de la relativité, fut en mesure de démontrer que le corps humain est simplement une énergie, comme c'est le cas de toutes choses terrestres. Telle est la façon dont les anciennes traditions voient le corps physique, enveloppé d'un champ d'énergie, dénommé le corps subtil, celui-ci consistant en différentes couches d'énergie, chacune dotée de sa propre *vibration*[4]. Cela pourrait être comparé à de la glace qui peut exister sous forme solide et peut tout de même dégager de la vapeur. La différence entre la glace et la vapeur d'eau est l'énergie que chacune possède. Dans plusieurs coins du monde, le corps subtil se dénomme chi, ki, prana, fohat, orgone, odic force, et mana. Il ne peut être mesuré à l'aide d'instruments classiques. Les auteurs Krippner et Rubin ont fait état de ce phénomène énergétique autour des plantes, des animaux et êtres humains dans leur livre *Galaxies of Life*.[5]. Leurs travaux de recherche parlent d'émanations énergétiques enregistrées au moyen d'un procédé quasi-photographique controversé, dénommé les photographies Kirlian. A titre d'exemple la *feuille fantôme* se proposait de révéler cette énergie.

La médium Barbara Brennan[6] relate dans son livre *Hands of Light* comment elle a pu déceler une maladie, par simple observation du corps subtil et ce d'une façon aussi exacte que pourraient le faire des équipements modernes. Le corps subtil est réputé pour soigner le corps physique grâce à une technique dénommée le toucher thérapeutique utilisé dans quelques hôpitaux en Amérique et en Angleterre. Ces découvertes étaient postérieures à des recherches démontrant que la proportion de guérison pouvait être accrue quand les mains du guérisseur étaient éloignées de quelques centimètres de la plaie chirurgicale[7]. Les méthodes de soins utilisant le corps subtil existent depuis des millénaires. Les méridiens du système chinois dans l'acupuncture et plus récemment le soin japonais énergétique dénommé Reiki en sont des exemples. Beaucoup de thérapies complémentaires et alternatives qui deviennent de plus en plus populaires utilisent le flux de ces énergies subtiles qui enveloppent le corps physique.

Ceci nous amène à la question de savoir si une partie de notre conscience réside dans le corps subtil. La science occidentale n'apporte aucune information là-dessus. L'expérience de mort imminente de Patrick Tierney[8], citée dans le quotidien *Daily Mail*, est un excellent point de départ, parce que cet article laisse entendre que la conscience pourrait ne pas être du tout liée au corps physique :

Introduction

Patrick a eu une attaque cardiaque à l'âge de 51 ans. Il était déjà à l'hôpital quand cela s'est produit, c'est à dire des heures après avoir survécu à une attaque cardiaque moins sévère plus tôt dans la journée. Son expérience de mort imminente intervint quand il fut diagnostiqué comme étant mort tout au moins cliniquement parlant. Il était parfaitement indifférent au drame qui se déroulait autour de lui tandis que les médecins se démenaient pour sauver son existence. Ils parvinrent grâce à un défibrillateur à remettre son cœur en marche. Il raconta ensuite qu'il lui semblait marcher depuis longtemps avant de parvenir à une jonction où le tunnel prenait deux directions distinctes. A sa gauche, le noir complet, à sa droite une éclatante lumière. Il prit le tunnel de droite qui déboucha sur un splendide jardin magnifiquement coloré. Il n'avait jamais vu cela dans sa vie. Au milieu du jardin se trouvaient ses parents, et sa belle-mère vint les rejoindre [ils étaient morts entre 1984 et 1990, avant son expérience de mort imminente]. Il parvint à une grille et son père lui dit de ne pas la franchir. Sa mère lui sourit simplement, puis il se retrouva dans un tunnel sombre et la dernière chose dont il se souvint fut la voix d'une femme l'appelant par son nom. Il s'agissait d'une infirmière de l'hôpital.

De telles expériences ont causé de nombreuses controverses, soulevant la question s'il s'agit ou non d'hallucinations ou d'un aperçu de la vie après la mort. La plus commune des explications en faveur de l'hallucination porte sur les changements physiologiques qui opèrent pendant la phase de déclin vers la mort. Elles peuvent être causées par la libération d'endorphines, un manque d'oxygène, une augmentation du niveau de dioxyde de carbone dans le sang ou par l'absorption de médicaments. Il pourrait s'agir, selon une autre explication, d'un phénomène psychologique créé par le patient dans ces heures difficiles.

Dr Parvia et son équipe de la Horizon Research Foundation de l'hôpital général de Southampton en Angleterre a travaillé durant un an avec 63 personnes ayant survécu à un arrêt cardiaque. Aucun des sujets observés n'avaient expérimenté de changements dans le niveau d'oxygénation du sang, dioxyde de carbone, potassium ou sodium. Dans le cas contraire, cela aurait pu engendrer des hallucinations. Ceci permit de rejeter l'argument, souvent avancé, selon lequel de faibles niveaux d'oxygénation ou autres composants chimiques étaient à l'origine des NDE. Ils ont également interrogé les patients sur leurs croyances religieuses et éthiques. Il s'avéra que les 7 sujets qui avaient eu une expérience de mort imminente n'avaient pas plus d'aspiration spirituelle que les autres patients.

Le cardiologue Dr Pim van Lommel et ses collègues de l'hôpital Rijnstate à Arnhem, Hollande, entreprirent des études plus complètes pendant 13 ans. Ils effectuèrent des expériences sur 344 patients ressuscités après un arrêt cardiaque. Tous avaient été déclarés morts cliniquement à un certain moment durant leur traitement. Sur le nombre, 62 patients reportèrent une expérience de mort imminente et 41, un tunnel, de la lumière et des proches. Durant leur perte de conscience, beaucoup d'entre eux n'avaient plus d'activité électrique dans le cerveau. Cela signifie que leur mémoire de l'expérience ne pouvait être expliquée par les raisonnements scientifiques habituels. Le suivi de ces patients 8 ans plus tard révéla qu'ils avaient moins peur de la mort et une orientation plus spirituelle face à l'existence. Les résultats furent rapportés dans le prestigieux journal médical *The Lancet* [9]: Tel est le rapport issu de cette étude qu'en a fait l'infirmière :

> Un homme de 44 ans a été conduit par ambulance à l'hôpital durant la nuit après avoir été découvert dans un

Introduction

champ. Sa peau avait viré au bleu et il était dans un coma profond. L'équipe médicale et moi-même avons eu recours à la respiration artificielle, à un massage cardiaque et à la défibrillation, et lorsqu'un tube fut inséré dans sa bouche, on s'aperçut qu'il portait un dentier. Je retirai le dentier et le plaçai sur un « chariot de réa ». Une heure et demie plus tard, le patient avait suffisamment de rythme cardiaque et de pression sanguine pour être transféré en soin intensif, bien qu'il devait rester sous respiration artificielle. Après environ une semaine, je rencontrai le patient dans le service de cardiologie. Dès qu'il m'a vu, il a dit que je savais où était son dentier : « oui, vous étiez là lorsqu'ils m'ont amené à l'hôpital et vous avez ôté mon dentier et l'avez posé sur ce plateau. Il y avait toutes ces bouteilles dessus et il y avait ce tiroir coulissant en dessous et vous y avez déposé mon dentier ». J'étais assez abasourdie parce que je me souviens que cela s'était déroulé tandis que cet homme était dans un coma profond et alors que nous tentions de le ressusciter. Quand je voulus en savoir davantage, il s'avéra que le patient se voyait à distance, couché sur le lit. Il décrivit également correctement, et en détail, la petite salle dans laquelle il avait été sorti de son coma, ainsi que tous ceux qui étaient présents comme moi-même. A l'époque, il avait eu vraiment peur que nous arrêtions de le réanimer et qu'il puisse mourir. Il fut très impressionné par cette expérience et n'eut plus peur ensuite de la mort. Quatre semaines plus tard, il quitta l'hôpital en homme transformé et guéri.

Les expériences de mort imminente sont plus courantes qu'on ne le croit, huit millions d'américains en ayant déjà expérimenté une. [10] Ce nombre croissant de preuves laisse entendre que le siège de la conscience ne se situe pas dans le cerveau biologique. Bien sûr, de plus amples recherches sont nécessaires pour valider ces travaux et ces nouveaux concepts d'un point de vue scientifique. Tel est le fer de lance d'une organisation dénommée The Scientific and Medical Network, un groupe international basé dans 53 pays composé de scientifiques, médecins, psychiatres, psychologues thérapeutes et autres professionnels. Ils tiennent des conférences, publient des articles et soutiennent la recherche dans de nouveaux domaines.

Certaines mémoires peuvent-elles provenir de vies antérieures ?

Nous avons vu que la conscience peut se détacher du corps physique ; dans ce cas peut-elle se relier à une mémoire de vie antérieure ? A ce sujet, intervient Dr Ian Stevenson, ancien responsable du département de parapsychologie de l'Université de Virginia. Il s'est spécialisé dans le recueil d'histoires de vies antérieures qu'il a réunies en interrogeant des enfants du monde entier, ainsi que ceux ayant été témoins de leur expérience. Des visites de contrôle ont permis d'écarter toute possible incohérence, tentative de tromperie ou de profit personnel de la part des chercheurs. Un exemple de l'un de ces cas est l'exposé qu'en a fait Swarnlata Mishra, née en 1948, dans le district Madhya en Inde. Voici un extrait de son livre, *Twenty Cases Suggestive of Reincarnation*[11]

> Alors qu'elle n'avait que trois ans, Swarnlata commença à expérimenter des mémoires de vies antérieures de façon spontanée. Ces mémoires concernaient une petite fille dénommée Biyi Pathak qui vivait dans un village à plus de 160 kilomètres. Elle se souvint de détails portant sur une

Introduction

maison blanche composée de quatre pièces, aux portes noires décorées de barres de fer et d'un sol carrelé en pierre. Plus tard, on découvrit qu'une petite fille dénommée Biyi, avait bien vécu dans la maison décrite par Swarnlata, et qu'elle était morte neuf ans avant la naissance de cette dernière. Elle identifia aussi plusieurs personnes de la famille ainsi que des serviteurs et réussit à les nommer quand elle rendit visite à la maison où vécut Biyi. Elle ne tomba pas dans le piège qui lui fut tendu quand une personne inconnue lui fut présentée comme étant membre de la famille de Biyi, tandis que ce n'était pas le cas. Elle put se remémorer des détails de sa vie antérieure, quand un jour où elle assistait à un mariage, elle ne parvint pas à trouver les latrines. Tandis que le père ne s'opposait pas à l'émergence de ces mémoires, aucun signe pouvant induire une quelconque tentative de tromperie de leur part n'a pu être détecté. Un total de 49 différents aspects de l'histoire de Swarnlata, séparés les uns des autres, ont pu être réunis et contrôlés par au moins un témoin indépendant. Aucun de ceux-ci ne pouvait offrir d'autres explications que celle de la réincarnation.

Au total, Ian Stevenson et ses collègues ont laborieusement réuni plus de 2,600 cas provenant d'une gamme étendue de cultures et de religions à travers le monde. Beaucoup proviennent de pays du tiers-monde où les enfants vivent dans des villages isolés sans intrusion des médias. Dans ces types de communauté, ils sont tenus à l'écart de beaucoup de variables qui pourraient constituer des explications alternatives à la réincarnation. Un total de 65 cas pleinement détaillés a été publié dans ses livres et dans 260 articles.

L'éminent neuro-psychiatre Dr Brian Weiss de l'Université de Miami affermit sa réputation et sa carrière sur la publication du cas d'un client qui guérit rapidement à la suite de l'émergence d'une vie antérieure durant une séance d'hypnose. Son livre *Many Lives Many Masters*[12] contient un compte-rendu phénoménologique approfondi de ses expériences et de la diminution des symptômes du client. Ce cas ébranla le scepticisme de Weiss au sujet des vies antérieures et il conclut que cela n'avait pas d'importance si la personne croyait ou non en la réincarnation ; les gens établiraient toujours un lien avec une vie antérieure si on les y invitait de manière adaptée.

Si la conscience peut survivre à la mort biologique et accéder à la mémoire d'une vie antérieure, peut-elle aussi se relier à la mémoire entre les vies ? Par l'utilisation de l'hypnose profonde, le psychologue Dr Michael Newton découvrit que ces mémoires d'âmes émergeaient à la conscience à la suite d'une régression dans les vies antérieures. La dénommant *Life Between Lives Spiritual Regression (La Régression Spirituelle de la Vie entre les Vies)*, il travailla avec des milliers de clients durant 30 ans, et publia sa recherche dans deux livres à grande diffusion *Destiny of Soul*[13] et *Journey of Souls*[14]. Bien qu'ayant eu des vies antérieures distinctes, il est remarquable de constater que les clients expérimentent des événements similaires dans l'entre-deux vies. Celle-ci inclut le passage en revue de la vie antérieure avec les guides spirituels, la planification pour la prochaine vie avec les esprits de lumière dénommés « les Anciens » et le travail en groupe avec les autres âmes.

Tout ceci semble confirmer l'existence de la réincarnation, et un nombre croissant de gens dans l'hémisphère ouest maintenant y croit. Une étude initiée par le Professeur Kerkhos de l'Université de Louvain en Belgique se pencha en Europe occidentale sur la croyance en la réincarnation, en prenant un échantillon de 1000 personnes dans chaque pays[15]. Le pourcentage moyen de personnes en Europe croyant en la

Introduction

réincarnation est de 22%, avec des pics de 41% en Islande, 36% en Suisse et 29% au Royaume-Uni.

L'EXPÉRIENCE DE RÉGRESSION DANS UNE VIE ANTÉRIEURE

Beaucoup d'énergie et d'ingéniosité peuvent être dépensées à essayer de prouver l'existence d'une mémoire de vie antérieure ou au contraire à la réfuter. De même qu'un thérapeute qui analyse les rêves n'a pas à s'appuyer sur une théorie scientifique des rêves avant de l'utiliser, le fait qu'un client semble détenir une mémoire de vie antérieure ne nécessite pas de preuves scientifiques pour y faire appel. La première responsabilité qui incombe au thérapeute qui désire soigner un client est de respecter l'intégrité de son monde intérieur. Cette étude de cas l'illustre bien :

> Helen était une femme célibataire de 35 ans intelligente et sûre d'elle-même. Elle travaillait comme comptable dans l'industrie et gérait les comptes de sa société. Cette pensée récurrente l'obsédait : *"ils vont me prendre mes enfants"*, ce qui était particulièrement surprenant dès lors qu'elle n'avait jamais eu elle-même d'enfants. Elle se mettait extrêmement en colère et souvent des larmes ruisselaient le long de ses joues. Certains jours elle était incapable de travailler et cela a perduré durant près de 15 ans. Elle faisait des cauchemars au sujet de choses qu'elle dérobait et avait vu au fil des ans plusieurs thérapeutes mais les problèmes persistaient.
>
> Après avoir pris des renseignements d'ordre personnel, les objectifs de la thérapie ont été fixés. Le premier avait pour visée de réduire la fréquence des pensées

obsessionnelles au sujet du retrait de ses enfants. Le deuxième devait se pencher sur les cauchemars récurrents de chapardage.

Après que le thérapeute ait invité Helen à s'allonger sur le divan, celle-ci dut répéter la phrase *"ils me prennent mes enfants"*. Elle se vit spontanément comme une mère célibataire d'âge moyen dans l'Angleterre du Moyen-âge et vivant dans une maison avec deux enfants. Elle décrivit qu'elle portait une longue robe noire défraîchie et que ses cheveux étaient retenus en arrière dans un foulard et qu'en échange de nourriture, elle guérissait les gens d'un village voisin avec des herbes médicinales. La voix d'Hélène prit une différente tonalité lorsqu'elle décrivit un groupe d'hommes à l'allure de *Quakers* qui déboulèrent dans sa maison en l'accusant d'être une sorcière. La guérisseuse fut emportée vers la rivière, les mains tenues derrière le dos et contrainte de se coucher face contre terre sur une planche près de la rive, les mains attachées autour de celles-ci. Alors qu'elle décrivait sa mort, Helen avait le souffle court et son corps se raidit. Clairement en détresse, le thérapeute ne lui fit revivre sa mort que très brièvement et son corps visiblement se décontracta. La guérisseuse avait vécu une mort traumatique par noyade attachée à une planche. Ses dernières pensées au moment de la mort furent : « *Je suis désolée pour les enfants. Ils m'ont retiré mes enfants* ».

La guérisseuse trouva apaisant de quitter son corps et de l'observer attaché à une planche sous le regard du *Quaker* à ses côtés. Elle fut invitée à se connecter avec les esprits de ses enfants et put à l'occasion de ce dialogue se faire excuser de les avoir quittés. Elle fut ensuite encouragée à vérifier que les enfants avaient bien compris ce qui lui était arrivé et elle découvrit qu'une autre famille avait pris soin d'eux. Remarquant qu'Helen ressentait toujours de la douleur dans sa poitrine, celle-ci s'apaisa quand elle prit ses enfants dans ses bras à l'aide d'un coussin utilisé comme appui. Ensuite elle fut amenée à se connecter avec les esprits des villageois. Elle fut d'abord réticente à les rencontrer tous sans soutien, et les vit ensuite tous s'excuser. Quand elle se confronta aux esprits des *Quakers* le ton de la voix d'Helen se durcit quand elle dit "*vous n'aviez aucun droit de me faire cela*" et elle n'était pas prête à leur pardonner.

Le thérapeute invita Helen à rendre visite à une autre vie antérieure impliquant les *Quakers*. Elle fit part spontanément d'une douleur dans l'épaule et se vit en voleur, de sexe masculin, portant une toge noire qui tentait de s'échapper avec des objets dérobés. Le voleur était à cheval et venait de recevoir une balle dans l'épaule par une foule de gens qui le pourchassaient. Le cheval se retourna et s'écroula au sol, aussi abattu par balles par une personne dans la foule. Alors que la foule s'approchait, Helen reconnut spontanément certains d'entre eux tels que les *Quakers* qui avaient noyé la guérisseuse dans l'autre vie. Le voleur fut ligoté par les mains et pendu.

Après sa mort, le voleur fut invité à rencontrer les esprits de la foule qui l'avaient traqué et abattu. Il devait se faire pardonner de ce qu'il avait fait et promettre de ne plus jamais voler. Helen fut ensuite invitée à revisiter la première vie antérieure et put maintenant pardonner les *Quakers* pour ce qu'ils avaient fait.

Helen reconnut des parentés entre l'histoire de ses vies antérieures et la présente. Elle reconnut une parenté également entre la noyade et la phobie de l'eau dans sa vie actuelle. Quand elle était enfant, Helen hurlait quand sa mère tentait de lui faire prendre un bain ou de lui laver les cheveux dans une bassine d'eau. Affronter l'autorité d'hommes tels que les *Quakers* était un autre thème récurrent.

Après la séance thérapeutique, Helen rapporta que ses cauchemars au sujet des vols et cette pensée récurrente que ses enfants lui étaient retirés, avaient totalement cessé. De plus, sa peur de l'eau avait disparu. Un homme d'affaires a accusé Helen de heurter sa voiture en la garant. Elle dit: « Auparavant j'aurais eu les jambes en coton de devoir faire face à une figure autoritaire masculine mais j'y parvins et put même lui dire que c'était tout autant de sa faute ». Une année après, elle était toujours une nouvelle femme.

Helen s'est-elle remémorée une vie antérieure ou a-t-elle transposé une douloureuse mémoire d'enfant quand sa mère tentait de lui laver les cheveux ? Peut-être son esprit a-t-il d'une façon ou d'une autre fait librement une association avec une mémoire ancestrale universelle de l'époque du Moyen Age. Toutes ces explications sont possibles. Cependant, l'essentiel à retenir est qu'en offrant toute licence de libre association à la psyché d'Helen et de résonance avec elle-même, elle put s'ouvrir à un espace de résolution et de rémission de ses symptômes. Tenter de démontrer la véracité de l'histoire est moins important que d'exploiter toutes les vertus du soin thérapeutique.

Le cas d'Helen illustre comment une histoire de vie antérieure peut parvenir à émerger et être explorée. Le thérapeute n'a pas besoin d'user de protocoles spéciaux pour différents types de problèmes présentés par ses clients. Son rôle est simplement de poser des questions pour sonder la vie antérieure. Soigner le problème d'Helen fit appel à la réconciliation et à la médiation avec des figures transpersonnelles rencontrées dans le plan spirituel. Le lecteur peut à ce stade se poser la question s'il s'agit de visualisation créative et de dialogue, ou si dans un état modifié de conscience, Helen s'est reliée de façon télépathique aux esprits de ces âmes. Cette question sera débattue plus loin. Quelle que soit la réalité accordée à cette expérience, elle sema les graines de nouvelles options dans sa vie actuelle, et le pardon dans une vie antérieure est profondément thérapeutique pour la psyché d'une personne.

La transformation, après deux heures de thérapie, des pensées obsessionnelles récurrentes d'Helen furent très significatives. Dans le livre acclamé unanimement par la critique *Obsessive Compulsive Disorder*[16], les auteurs notent que d'autres approches thérapeutiques réduisent les obsessions plus qu'elles ne les éliminent et souvent elles requièrent plus de 45 heures de thérapie.

VISÉE DE LA THÉRAPIE PAR RÉGRESSION DANS LES VIES ANTÉRIEURES.

La thérapie par régression dans les vies antérieures ne laisse pas de côté la vie actuelle. Le client est guidé vers sa vie antérieure et encouragé à revivre et résoudre les conflits du passé, qui bien souvent sont inaccessibles à la conscience, bien qu'ils aient un impact sur sa stabilité émotionnelle et mentale. Par analogie, cela revient à extraire une épine enfoncée profondément et qui cause de ce fait une gêne physique. Une fois l'épine retirée, les symptômes disparaissent.

La psychologie traditionnelle n'ignore pas que notre personnalité est forgée grâce à la mémoire d'événements que nous expérimentons dans la vie actuelle. Parmi les plus courants qui peuvent être traités par le biais de la thérapie par régression dans les vies antérieures se retrouvent celles se rapportant aux transitions de vie, telles que la mort de personnes aimées, les difficultés relationnelles ou les divorces. Cependant, des évènements ayant eu lieu dans la prime enfance peuvent avoir des effets significatifs. Bowlby[17] fut l'un des pionniers en psychologie à déceler que l'absence d'un parent aimant ou d'une gardienne d'enfant digne de ce nom peut plus tard dans sa vie, nuire à la capacité d'un enfant de créer des liens affectifs. Ses travaux de recherche démontrèrent que cela pouvait conduire à des problèmes comportementaux à l'adolescence et à l'âge adulte. Ces problèmes incluent l'autodestruction, la dépression et l'anxiété généralisée. D'autres puissantes empreintes proviennent de traumatismes émotionnels gravés dans la mémoire. Un évènement traumatique qui est trop vaste ou trop effrayant pour être traité par la conscience et être intégré par elle va être enfoui dans l'inconscient. Tel est le fondement des théories de Freud, plus tard développées par les psychologues Klein et Winnicott[18]. Beaucoup de nos peurs irrationnelles et de nos comportements peuvent trouver leur source dans des mémoires cachées dans l'inconscient. Un exemple simple serait la phobie et un plus complexe serait un stress post-traumatique.

Cependant notre personnalité apparait comme étant également formée par les vies antérieures. Quelques exemples tirés de ma propre pratique professionnelle offrent une idée de l'étendue des problèmes traités par la thérapie par régression dans les vies antérieures :

Insécurité – dû à l'abandon ou à la mort dans une vie antérieure au moment de l'enfance.

Dépression – La pensée "c'est sans espoir" peut avoir trouvé son origine dans une vie antérieure vécue en tant qu'esclave, ou une autre dans une mort occasionnée par la famine.

Introduction

Phobies et peurs irrationnelles – Des phobies inhabituelles telles que la peur de la noyade, de la suffocation, du feu, des animaux et des couteaux.

Pensées obsessionnelles – L'obsession "je dois être propre" provenait d'une mort traumatique dans la souillure des tranchées de la Première Guerre Mondiale. L'obsession « je dois de nouveau vérifier » provenait d'une négligence qui entraîna la perte d'une personne aimée.

Les cauchemars récurrents – Ceux-ci trouvent leur cause dans des réminiscences provenant d'un grand nombre de vies antérieures non résolues.

Culpabilité et Autopunition
La pensée « c'est entièrement ma faute » provenait de la conduite de troupes à la mort, de l'assassinat de personnes aimées ou de trahisons.

Douleurs inexplicables, tensions et engourdissement
Elles proviennent de blessures traumatiques ou de morts dans les vies antérieures, par exemple blessures de guerre à la tête, à la poitrine et aux membres. Des problèmes de gorge, de pendaison ou de strangulation, et des douleurs aux membres dues à des passages à tabac.

Crises de panique – Morts traumatiques impliquant le viol, la torture, l'interrogatoire ou le fait d'avoir été laissé dans un puits jusqu'à ce que mort s'ensuive.

Déchaînement de colère et de rage – perte de famille et de possession par des envahisseurs, torture, trahison, et expulsion injuste de la communauté.

Ruptures récurrentes – Celles-ci peuvent provenir de trahisons par des personnes aimées et de différents rôles de victimes et d'agresseurs.

Sentiment d'isolement ou de séparation des autres – éloignement de communautés religieuses, du village et de la tribu.

La thérapie par régression, à l'instar d'autres thérapies, a été élaborée par des pionniers en la matière et par la diversité de leurs approches. L'histoire de ces pionniers est retracée en Annexe 1, en même temps qu'un résumé de certains travaux de recherche utilisant la thérapie par régression. Quand je fis mon entrée dans le monde de la régression dans les vies antérieures dans les années 90, j'ai passé autant de temps que possible avec ces pionniers. Aussi excellent que chacun pouvait l'être, il semblait ne couvrir qu'un seul aspect. Ce livre a pour ambition de réunir toutes ces puissantes techniques: la régression dans les vies antérieures et l'hypnose, la régression dans les vies passées et actuelles avec des techniques de pont non hypnotique, et la régression spirituelle en hypnose profonde. Les nombreuses études de cas attireront, tant les thérapeutes désireux d'apprendre de nouvelles techniques, que tout lecteur intéressé par les vies antérieures et les fascinantes mémoires d'âmes entre les vies.

L'essentiel des efforts portés par la science occidentale a été de maîtriser le monde matériel. Maintenant la régression spirituelle et dans les vies antérieures est une révolution dans la compréhension de notre monde spirituel intérieur et elle peut conduire à la guérison de notre âme éternelle.

2

ASPECTS THEORIQUES DE LA REGRESSION DANS LA VIE ANTERIEURE ET DE LA REGRESSION SPIRITUELLE

Ecoute-moi, mon frère, dit-il. Il y a des vérités qui sont absolues et qui ne peuvent se perdre, mais qui restent silencieuses faute de mots pour les dire.
L'âme de l'homme est immortelle et son futur est d'une nature dont l'essor et la splendeur sont sans limite.
Le principe qui dispense la vie qui réside en nous, ne meurt pas et est éternellement bienfaisant. Il n'est ni entendu, ni vu, ni senti, mais est perçu par l'homme toujours en quête de perception.
Chaque homme est son propre législateur absolu, le dispensateur pour lui-même de gloire ou de morosité, sa récompense ou sa punition. Ces vérités sont aussi puissantes que la vie elle-même, et aussi simples que le plus simple esprit. Nourrissez-en ceux qui ont faim.
De *The Idyll of the White Lotus*, par Mebel Collins

La science occidentale moderne a établi que le monde physique était fait d'énergie. Cependant, cette science n'a pas encore expliqué l'intuition, le corps subtil ou bien même les dimensions immatérielles que nous pouvons expérimenter. Elle n'a pas pu davantage expliquer les expériences de mort imminente, ni les vies antérieures que se remémorent certains enfants et qui montrent qu'une partie de la conscience subsiste de façon entièrement indépendante du corps physique. Pour combler cette lacune de la science moderne et comprendre les vies antérieures, il faut se tourner vers d'autres voies.

L'Ancienne Sagesse

Les grands maîtres des principales religions ont transmis les mêmes vérités fondamentales partout dans le monde, dans des langages propres aux différentes époques et aux différentes cultures. Vu de l'extérieur, beaucoup de préceptes religieux apparaissent comme étant en conflit, mais quand les enseignements spirituels de ses fondateurs sont étudiés de manière plus approfondie, ils forment une remarquable harmonie. Ce qu'on appelle l'Ancienne Sagesse perdure depuis plus de dix mille ans. Un *fil d'or* relie les enseignements ésotériques, spirituels et indigènes de par le monde.

Durant de nombreuses années, ces enseignements n'étaient transmis qu'oralement par des enseignants individuels à des groupes religieux et à des sociétés secrètes, telles que les Kabbalistes, les Esséniens, les Soufis, les Templiers, les Rosicruciens, les Francs-maçons et d'autres.[1] Depuis une centaine d'années, l'Ancienne Sagesse a été retranscrite et s'est propagée par grandes vagues successives dans le monde occidental. Ce fût le cas avec la société théosophique et des auteurs tels que C.W Leadbeater, Annie Besant dont le travail fut résumé par Arthur Powell avec des livres tels que *Le corps éthérique*, *Le corps astral*, et *Le corps mental*. Figurent d'autres contributeurs, telle que Helena Roerich avec la Agni Yoga

Society. L'anglaise Alice Bailey, en coopération avec le maître tibétain Djwhal Khul, font partie de la vague suivante qui a continué à propager l'Ancienne Sagesse. Alice Bailey a créé l'Ecole Arcane en 1923 pour diffuser l'enseignement de cette sagesse ancestrale et de nombreux livres furent publiés sur ce sujet dans la première moitié du 20ème siècle.

Accéder à cette nouvelle façon de penser demande de dépasser l'idée matérialiste selon laquelle une chose ne peut être réelle à moins d'être vue, touchée, sentie ou goûtée. L'Ancienne Sagesse est fondée sur une série de principes spirituels qui gouvernent l'univers plutôt que sur des dogmes, qui requièrent une croyance inconditionnelle[2]. Ces vérités se révèlent et se développent à travers les expériences de vie de tout un chacun.

LE PREMIER PRINCIPE — LA DUALITÉ MATÉRIEL/SPIRITUEL

Le premier principe est la Loi de de la Correspondance.
Tout ce qui se passe sur terre a une correspondance sur le plan spirituel. Cette dualité existait à l'origine quand une seule source d'énergie spirituelle et matérielle s'est déployée et a empli l'univers. La théorie physique du big bang a été largement acceptée par la science. L'équivalent, au niveau de l'énergie spirituelle, s'est manifesté dans un éparpillement en petites parties à partir d'une énergie originelle[3]. Des Esprits de lumière spécialisés utilisent ce procédé pour créer de nouvelles âmes[4] afin de répondre à la population grandissante sur terre. Chaque individu possède une âme qui est une pure énergie spirituelle et qui contient les mémoires des expériences vécues à chaque incarnation. L'âme croît à chaque expérience de vie jusqu'à ce qu'elle atteigne le stade où la réincarnation n'est plus nécessaire, à moins qu'elle choisisse de servir un objectif plus élevé. Le

dessein ultime de la vie est d'être réuni avec la source spirituelle d'où nous venons.

Une application de ce principe est qu'un lien énergétique, appelé intuition, existe entre le corps physique et l'âme. En pratiquant la méditation, l'hypnose ou en accédant à un état modifié de conscience, ce lien devient plus facile à utiliser. Les mémoires de l'âme, les vies antérieures et l'aptitude à se relier au plan spirituel de façon télépathique deviennent plus accessibles.

C'est également ce lien qui conduit les pensées, émotions et mémoires du corps physique non résolues, au moment de la mort jusqu'à l'âme. Le médium qui permet cette transmission est un champ d'énergie qui entoure le corps physique et qui s'appelle le corps subtil[5]. Il possède trois niveaux d'énergie vibratoire, appelés éthérique, astral, et mental. Le corps éthérique se situe immédiatement au-dessus du corps physique et contient les mémoires corporelles. Le corps astral s'étend autour du corps éthérique et contient les mémoires émotionnelles, et le champ externe de l'énergie mentale contient les pensées.

Selon la science traditionnelle, les pensées et émotions seraient localisées au sein de l'activité électrique du cerveau. L'Ancienne Sagesse les situe autour du corps physique, dans le corps subtil. Une analogie serait la musique d'un CD. La source de la musique peut être contenue dans le CD, mais il ne peut être prétendu que la musique elle-même soit localisée à une place particulière. Il s'agit d'une énergie vibratoire qui est dans l'air tout autour de nous.

Aspects théoriques

Mémoires de vies antérieures conservées dans notre champ d'énergie

Chez certaines personnes, l'énergie éthérique est à peine visible, un peu comme une pellicule fine et grise autour du corps physique. Elle sert à établir un lien avec la matière physique et à la vitaliser. C'est ce champ d'énergie sur lequel agit l'acupuncture traditionnelle afin de soulager la souffrance. C'est aussi une sorte de projet pour bâtir une vue extérieure du corps physique quand l'âme s'unira au bébé lors de l'incarnation. C'est à ce stade que les mémoires physiques des vies antérieures sont transmises. Ian Stevenson, dont les recherches auprès d'enfants ont été discutées précédemment, a présenté plusieurs études de cas qui semblent soutenir cette thèse. Il a été établi que des tâches de naissance, des cicatrices, des malformations du corps et d'autres signes physiques seraient indicatives d'une mort dans une vie antérieure. Un trait commun à tous ces cas est que les particularités physiques transmises dans cette vie sont associées à des morts violentes ou traumatiques dans une vie antérieure. Un exemple est donné par l'étude de cas de Alan Gamble au Canada dans son livre *Where Reincarnation and Biology Intersect* [6].

> Alan Gamble était né avec deux tâches de naissance sur sa main et son poignet gauches. Alors qu'il revisitait une vie antérieure, il commença à parler de Walter et sa mort accidentelle avec un fusil. Trois ans avant la naissance d'Alan, Walter Wilson, accompagné d'un ami, était allé pêcher sur la côte de British Colombia. Ils naviguaient près de la côte dans un petit bateau quand Walter aperçut un vison près de l'eau. Il attrapa son fusil par la gueule, mais il lui glissa des mains, heurta le bord et se déchargea. Le coup de fusil perfora la main gauche de Walter et il saigna

abondamment. Son ami appliqua un garrot grossier et fit demi-tour pour permettre au bateau de rejoindre la ville la plus proche qui était à dix heures de là. Il ignorait qu'il fallait relâcher le garrot périodiquement et à l'heure où ils atteignirent la ville, Walter avait perdu conscience et souffrait de gangrène. Il mourut plus tard à l'hôpital. Les petites taches de naissance sur la paume de la main d'Alan correspondaient aux points d'impact de la blessure de Walter par balle. La tache de naissance la plus large en dessous du poignet d'Alan correspondait à l'endroit de la blessure d'où la balle était ressortie.

Des douleurs inexplicables et tension dans cette vie peuvent être attribuées à des blessures dans des vies antérieures. La mémoire des blessures subies par le corps physique dans une vie antérieure, par exemple suite à une pendaison, un coup d'épée ou de lance, reste gravée dans le corps éthérique. Au moment de la mort, le corps éthérique se sépare du corps physique en emportant avec lui ces mémoires qui vont affecter les futures incarnations.

Les émotions sont quant à elles enregistrées dans le corps astral qui s'étend 50 cm au-delà du corps physique et que certains mediums peuvent voir. Au moment de la mort, le corps astral se sépare du corps physique et emporte avec lui la mémoire des émotions restant irrésolues qui restent figées. Parmi les émotions négatives les plus intenses figurent la peur, la rage, la honte, la culpabilité, la colère, la tristesse, la haine et le désespoir. Si les problèmes qui y étaient associés avaient été résolus, les mémoires émotionnelles restées figées n'auraient pas suivi le corps astral.

Le champ d'énergie mental contient nos pensées tant exprimées que non exprimées. Il s'étend jusqu'à plusieurs mètres autour du corps physique. Même non exprimées, nos pensées dans ce champ sont puissantes. Beaucoup de gens à un moment ou un autre, sans même le réaliser, ont déjà capté les pensées de

Aspects théoriques

quelqu'un d'autre. Un exemple courant de cet état de fait est la conscience que nous avons que quelqu'un, bien que placé derrière nous, nous regarde, ce que vient d'ailleurs confirmer un simple regard en arrière.

L'effet de ces champs d'énergie pour la régression dans les vies antérieures peut être illustré par un client dénommé Roz. Lors de sa première consultation thérapeutique, elle parla de ses douleurs chroniques dans ses articulations et différentes parties de son corps qu'elle avait endurées pratiquement tout au long de sa vie adulte. Malgré plusieurs visites chez son médecin, les douleurs avaient bien été diagnostiquées comme restant inexplicables. Elle était une mère célibataire de quatre enfants plutôt tranquille, mais sa voix prit une différente tonalité quand elle parla de sa relation avec les hommes. *"Je ne peux rien faire"* et *"je suis impuissante"* déclara-t-elle en parlant de son père dominateur, puis de son premier mari et, après le divorce, de son petit ami actuel :

> Lors de la régression, Roz se trouva être une jeune fille qui enfant avait été abandonnée à l'époque victorienne en Angleterre et avait été éduquée par des nonnes. Elle les quitta ensuite pour travailler dans une blanchisserie, étant traitée presque comme une esclave. Elle devait remuer le linge dans une grande bassine chauffée durant de longues heures pour une paye dérisoire. Un homme aisé et plus vieux qu'elle s'éprit d'elle et ils se marièrent. Pour cette jeune fille, c'était comme si ses désirs les plus fous avaient été entendus. Cependant, il ne voulait pas de relations intimes et se libéra de ses frustrations professionnelles en la battant. Elle accepta son destin parce qu'elle n'avait pas de famille proche et ne pouvait aller nulle part. Elle pensa en outre que personne ne croirait une fille illettrée. Finalement, il la battit si durement qu'elle tomba dans les

escaliers, se blessant aux jambes aux bras et à différents endroits du corps. Elle fut traînée de force dans la cave où elle mourut. Au moment de la mort, les douleurs dans son corps, le sentiment d'impuissance et sa dernière pensée « *je ne peux rien faire* » restèrent gravées en elle.

Roz fut renvoyée à un moment de sa vie antérieure où elle était jeune fille et où son mari commença à la frapper. Le corps de Roz prit la posture qui correspondait à l'expérience tandis qu'elle s'allongeait sur le côté les genoux repliés. Son corps frémit et sa voix trembla tandis qu'elle décrivait le psychodrame. Elle repoussa son mari en s'appuyant contre un coussin tenu par le thérapeute. Sa voix reprit de la vigueur tandis qu'elle frappait les coussins avec ses poings. Avec un soupir Roz visiblement se relaxa et la jeune fille fut amenée dans l'au-delà où elle rencontra l'esprit de son mari. Elle raconta qu'il était honteux, à genoux, et la priait de lui pardonner. A cet instant, nantie de ses nouvelles forces, elle se sentit juste désolée pour lui.

A la suite de sa thérapie, Roz réussit à faire face à son petit ami, quelque chose qu'elle n'avait jamais su faire avec les hommes auparavant. Les douleurs dans ses membres et dans son corps qui l'avaient quittée à la suite de la thérapie ne sont jamais revenues.

Le cas de Roz illustre de quelle façon la pensée "*Je ne peux rien y faire*", le sentiment d'impuissance et la douleur inexplicable dans différentes parties du corps étaient, selon toute vraisemblance, liés à sa vie antérieure de jeune fille à l'époque victorienne. Ce schéma ne cessait de se répéter dans sa vie actuelle.

Aspects théoriques

LE DEUXIÈME PRINCIPE — LE KARMA

Le Karma est la seconde loi de l'Ancienne Sagesse. Dans l'ancien Sanskrit, ce mot se traduit par *action*; avec l'idée que les bonnes actions sont récompensées et les mauvaises sont punies. Comme le dit la Bible, « Ce qu'un homme aura semé, il le moissonnera aussi ». Cela peut être vu comme une forme de responsabilité au niveau cosmique. Nous avons une liberté de choix et ces choix que nous faisons créent ou résolvent le karma dans nos vies.

Toutefois, le karma est plus complexe que cela. Différentes enveloppes corporelles dans différentes vies nous ont été données afin d'apprendre et de nous développer tout en expérimentant des situations sous différents angles. Tout karma qui n'a pas été résolu dans une vie se perpétue dans une autre vie. Je donne ici l'exemple d'un client que j'appellerai Jenny :

> Jenny régressa dans la vie antérieure d'un homme au temps de l'Europe médiévale qui était employé dans différentes villes pour maintenir l'ordre et qui le faisait en frappant les gens. Qu'ils soient coupables ou innocents, il n'en tenait nullement compte, il frappait pour terroriser les gens de la ville. Dirigeant un groupe de partisans, il se déplaça de ville en ville. Sa réputation le précédait et dans une ville, les locaux prirent le dessus et lui tombèrent dessus. Face à la foule, on lui fit grimper quelques marches jusqu'à une estrade, les bras en l'air attachés par des chaînes. Incapable de tourner son regard vers la foule, il mourut cloué à des des pieux en bois.
>
> Jenny fut invitée à se tourner vers une autre vie antérieure liée à celle-ci. Elle régressa dans la vie d'une petite fille qui était battue par des parents cruels. A un certain stade de sa vie, la jeune fille se maria et son mari

commença à la battre. Battue à mort, elle expira avec la pensée: « *Un jour, je me vengerai. Je serai forte comme eux* ».

Jenny a expérimenté l'abus de pouvoir et l'état de victime dans une vie antérieure et dans l'autre, un abus de pouvoir cette fois en tant que persécuteur. Défaites, trahisons, abandon, perte d'enfants ou de personnes aimées, culpabilité et sacrifices ne forment qu'un échantillon des grands thèmes que les personnes tentent de résoudre. Lorsque qu'une compréhension des deux faces d'une situation est acquise, elle conduit au pardon des autres et à la clémence vis à vis de ses propres fautes. Quand nous échouons dans la conduite d'une situation ou de celle se trouvant de l'autre côté de la médaille, le karma nous permet d'apprendre et de profiter en tant qu'êtres humains de nos différentes vies et d'accéder à un état d'être plus évolué.

Afin de rompre le cycle du karma, nous devons apprendre à réagir différemment face à différents problèmes rencontrés sur notre chemin. Le but de la régression dans les vies antérieures est de permettre d'élargir notre champ de vision, et donc d'offrir plus de choix, une meilleure compréhension et de faciliter le pardon.

LE TROISIÈME PRINCIPE — LA RÉINCARNATION

La réincarnation est une croyance spirituelle qui est partagée par des milliards de personnes dans le monde et qui existe depuis des milliers d'années. Cette croyance s'est répandue sur tous les continents parmi les Celtes et les Teutons de l'Europe du Nord jusqu'aux peuples indigènes d'Afrique, d'Australie et d'Amérique. Des centaines de millions d'Hindous, de Bouddhistes et quelques-unes des sectes soufis de l'Islam en ont

Aspects théoriques

fait la pierre angulaire de leur foi. Quelques sectes chrétiennes, telles que les Cathares qui vivaient dans le Sud de la France et quelques régions d'Italie à l'époque du premier millénaire, croyaient eux aussi en la réincarnation. Cependant, de nombreux historiens pensent que toute trace écrite portant sur la réincarnation a été éliminée de la religion chrétienne en l'an 325 par l'empereur Constantin lors du Concile de Nicée et ce afin de décourager les dissensions et de permettre l'unification de l'empire.

L'objectif essentiel de la réincarnation serait de permettre à l'âme de retourner à la vie terrestre et de trouver de nouvelles réponses aux problèmes déjà rencontrés dans les vies antérieures. En récoltant ces enseignements, l'âme grandit spirituellement. La régression d'Alice dans la vie antérieure d'un évêque à l'Europe médiévale illustre ce propos :

> L'évêque n'était pas aussi innocent que ses disciples le pensaient. Il s'était secrètement ligué à des voleurs qui dérobaient de l'or et le cachaient dans la crypte d'une cathédrale. L'or se trouvait caché sous une dalle secrète qui se mouvait latéralement. Un jour, l'évêque vint à la rescousse d'un groupe de huit villageois qui s'étaient réfugiés dans la cathédrale pour éviter de se faire tuer par un gang de pilleurs. L'évêque les mît à l'abri, dans la crypte où se trouvait l'or dérobé. Bien que l'évêque eut pu tenir tête aux assassins et les faire battre en retraite, les réfugiés dans la crypte moururent asphyxiés. Il traîna les corps hors de la crypte et dit aux autres villageois que les pilleurs les avaient tués. Se sentant très mal à l'aise à la suite de ces actes, l'évêque fit en sorte de faire réapparaître l'or et de le donner aux nécessiteux.
>
> Dans le plan spirituel, après la mort de l'évêque, Alice se remémora spontanément ses mémoires d'âme revisitant

la vie antérieure avec deux êtres spirituels. L'évêque était rongé de remords pour ce qu'il avait fait. Les êtres spirituels lui firent remarquer qu'il avait été aimé par les habitants du village, qu'il avait affronté les pillards et n'avait jamais eu l'intention de tuer les villageois. C'est seulement dans ses abus de pouvoir et dans l'exercice de ses responsabilités qu'il avait commis des erreurs, et tel sera donc le point de vigilance de la prochaine vie. A la fin de la séance, Alice retira de cette rencontre l'amour et la paix profonde qui en émanait et comprit pourquoi elle avait constamment eu des difficultés à exercer un travail impliquant la prise de responsabilités pour le compte d'autrui.

L'expérience d'Alice est en phase avec les recherches conduites par Michael Newton sur les mémoires d'âme de la vie entre les vies que j'étudie dans mon livre, *Explorer l'âme éternelle*[8] La réincarnation est planifiée et les préparatifs incluent le choix d'un nouveau corps, le choix des parents, de la situation et de la culture de la nouvelle incarnation. Les guides spirituels qui ont été impliqués dans cette planification supervisent le bon déroulement de l'incarnation. Ils ont une compréhension des aspirations de l'âme et apportent leur soutien. Notre personnalité est forgée à l'occasion de la fusion de l'âme et du cerveau du foetus lorsqu'il est encore à l'état malléable dans le ventre de sa mère. A ce moment-là, les mémoires des vies antérieures et de la vie entre les vies s'effacent, de telle sorte que les âmes incarnées entament un nouveau départ dans leur vie. Il s'agit d'un processus graduel d'oubli pendant la petite enfance plutôt qu'un oubli soudain, et il existe nombre de récits d'enfants ayant eu des souvenirs spontanés de vies antérieures. Les mémoires de vies antérieures non résolues sont réactivées par des événements survenus dans la petite enfance, par les situations émotionnelles rencontrées dans

Aspects théoriques

la vie actuelle et suscitées par la culture au sein de laquelle nous nous trouvons.

L'Ancienne Sagesse apporte d'autres éléments d'explications à la réincarnation en se référant à différents niveaux d'existence dénommés les royaumes. Il est utile de les réduire à trois : le plan physique, le plan spirituel et le plan divin.

Le divin est le monde des purs esprits ou de l'intelligence supérieure angélique de laquelle tous les autres mondes émanent. Dans le *Le livre tibétain de la vie et de la mort*[9], il est appelé *la lumière pure du vide* et la *lumière originelle* et il s'agit de la *vérité supérieure* dans le mystérieux Tao. Dans le christianisme, il est appelé *Père, Fils et Saint Esprit* [10]. Il s'agit d'un état où les gens ne rapportent plus avoir des visions de lumière, parce qu'ils en font partie et il n'y a plus de distinction entre sujet et objet.

Le plan spirituel se trouve là ou l'âme réside. Il s'agit du monde visionnaire pour le shaman et le temps de la création pour les aborigènes. Pour les spirites, il est appelé le *pays de l'été*[11]. Pour les bouddhistes, ce plan intermédiaire est dénommé *le Bardo du Dharmata*, la révélation de la vérité inconditionnelle et le *Bardo de la renaissance*. Il se situe à mi-chemin entre le monde physique et la réalité ultime et informe de pur esprit. C'est là que les dieux de la mythologie et les cieux et enfers visionnaires coexistent ensemble dans une relation non spatiale, le temps n'ayant aucune importance.

Le plan matériel est le monde physique sensoriel qui connaît les dimensions de temps et d'espace et la mort du corps physique. Les enseignements Hindu et Bouddhistes l'appellent le Samsara, qui signifie le monde du devenir. Celui où les samskaras, nos vieilles habitudes ou manières de penser de nos vies antérieures, sont apportées pour être résolues.

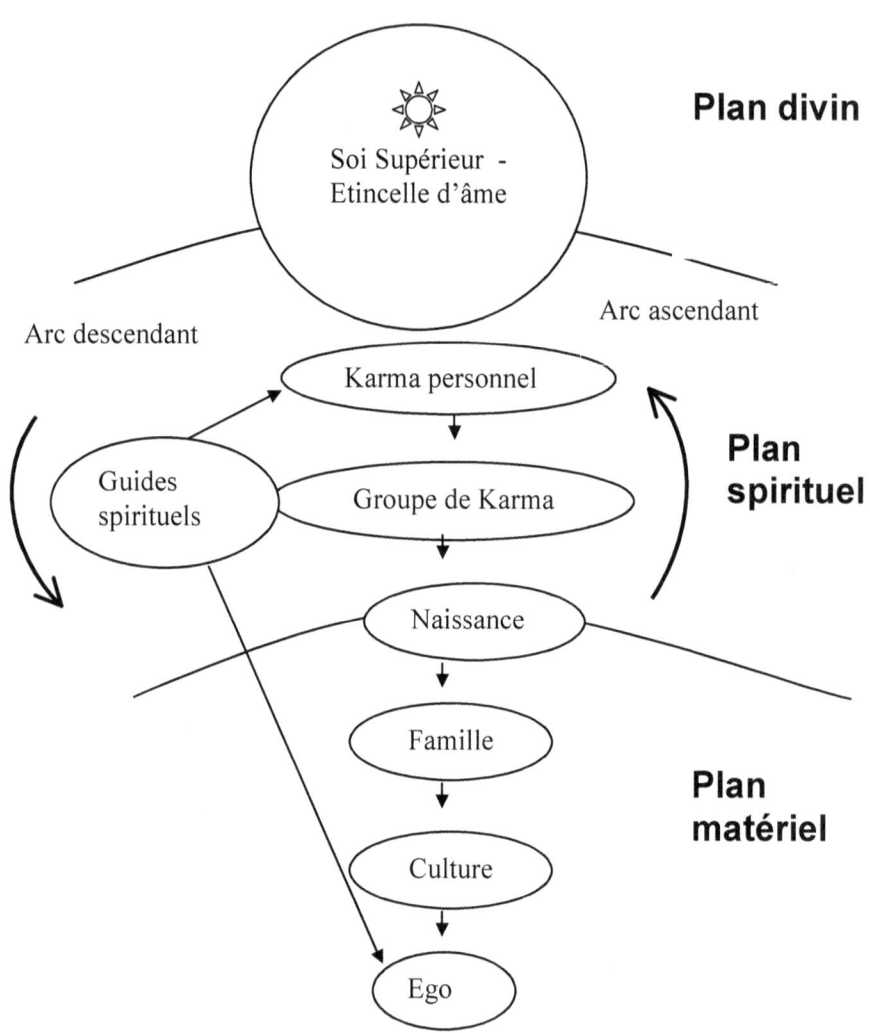

Le cycle de réincarnation
repris de *The Three Worlds and Voyage of the Soul*
de Roger Woolger

Aspects théoriques

LE QUATRIÈME PRINCIPE — ATTIRER CEUX QUI CONTRIBUENT À NOTRE CROISSANCE SPIRITUELLE

La loi d'attraction révèle le pouvoir de notre intention. Attirer ceux dont nous avons besoin pour notre croissance spirituelle en est une illustration. C'est le cas de cette cliente que j'appellerai Sarah et qui régressa dans une vie antérieure où elle se trouvait être une jeune femme d'une vingtaine d'années :

Son père alcoolique l'avait violée et elle s'était enfuie avec son frère à San Francisco. Par bonheur, elle trouva refuge chez une veuve pour laquelle elle travailla, cousu des robes et fût traitée en amie. Plus tard, un médecin entra dans sa vie et lui demanda de partir pour l'épouser. Incapable de quitter la sécurité offerte par la veuve, elle mourut finalement seule, le cœur brisé. Quand son âme parvint dans le plan spirituel, elle se souvint spontanément de ses mémoires d'âme et revisita sa vie antérieure avec trois esprits de lumière qui apparurent sous forme humaine.

C'est comme si j'assistais à un entretien. Je vois une salle avec des fenêtres et un bureau et je peux voir une petite femme et deux hommes assis derrière. Ils me font asseoir sur une chaise et se présentent d'une manière que je peux accepter.
Parlent-ils de votre vie antérieure?
C'était une vie très intense. Je n'avais pas eu le temps de m'arrêter et de penser ou de faire des choix. Des conditions strictes m'ont été imposées pour voir comment j'allais réagir. Il s'agissait pour moi d'apprendre à

reconnaître une opportunité et à la saisir et de reconnaître les gens que je connaissais et ne pas remettre en cause si c'était juste ou injuste. J'aurais dû aller avec cet homme quand il s'est présenté à moi. Parce que je n'ai pas saisi cette chance, il y a beaucoup de choses que je n'ai pas faites et je ne me suis pas accomplie spirituellement dans cette vie. J'ai laissé tomber mon groupe d'âmes et me suis perdue.

Qu'est-ce que vous auriez pu faire?

J'aurais dû aller avec cet homme et quitter la veuve. Il était médecin et j'aurais été son assistante. Pas en pratiquant la médecine mais en prenant soin des gens. Je devrais le refaire. J'avais peur de le faire parce que ce n'était pas un environnement auquel j'étais habituée. Une main s'est tendue vers moi, je ne l'ai pas saisie et j'ai laissé passer ma chance. J'ai laissé tomber tout le monde.

Qu'ont-ils dit d'autre?

Ils disent "refaites-le dans ce cas". C'est comme si je regardais une vidéo et ils appuyaient sur le bouton pause à différents moments et me demandaient ce que je ressentais et ce que j'aurais dû faire. Ce n'était pas faux de rester avec la veuve mais elle aurait pu trouver quelqu'un d'autre. Elle n'avait pas besoin de moi tout le temps et j'aurais pu la voir de toute façon. Nous allons nous réunir avec mon groupe d'âmes et nous allons recommencer cela. Celui qui était le médecin sera quelqu'un que je rencontrerai dans cette vie. Je ferai bien de faire les choses correctement cette fois.

[Un sourire illumina le visage de Sarah].

Le plan prévu dans la vie de Sarah était de travailler avec un des membres du groupe d'âmes qui s'était présenté dans sa vie comme médecin. Cela aurait permis d'aider sa croissance

Aspects théoriques

spirituelle. Cependant, elle avait toute liberté de saisir ou non cette opportunité.

Quand de nouvelles vies sont planifiées, elles sont progressivement rendues plus difficiles en tenant compte toutefois de l'aptitude de l'âme à réaliser avec succès les desseins karmiques. Des vies difficiles peuvent accélérer cette réalisation tandis que des vies faciles augmenteront le nombre de vies nécessaires. Cependant, le point essentiel à retenir est qu'une planification est nécessaire pour que les problèmes non résolus résultant des vies antérieures soient au juste niveau de difficulté. Ceci est souvent effectué en conjonction avec d'autres âmes. Ainsi un réseau d'entraide complexe est créé destiné à remplir mutuellement chaque objectif de vie. Nous sommes amenés à les rencontrer dans notre vie présente, ignorant consciemment que nous fixons les conditions pour répéter nos modèles karmiques de trahison, mauvais traitements, solitude, victime consentante etc... jusqu'à achèvement de l'apprentissage.

LES COMPLEXES

Un complexe est caractérisé par la façon dont certaines pensées, certaines émotions ou sensations corporelles nous gênent et semblent être hors du contexte dans nos vies. Il peut s'exprimer sous forme de dépression, d'anxiété, de crise d'angoisse, de colère, de tristesse, de phobies, de troubles obsessionnels compulsifs, de stress post traumatique etc... Il faut pour imager ce qu'est véritablement un complexe se représenter une sorte de bouton imaginaire qui, une fois pressé, provoque toujours la même réponse. Une personne dépressive peut penser par exemple « c'est sans espoir » et se sentir encore plus déprimée et développer les symptômes physiques de manque d'énergie. Une personne qui croit être contrôlée par quelqu'un d'autre peut se mettre en colère et se déchaîner. Les complexes produisent des comportements autodestructeurs. Quelqu'un ayant des difficultés à nouer des relations peut se dire « je ne suis pas assez bien », ce qui l'empêchera d'établir de nouvelles relations, et créera finalement un sentiment de solitude et de tristesse.

Ce merveilleux poème de Porta Nelson tiré de *Autobiography in Five Chapters* met en lumière la nature récurrente des complexes :

Je marche en descendant la rue.
Il y a un trou béant.
Je me noie.
Je suis perdu ….je suis désespéré.
Cela prend un temps fou de trouver une issue.

Je marche en descendant la même rue.
Il y a un trou béant sur le trottoir.
Je fais comme si je ne le voyais pas.
Je tombe de nouveau dedans.
Je ne peux pas croire que je suis au même endroit.
Mais c'est de ma faute.
Cela prend encore un temps fou pour m'en extraire.

Je marche en descendant la même rue.
Il y a un trou béant sur le trottoir.
Je vois qu'il est bien là.
Je tombe quand même dedans….c'est une habitude.
Mes yeux sont grand-ouverts.
Je sais où je suis.
C'est de ma faute.
Je sors immédiatement.

Je marche en descendant la même rue.

Aspects théoriques

Il y a un trou béant sur le trottoir.
Je le contourne.

Comprendre la leçon, l'assimiler complètement, et se décider à ne pas la répéter est déterminant dans le traitement d'un complexe. Une autre manière est de se défaire de la charge d'énergie qui lui est associé. Dans la thérapie par régression, on recherche la source des complexes dans la vie actuelle et dans les vies antérieures. On se rappellera du cas de Roz, l'enfant abandonné à l'époque victorienne, dont les problèmes relationnels dans sa vie actuelle résultaient des coups qu'il avait reçus. Permettre à l'histoire d'émerger engage un processus de mobilisation des ressources thérapeutiques, qui peuvent être utilisées pour transformer le complexe qui les avait retenues prisonnières.

Dans la psychologie occidentale, redonner vie à toutes sortes de rêves, fantaisies et images est un des outils le plus puissant que nous possédions pour faciliter le traitement et la résolution de conflits psychologiques. Tout ceci est développé en Annexe I. Cependant, comparées aux disciplines psycho-spirituelles de l'Orient, la connaissance occidentale en ce qui concerne les vies antérieures n'en est qu'à ses balbutiements. Progresser dans le plan spirituel après une expérience de vie antérieure ouvre la personne à l'inspiration et à la révélation de leur moi supérieur ainsi qu'à ses guides spirituels. J'ai pu constater, de par mon expérience avec de nombreux clients, que cette expérience ne dépend pas de la croyance ou non dans les vies antérieures ou la réincarnation. Essayer de démontrer qu'elles sont réelles serait contre-productif. Je demande seulement à mes clients d'accueillir ouvertement l'expérience quelle qu'elle soit, de leur monde intérieur. Accueillir sa vérité et pardonner a le pouvoir de guérir l'âme et de transformer la vie présente.

Résumé

En attendant que la science occidentale fournisse une explication à l'intuition, la conscience et les expériences de mort imminentes, nous pouvons toujours nous tourner vers l'Ancienne Sagesse. Celle-ci perdure sur cette planète depuis dix mille ans. Reposant sur quatre lois fondamentales, elle sous-tend la théorie des vies antérieures et les mémoires d'âmes entre les vies. Elle montre comment l'équilibrage du karma peut être réalisé par l'apprentissage des deux aspects d'une situation tout en ne répétant pas les vieux schémas habituels. Elle explique comment des traumatismes non résolus, physiques, émotionnels et même des pensées se transmettent d'une vie à l'autre. La thérapie par la régression tend essentiellement à libérer et transformer ces traumatismes. Grâce à la régression spirituelle et dans les vies antérieures, les clients parviennent à ne pas se laisser duper par la confusion et l'illusion de cette vie et intégrer ces discernements dans leur vie présente.

3

ACCÉDER À UNE VIE ANTÉRIEURE

Les voyages apportent puissance et amour.
Si vous ne pouvez aller nulle part, il vous suffira d'explorer les méandres de votre monde intérieur.
Ils sont comme des rayons lumineux et vous vous transformez au fur et à mesure de leur exploration.
Jelaluddin Rumi, 13ème siècle mystique soufi

Pour accéder à une vie antérieure, il suffit d'une transe légère obtenue par une imagerie guidée. Une transe plus profonde est nécessaire pour accéder aux mémoires d'âme de la vie entre les vies. Il arrive que des vies antérieures émergent spontanément dans les rêves ou par des flashs. Cependant les réminiscences spontanées de vies antérieures sont plus courantes chez les enfants, comme les recherches d'Ian Stevenson l'ont montré.

Une façon simple d'accéder à une vie antérieure est d'utiliser les ponts. Quand une personne parle de ses complexes, les pensées, les sentiments et les tensions corporelles qui émergent vont agir comme une voie d'accès directe à des mémoires anciennes. Un sentiment de colère peut faire remonter la mémoire d'avoir été ridiculisé(e) par ses parents ou d'avoir été injustement traité comme une esclave dans une vie passée. Un serrement de gorge peut faire remonter l'histoire d'un étranglement ou d'une pendaison. Dès que ce point d'accès est trouvé, une personne peut accéder instantanément à une mémoire ancienne de sa vie actuelle ou passée.

Hypnose

On peut définir la transe comme un état naturel dans lequel l'esprit se focalise vers le monde intérieur. Par exemple, une personne très absorbée par son livre perd la notion du temps ou n'entend pas quand on l'appelle. Ou alors, après avoir conduit une voiture pendant un long trajet, on arrive à destination en ne se souvenant de rien. Historiquement, l'hypnose a été l'approche privilégiée pour accéder aux vies antérieures. Le thérapeute et le client sont assis l'un en face de l'autre et le client est amené en état de transe.

Un fauteuil inclinable ou un divan permettent au client de garder une position confortable pendant tout le temps d'une régression ; jusqu'à quatre heures en transe profonde pour une régression spirituelle.

Environ quinze pour cent de la population est très suggestible et part rapidement en transe. Soixante-dix pour cent de la population est modérément suggestible, et pour ceux-làune induction plus longue ou des séances répétées d'hypnose leur sont nécessaires pour entrer dans une transe profonde. Les quinze pour cent restants de la population ne répondront que de façon minimale.

Plus on expérimente la transe ou les états modifiés de conscience, plus il est facile d'accéder rapidement et profondément en transe.

Certaines personnes manifestent quelques inquiétudes vis à vis de l'hypnose et il est important de les dissiper en prenant le temps de répondre à toutes leurs questions.

Il est également essentiel de commencer par établir une relation de confiance, une alliance thérapeutique avec le client.

Une attitude chaleureuse, compréhensive, humaine et respectueuse contribue à créer ce climat de confiance.

Cet aspect est d'autant plus important que la pratique de l'hypnose est fondée sur une coopération active du client.

Ce livre n'a pas pour objectif d'enseigner l'hypnose. Il existe déjà beaucoup d'excellents livres sur ce sujet, et un grand nombre de nos lecteurs sont déjà expérimentés dans la pratique de l'hypnose.

Le lecteur trouvera cependant quelques conseils sur la façon d'utiliser l'hypnose pour accéder aux vies antérieures, et de tirer le meilleur parti des scripts d'induction présentés dans l'annexe III. De nombreux scripts d'induction hypnotiques sont disponibles, par relaxation progressive, par fractionnement, par confusion, par saturation sensorielle ou par fixation. Chaque thérapeute a tendance à privilégier une méthode particulière, sachant qu'il est impossible d'utiliser une méthode qui conviendrait à tous les clients. Personnellement, je préfère effectuer une relaxation progressive suivie d'une visualisation guidée parce que cette approche fonctionne pour la plupart des gens. Voici un exemple de relaxation progressive:

« Et maintenant concentrez-vous sur le sommet de votre crâne....vous pouvez relâcher toute tension musculaire … pour juste vous détendre et vous relaxer … et je me demande si la relaxation profonde et paisible qui a atteint votre front … est déjà en train de se propager … vers vos yeux … votre visage … puis vers votre bouche … et votre mâchoire… le long du cou… complètement détendu … lourd ..."

Ce type d'induction fonctionne bien avec les personnes kinesthésiques, qui ressentent facilement leurs sensations physiques et leurs émotions.

La détente corporelle qui résulte de cette relaxation progressive amène presque toujours une relaxation mentale. Une majorité de personnes présente une préférence visuelle et les scripts de visualisation leur conviennent bien :

> « Imaginez que vous êtes dans une belle maison de campagne ... par un bel après-midi ensoleillé ... et vous êtes là ... en haut de l'escalier ... un magnifique escalier ... conduisant à une porte d'entrée ... et quand vous regardez vers le bas ... vous pouvez apercevoir à travers la porte ouverte un merveilleux jardin ... par un bel après-midi ensoleillé ».

La voix du thérapeute doit être convenablement rythmée, en prenant soin de ralentir progressivement ce rythme au fur et à mesure que la transe s'approfondit. Des changements subtils d'intonation sur des mots clés tels que *relaxation*, *plus profondément* ou *confortablement* renforcent l'effet de l'induction.

Une façon efficace pour développer une voix hypnotique est d'enregistrer et de réécouter sa voix. Une musique douce est conseillée, elle aidera à masquer certains bruits environnants, et son effet sera maximal dans les fréquences entre quatre et huit hertz qui correspondent aux fréquences des ondes cérébrales au moment de l'endormissement.

Les musiques utilisées pour le Reiki sont tout à fait adaptées.

L'état de transe se manifeste par des signes physiques comme le ralentissement de la respiration, la lèvre inférieure qui commence à pendre, les muscles de la face qui se détendent, la peau du visage qui devient plus translucide au fur et à mesure que la circulation sanguine ralentit.

L'atteinte de la fréquence des ondes alpha qui témoigne d'une activité onirique se remarque grâce aux battements rapides des paupières, les yeux fermés.

A partir de ce stade, les clients deviennent totalement absorbés par leur monde intérieur et perdent la notion du temps. Dans cet état de profonde relaxation, les mémoires des vies antérieures remontent facilement au niveau de la conscience. La plupart du temps, une transe légère obtenue par une visualisation guidée est suffisante. On peut utiliser l'image d'un pont que l'on traverse ou d'une porte au fond du jardin conduisant à une vie antérieure, ou bien celle d'un bateau qui accoste sur une rive donnant accès à une vie antérieure, ou bien encore celle d'une grande maison dont chacune des nombreuses portes conduit à une vie antérieure. Quelle que soit la visualisation guidée utilisée, le thérapeute doit formuler une intention claire sur l'objectif de la régression, que ce soit une exploration d'une vie agréable ou bien une régression à visée thérapeutique.

Pont émotionnel

Demander à quelqu'un de se focaliser sur une émotion déclenche une entrée rapide dans un état modifié de conscience.
Milton Erickson[1] appelait cela *le comportement quotidien de transe ordinaire*. Steven Wolinsky[2] dans son livre *Trances People Live* montre que chacun passe une grande partie de son existence en état de transe.
L'anxiété est un exemple d'un état de transe orienté vers le futur et la culpabilité un exemple d'un état de transe orienté vers le passé.
Le cas de Joanne, âgée de 27 ans, permet d'illustrer ce qu'est un pont émotionnel. Cette jeune femme souffrait d'une émotion récurrente de désespoir, depuis sa troisième fausse couche

intervenue au moment où son petit ami l'avait quitté. Cette émotion a resurgi lors de l'entretien:

Quel a été le pire moment pour vous ?
J'ai été déçue quand il est parti.
Ressentez-vous encore cette émotion maintenant?
Oui
Où est-ce que vous ressentez cette émotion dans votre corps?
Au niveau de mes yeux
Allez au moment où vous avez ressenti cette émotion pour la première fois.
Je regarde l'échographie. Je peux voir le bébé avec ses petits bras et ses petites jambes. C'est un miracle de la vie et maintenant il n'est plus là.
[A ce moment, la voix de Joanne se durcit sous l'effet de l'émotion. Puis il y eut quelques sanglots silencieux].
Que ressentez-vous maintenant?
Je suis désespérée.
Allez-vous de plus en plus profondément dans ce « désespoir »…. et allez à la première fois que vous l'avez ressenti … que se passe-t-il maintenant ?
Joanne régressa dans la vie antérieure d'un guerrier Viking qui devait lutter pour combattre un autre clan, contre son gré.
Ce Viking saisit la première occasion de quitter le combat et revint vers la hutte où il vivait avec sa femme. Un homme de son clan entra et lui dit qu'il devait continuer à se battre. Il refusa pensant que ça n'avait pas de sens de tuer des frères Viking dans une lutte féodale et qu'il serait mieux de parlementer. En conséquence, il fut traduit devant le Grand Conseil et se défendit en disant qu'il n'était pas juste d'ôter une vie. Ses mains furent ligotées et sa bouche

bâillonnée afin de mettre un terme à ce dangereux discours.
Il fut traîné loin de sa famille et embarqué sur un bateau.
En mer, la punition qui l'attendait lui devint évidente quand il fut jeté à l'eau pour le noyer.
Quand les clients parlent de leur problème, pour permettre aux émotions enfouies de refaire surface, il peut être utile de poser cette question :

Quel fut le pire moment pour vous ?

Une fois que les émotions font surface, on les intensifie en demandant au client où se situe l'émotion dans son corps :

Où se situe cette émotion dans votre corps ?

Le pont émotionnel n'est rien d'autre qu'une façon d'utiliser l'émotion qui émerge pour atteindre le moment où cette émotion a été ressentie pour la première fois, que ce soit dans sa vie courante ou dans une vie passée.

Allez au moment où vous avez ressenti cette émotion pour la première fois ... que se passe-t-il maintenant ?

Si un souvenir de la vie présente est chargé d'émotion, celle-ci peut être utilisée comme un pont vers une vie antérieure.
S'il n'y a que peu d'émotions, il faut continuer à investiguer le problème du client.
Au moment où elle surgit, l'émotion permet d'établir une connexion avec un évènement du passé à l'occasion duquel une émotion similaire a été éprouvée.

Pont verbal

Les idées, les pensées et les mémoires s'expriment dans le système symbolique qu'est le langage.

Mais les mots et aussi un ton de la voix que chacun utilise pour exprimer ses émotions et ses sensations physiques ont un sens particulier et qui les relie à une expérience intime.

Une cliente que j'appellerai Kirsty était une femme d'affaires célibataire qui souffrait de problèmes relationnels récurrents.

Pendant l'entretien préliminaire, le ton de sa voix se durcit, au moment où elle commença à parler d'un de ses échecs amoureux :

Il voulait s'engager dans un mariage arrangé avec quelqu'un d'autre et j'ai laissé se poursuivre notre relation bien que je savais qu'elle n'allait nulle part.

Qu'avez-vous ressenti quand les choses n'ont pas évolué dans le sens que vous souhaitiez ?

J'étais en colère !

Et quelles pensées vont avec cette émotion ?

Je ne vais pas tolérer longtemps cette situation. Comment oses-tu ? Je ne serai pas une victime. [Sa voix se durcit].

Quels mots sont les plus chargés émotionnellement ?

Pas question d'être une victime.

Je vais vous demander de respirer profondément et de répéter cette phrase plusieurs fois et dites-moi ce qui se passe.

Je refuse d'être une victime ... Je refuse d'être une victime ... Je refuse d'être une victime.

[A cet instant, les émotions étaient très perceptibles dans sa voix].

Que ressentez-vous maintenant ?

De la colère.

Accéder à une vie antérieure

Allez au moment où vous avez ressenti de la colère pour la première fois. Quelles images vous viennent à l'esprit maintenant ?

De l'eau. C'est un lac.

Kirsty poursuivit en racontant la vie du fils d'un fermier qui avait été entraîné sous l'eau et noyé par des villageois. Il était tombé amoureux de la fille d'un homme riche qu'il avait rencontrée, mais leur liaison était restée secrète en raison de leur différence sociale.

Mais un jour, ils furent dénoncés au père de la fille qui incita un groupe de villageois à l'éloigner, et il fut ligoté dans une grange sombre pour le dissuader de continuer à la voir. Ensuite, ils l'emmenèrent à l'extérieur et lui donnèrent un bâton pour se défendre parce que le groupe voulait s'amuser à ses dépens. Quand ils commencèrent à se battre les uns les autres, il réussit à s'éclipser sur un bateau pour se cacher. Il finit par être retrouvé par les villageois et noyé.

La répétition de cette phrase : « je refuse d'être une victime » fit remonter à la surface les émotions réprimées ce qui déclencha la régression.

Quand un client parle de ses problèmes pendant l'entretien préalable, il est important d'écouter attentivement et de noter toutes les phrases clés, en particulier celles qui ont une charge émotionnelle.

Ces phrases ont tendance à être répétées ou à s'accompagner de mouvements ou de contractions musculaires, ou également de changements dans le rythme de la respiration.

La répétition de la phrase clé augmente son effet d'activation :

Respirez profondément, répétez cette phrase plusieurs fois et dites-moi ce qui se passe.

L'émotion qui est reliée à la phrase doit toujours être mise à jour :

Quelle émotion ressentez-vous maintenant?

Dès que l'émotion émerge, on peut utiliser le pont émotionnel décrit précédemment.
Ce procédé a été développé par Fritz Perls, le fondateur de la Gestalt-thérapie pour accéder aux complexes, et repris par Morris Netherton[3], un des pionniers de la régression dans les vies antérieures. La répétition de la phrase permet d'accéder à sa signification profonde dans son contexte.
La phrase *« je ne dirai rien »* peut être liée à la peur d'un prisonnier en train de subir un interrogatoire.
La phrase *« je suis seul »* peut être liée à la tristesse et à la vie antérieure d'un enfant perdu dans la forêt. Si l'énoncé d'une de ces phrases ne dégage pas de charge émotionnelle, rien n'est perdu et l'entretien peut se poursuivre.

PONT SOMATIQUE

Quand un client parle d'un problème, il se peut qu'il ressente des tensions ou des douleurs qui n'ont pas d'explication médicale. Il peut s'agir tout aussi bien de sensations d'étouffement, de maux de tête, de maux d'estomac ou de dos qui peuvent être des résidus de traumatismes dans des vies antérieures[4].
Le cas d'un étudiant, que j'appellerai Alan, illustre ce phénomène.
Alan souffrait de façon récurrente de tension dans la gorge avec une sensation de perte d'énergie.

Que ressentez-vous dans la gorge?
Une sensation de contraction et de serrement.

Accéder à une vie antérieure

Concentrez-vous sur cette sensation dans votre gorge. Que se passe-t-il ?
Cela se resserre encore plus. Je n'arrive plus à respirer.
Prenez la position avec votre corps, vos bras et vos jambes qui va avec cette expérience.
[Alan mis ses mains au niveau de la poitrine, les paumes ouvertes vers l'extérieur en montrant des signes de détresse].
Je ne peux plus respirer !
Quelle est la première image qui vous vient à l'esprit ?
Un homme est en train de m'étrangler.

Alan régressa alors dans une vie antérieure où il était une servante de l'époque victorienne qui fut étranglée. Elle dormait à l'étage d'une buvette, qui se situait au fond d'une allée de la grande maison où elle travaillait. Une nuit, le maître de la grande maison frappa à la porte de sa chambre. Au moment où il entra, elle remarqua qu'il portait des gants en cuir et que son visage était inexpressif et glacé. Alors qu'il commence à l'étrangler, elle tenta désespérément de résister.

Le pont somatique commence par une focalisation sur les sensations corporelles :

Que ressentez-vous dans votre corps?

Quand un client n'a pas les mots pour décrire ses sensations physiques, il faut l'aider à les verbaliser :

La sensation est-elle superficielle ou profonde ?
Est-elle vive ou engourdie ?

Reprendre la position corporelle qui correspond à l'expérience passée permet d'amplifier les sensations corporelles et d'accéder à des mémoires corporelles figées et profondément enfouies au plus profond de l'inconscient, aussi bien pour la vie présente que pour une vie antérieure :

> **Prenez la position corporelle du corps, des bras, des jambes qui va avec cette expérience.**

Bien sûr, le divan doit être suffisamment grand pour permettre au client de se mouvoir librement, par exemple pour qu'il puisse se recroqueviller, se prendre la tête dans les mains ou se « tordre le ventre ». Celui-ci peut avoir besoin d'encouragements verbaux pour ajuster sa position. Ensuite les images de la vie antérieure viennent rapidement :

> **Quelle est la première image qui vous vient à l'esprit ?**

Si aucune mémoire de vie antérieure ne se déclenche, il faut demander à nouveau au client de se concentrer sur ses sensations corporelles, d'ajuster la position de son corps à l'expérience, en utilisant la phrase « c'est comme si …».
Quelques encouragements peuvent aider à faire émerger une vie antérieure :

> **C'est comme si … que se passe-t-il ?**

Par exemple, pour une douleur dans la poitrine, on obtiendrait une réponse telle que : « *C'est comme si j'étais coincée sous un arbre* » ou « *c'est comme si un rocher m'écrasait* » ou « *c'est comme si j'étais attachée avec une corde* ».

PONT PAR UN BALAYAGE ÉNERGÉTIQUE

Le corps subtil garde les mémoires non résolues et il est possible de les activer au moyen d'un balayage énergétique, afin d'établir un pont vers une vie antérieure.

Une cliente que j'appellerai Sue était une jeune diplômée qui travaillait dans une grande entreprise. Elle avait l'impression de ne pas contrôler la situation en présence de son petit ami. C'était inhabituel pour elle dès lors qu'elle pensait contrôler tous les autres aspects de sa vie. Elle pensait avoir été violée par son précédent petit ami alors qu'il était saoul, mais n'avait aucun souvenir précis de cet événement, ni de symptôme apparent. Tout ce dont elle se souvenait c'est de s'être réveillée un matin sachant que quelque chose ne tournait pas rond.

Le thérapeute commença par un balayage énergétique afin d'identifier la source de son problème :

> Je vais effectuer un balayage énergétique pour détecter un éventuel blocage en lien avec la pensée que vous n'êtes pas en « situation de contrôle ».
> Alors que vous avez les yeux fermés, ma main va se déplacer lentement à quinze centimètres au-dessus du corps, des pieds à la tête, concentrez-vous sur la zone balayée.
> Dites-moi si vous ressentez un blocage, une sensation de légèreté ou de lourdeur ... une tension... toute sensation ou toute émotion.
> [Le balayage démarra].
> Je commence par vos pieds... vos mollets ... vos genoux ...

[... et continua jusqu'à la tête, et puis au 2ème passage, alors que le balayage portait sur cette zone ...]
Je sens des picotements dans les jambes.
Concentrez-vous sur la zone où vous ressentez des picotements...est-ce dans une jambe ou dans les deux ? ... Est-ce sur une zone large ou bien délimitée ?
C'est dans ma jambe gauche.
Concentrez toute votre attention sur cette zone et dites-moi ce qui se passe.
C'est comme un engourdissement.
Prenez la position du corps, des bras et des jambes qui va avec cette expérience.
[Elle se recroquevilla sur le côté].
Que se passe-t-il avec votre jambe gauche maintenant ?
C'est comme si ... que se passe-t-il ?
[Sue commença à sangloter].
C'est comme si quelqu'un me bloquait le pied. C'est John [son ex-petit ami]. *Il le bloque. Oh... je ne peux pas me dégager.*
[Et l'histoire surgit dans un flot d'émotion].

Sue, qui est une personne analytique et qui montre rarement ses émotions, fut surprise de toutes les émotions qu'elle avait retenues dans sa mémoire corporelle.

Aucune suggestion ne fut nécessaire pour orienter l'entrée dans la régression.

Le pont somatique qui suivit le balayage énergétique l'amena directement au point critique du complexe qui, dans le cas présent, se situait dans sa vie courante, mais qui aurait pu se situer dans une vie antérieure.

Hans Ten Dam appelle ce balayage énergétique « l'exploration de l'aura » et conseille à ses clients de le pratiquer sur eux-mêmes.

Accéder à une vie antérieure

Cette pratique a bien des vertus auxquelles s'ajoute le fait que l'énergie du thérapeute mise en jeu pendant ce balayage amplifie et met à jour ces anciennes blessures. Il peut révéler d'autres énergies comme cela sera décrit plus loin. Pour cette raison, il est important de formuler clairement l'intention du balayage :

Je vais maintenant effectuer un balayage énergétique pour identifier d'éventuels blocages que vous avez en relation avec ...(le problème du client).

Le client est invité à se concentrer sur la zone de son corps qui est sondée durant le balayage énergétique. Souvent deux ou trois balayages sont nécessaires sachant que la sensibilité du client augmente à chaque balayage.

La plupart des thérapeutes peuvent détecter un blocage dans le champ énergétique de leur client avec leurs propres mains, mais il est préférable de se laisser guider par leur feedback.

Dans le cas où il y a plusieurs blocages détectés, il faut utiliser le plus intense et enchaîner, si c'est approprié, sur un pont somatique.

Pont visuel

Il arrive que des fragments de vies antérieures émergent spontanément à la conscience.

Les informations visuelles de ces fragments peuvent être utilisées pour entrer directement dans une vie antérieure.

Une cliente que j'appellerai Jenny faisait des régimes pour réduire un excédent de poids de 15 kilos.

Mais à chaque fois qu'elle commençait son régime, elle avait des flashs où elle se voyait dans un camp de concentration, ce qui stoppait immédiatement tous ses efforts.

Après une légère induction de relaxation progressive, un pont visuel fut utilisé :
Concentrez-vous sur la partie la plus intense de ces images.
Que se passe-t-il maintenant ?
Je suis une femme juive et en train de mourir de faim.
Quelles sortes de vêtements portez-vous ?
Une simple robe en coton, tombant jusqu'aux genoux.
Comment ressentez-vous la texture de cette robe ?
C'est un coton très grossier et c'est tout ce que je porte en plus de mes bottes.
Concentrez-vous sur vos sensations corporelles.
J'ai froid et je n'ai rien pour me réchauffer. Oh, mon pauvre corps souffre de manque de nourriture.

Jenny continua à décrire la vie d'une femme de 32 ans prisonnière d'un camp de concentration pendant la deuxième guerre mondiale.
Son travail consistait à préparer la nourriture pour les prisonniers.
Il était devenu évident que l'invasion des rats et leur reproduction rapide était dues au fait qu'ils se nourrissaient des cadavres en nombre.
Mourant de faim, un nœud à l'estomac, elle se refugia sous une couverture, à demi consciente.
Au moment de la mort, elle emporta avec elle la mémoire de la privation de nourriture, d'un état de faiblesse et du froid.

Il arrive que des fragments de vies antérieures apparaissent dans des cauchemars ou dans des rêves marquants.
Certains médiums, certaines personnes clairvoyantes ou très intuitives peuvent accéder librement à des fragments de leurs vies antérieures.

Certains d'entre eux désirent explorer plus profondément une de ces vies antérieures.

Dans ce cas, la façon la plus simple est de les mettre en état de transe légère et de leur demander de se concentrer sur la partie la plus intense émotionnellement de ce fragment de la vie antérieure. Faire émerger le récit d'une vie antérieure est facile, mail il faut éviter que ce soit en mode dissocié.

Dans le cas de Jenny, ce sont les questions sur ses sensations corporelles qui ont permis de raviver les mémoires de sa vie antérieure, de telle sorte que celle-ci a pu être complètement explorée et transformée.

Surmonter les obstacles à l'entrée dans une vie antérieure

Le travail avec les mémoires corporelles peut faire émerger rapidement le récit d'une vie antérieure, alors que son accès semblait bloqué jusque-là.

Alors qu'elle racontait son histoire personnelle, cette cliente que j'appellerai Wendy avait répété trois fois : "je ne peux pas y arriver". C'est comme si, toute sa vie, elle avait saboté toute tentative de développement avec ces pensées négatives. Mais maintenant qu'elle était mère célibataire avec un revenu d'insertion, elle souhaitait désespérément changer le cours de son existence.

Au moment où elle commença à s'allonger pour la séance de régression, Wendy se redressa vivement en disant : «*je pense que je ne vais pas y arriver*».

Le thérapeute lui demanda de reprendre la position allongée et de répéter cette même phrase en laissant émerger les émotions et les sensations physiques. Alors que Wendy ressentit une douleur dans le dos, le thérapeute lui demanda de se mettre dans la position qui correspondait avec l'expérience.

Wendy mit les mains au-dessus de sa tête et elle dit en haletant: « *Oh, mon dos, je ne dirai rien. Ils me fouettent. Je n'y arriverai pas. Oh, aidez-moi, je suis attachée* ».

Wendy poursuivit en décrivant une vie antérieure où elle était suspendue par les mains avec les jambes attachées.

Elle était une femme âgée qui avait mené la révolte des villageois contre leur propriétaire terrien tyrannique.

Elle était décidée à ne pas parler sous la torture.

Après la séance Wendy ajouta : « *Pas étonnant que je n'aime pas les gens qui essaient de me contrôler. Et maintenant je sais pourquoi dans cette vie je continue à penser que je n'y arriverai pas* ».

Certaines personnes utilisent essentiellement leur cerveau gauche logique et ont des difficultés à utiliser leur cerveau droit siège de l'intuition et l'imagination.

Un esprit hyper-analytique peut bloquer l'entrée dans une vie antérieure et faire obstacle à une régression.

Ce fût le cas de ce client que j'appellerai John :

Je ne vois rien, c'est bloqué.
Dites-moi quelle est la première image ou la première pensée qui vous vient à l'esprit.
Il n'y a rien qui vient, c'est bloqué.
Ouvrez les yeux et dites-moi ce qui s'est passé.
Il ne s'est rien passé.

Certaines personnes revivent leurs vies antérieures comme dans un rêve. Ils savent ce qui se passe, mais ce n'est pas aussi clair que s'ils pouvaient voir ou entendre. Certaines

Accéder à une vie antérieure

personnes sont très visuelles, d'autres ressentent ce qui se passe, et pour d'autres encore ce sont des paroles qui leurs viennent.
Je ne me souviens pas de mes rêves.
Quand on leur demande d'essayer une nouvelle fois en inventant une histoire, ils accèdent alors à une vie antérieure.
Je ne suis pas créatif.
Avez-vous déjà inventé une histoire pour vos enfants ?
Oui.
Bien dans ce cas, faites pareil !
Allongez-vous, inventez une histoire et restez ouvert à ce qui arrive.
[Après un approfondissement de transe et une visualisation guidée]
Je suis à la vigie d'un navire en bois, et un bateau de guerre à voile se dirige vers nous.

John poursuivit en racontant qu'il était un marin français lors d'un affrontement avec un bateau de guerre anglais au 19ème siècle. Touché par une balle, il mourut en tombant de son poste de vigie sur le pont.
Après la séance, il raconta : « *J'ai toujours eu une fascination pour les batailles navales de cette époque mais je n'aurais jamais pensé que j'étais du côté français. J'ai senti une douleur dans ma poitrine au moment où j'ai été touché, juste avant de tomber* ».

Les scripts hypnotiques de confusion aident les clients analytiques à atteindre un niveau de transe suffisant. Quelquefois, il suffit juste d'autoriser le client à inventer une histoire pour que son intuition prenne le dessus sur son mental. Toutefois, avant de commencer une séance de régression, il est utile de prévenir que certaines personnes se demandent si l'histoire est vraie, et d'ajouter qu'au cinéma, on n'arrête pas le film en cours pour en discuter, mais on attend qu'il soit fini. C'est la même chose avec le récit d'une vie antérieure. Les critères qui laissent penser que la vie antérieure est réelle sont en général : la spontanéité d'une histoire souvent imprévisible, le ressenti des émotions et des sensations physiques ainsi que les schémas communs avec leur vie présente.

RÉSUMÉ

Une simple transe légère est suffisante pour accéder à une vie antérieure. Elle s'obtient par une induction hypnotique que toute personne formée à l'hypnose sait effectuer, par exemple au moyen d'un des nombreux scripts d'imagerie guidée disponibles. C'est la méthode privilégiée, car la transe hypnotique tend à réduire l'intensité des émotions et des sensations qui émergent lors de la régression. Dans le cas où l'exploration d'une vie antérieure est effectuée dans un but thérapeutique, il est important de formuler une intention claire pour orienter le choix de cette vie passée en relation avec le problème du client. Pour les personnes analytiques qui peuvent avoir des difficultés à accéder à cette expérience, un approfondissement de transe sera nécessaire.

La thérapie par la régression a pour objectif majeur de résoudre les problèmes des clients. Les symptômes associés à ces problèmes sont des pensées ou des émotions négatives et parfois des tensions corporelles ou même des douleurs physiques inexpliquées.

Une façon d'amplifier l'émotion du client pendant l'entretien est de lui demander d'aller au cœur de cette émotion et/ou de répéter la phrase associée à cette émotion et/ou de connecter cette émotion à une sensation corporelle. Si une émotion ou une sensation physique se manifeste pendant l'entretien, elle peut être utilisée comme un pont vers la source du problème que ce soit dans la vie présente ou passée. Les balayages énergétiques sont une façon rapide d'amplifier les sensations corporelles ; utilisés avec un pont somatique, ils permettent de surmonter de nombreux blocages.

Les praticiens encore peu expérimentés auront peut-être besoin de plusieurs essais avant de trouver le pont le plus adéquat pour amener leur client dans une vie antérieure. Si un pont ne fonctionne pas, rien n'est perdu pour autant. En continuant à investiguer le problème du client, un autre pont pourra se présenter. Sinon, il sera toujours possible de faire une induction hypnotique. L'important est de ne pas se décourager, ni d'en faire un problème, mais plutôt d'agir comme un serrurier qui essaie plusieurs clefs jusqu'à trouver la bonne.

GUÉRIR L'ÂME ÉTERNELLE

4

EXPLORATION D'UNE VIE ANTÉRIEURE

*La voie royale n'a pas de limites
et elle comporte plus de mille chemins.
Dès que vous vous y engagez,
commence un voyage solitaire dans l'univers*
Wu-Men Hui-k'ai, maître zen chinois

Beaucoup d'étudiants débutants lors d'une régression pensent que la chose la plus importante est de réussir à accéder à une vie antérieure. En fait, c'est ce qui est le plus facile ! Ce qui les attend ensuite, c'est de dévoiler progressivement cette vie antérieure à la conscience de leur client, par une technique de navigation, dans le but de repérer les évènements traumatiques à la source de leurs complexes. Le dévoilement de ces mémoires anciennes peut s'accompagner d'une libération spontanée d'énergie émotionnelle, appelée catharsis.

INCARNER LE PERSONNAGE DANS LA SCÈNE

Quand les premières images d'une vie antérieure apparaissent, il est important de s'assurer que le client s'incarne dans le personnage de la vie antérieure. Une façon de le faire est de poser des questions détaillées sur le personnage de la vie antérieure et sur les vêtements qu'il porte:

> **Qu'avez-vous aux pieds ... avez-vous les pieds nus ou portez-vous des chaussures ?**
> **Que portez-vous comme vêtements ?**
> **Décrivez ces vêtements de façon plus détaillée.**
> **Est-ce que vous portez un objet ?**
> **Etes-vous un homme ou une femme ... jeune ou âgée ?**

On attend une réponse exprimée au temps présent telle que : « je porte une robe déchirée » et « je suis pieds-nus ». Si la scène est décrite d'un point de vue distancié, le client n'est pas incarné dans le personnage et il doit alors être encouragé à vivre l'histoire du point de vue du personnage. Par exemple, s'il dit : « je me vois debout au bord de la falaise et quelqu'un va me pousser », le thérapeute répondra « autorisez-vous à entrer complétement dans votre corps... qu'arrive-t-il ensuite ? ». Une autre façon consiste à lui poser des questions relatives à ses sensations corporelles :

> **Est-ce qu'il fait chaud ou est-ce qu'il fait froid ?**
> **Comment ressentez-vous vos vêtements sur votre peau ?**
> **Quand vous respirez, est-ce que vous remarquez une odeur particulière ?**

Aider le client à incarner le personnage de la vie antérieure est la première étape indispensable qui permet à la première scène d'apparaitre.

> **Que se passe-t-il autour de vous ?**
> **Etes-vous à la campagne, dans une ville ou un village ?**
> **Pouvez-vous donner plus de détails ?**

Exploration d'une vie antérieure

Etes-vous seul ou accompagné(e) ?
Que font les autres personnes?

Le thérapeute ne doit pas hésiter à questionner le client pour obtenir autant de détails que possible. Ces questions doivent s'enchaîner naturellement pour que le récit soit fluide. Elles vont aider à camper le contexte du récit, mais aussi à établir si le client est entré dans une vie antérieure ou plus simplement dans une période ancienne de sa vie présente. En cas de doute, le thérapeute peut toujours poser la question à son client. Pour guider la régression de la meilleure façon possible, il faut s'adresser au personnage de la vie antérieure au présent, par exemple : « que faites-vous maintenant ? » ou « petite fille, que fais-tu maintenant ? ». Pour ne pas faire commuter le client d'une évocation intuitive de sa vie antérieure à la pensée logique de son cerveau gauche, il est important d'éviter les questions avec des pourquoi. Le plus important est de faire en sorte que le récit se déroule naturellement. Il est préférable aussi d'éviter les questions précises portant sur la période de la vie antérieure, telles que l'année, le roi ou le gouverneur local. En général, ce n'est pas nécessaire pour la thérapie et, le plus souvent, ces informations ne sont pas connues par le personnage. Beaucoup de vies antérieures se sont déroulées dans des tribus indigènes sans référence temporelle ou dans des communautés où personne ne savait ni lire et ni écrire. Si nécessaire, ce type de question peut être posé à la fin de la séance quand on passe en revue la vie antérieure. Pour un thérapeute, le fait de répéter certains mots de son client, avec le même ton que celui-ci, produit un effet de miroir qui accentue l'alliance thérapeutique et entretient la dynamique du dévoilement de l'histoire. Cela suppose une écoute très attentive et une discipline à n'utiliser strictement que les mots que le client a prononcés.

Quelle sorte de vêtements portez-vous ?
Une simple peau d'animal autour de ma taille.
Une peau d'animal…et de quelle couleur est-elle ?
Elle est claire.
Elle est claire … et êtes-vous un homme ou une femme?
Un jeune homme.
Un jeune homme ….et y-a-t-il d'autres personnes autour de vous?
Oui, il y a des hommes et des femmes qui me regardent, ils ont des peaux plus foncées que moi.
Des hommes et des femmes qui vous regardent…et que remarquez-vous d'autre ?
L'un d'eux me menace avec une lance et crie.

Naviguer dans le temps

Après cette première phase où le personnage est incarné dans une scène suffisamment détaillée, l'histoire de la vie antérieure est prête à être recueillie.

En principe, on suit l'ordre chronologique jusqu'à la mort, ensuite on revient en arrière pour récolter plus d'information comme l'illustre le cas d'une cliente que j'appellerai Maggie. Elle régressa dans la vie d'un esclavagiste en train de naviguer en mer méditerranée.

Elle était un homme bronzé et trapu habillé de blanc, portant une ceinture de cuir et de métal et des sandales en cuir. Un fouet à la main, il se tenait debout dans une galère à ciel ouvert, sur deux niveaux.

Le bateau transportait des épices, du sucre et de la soie a travers la Méditerranée. Les esclaves, noirs pour la plupart, étaient enchaînés. Il les fouettait pour les faire ramer plus vite. Il recevait une prime si le bateau arrivait vite au port,

Exploration d'une vie antérieure

ce qui l'amenait à être particulièrement brutal. Il décrivit la peur qu'il percevait dans les yeux des esclaves quand ils le regardaient. La voix de Maggie changea de ton à ce moment du récit : *"Je ressens de la haine envers moi-même pour ce que je suis en train de leur faire»* dit-elle en sanglotant. Le prochain évènement important de cette vie d'esclavagiste fût sa mort accidentelle à la suite d'une surdose d'herbes analgésiques. Après avoir quitté son corps, il regarda en bas vers le bateau et vit son remplaçant continuer à frapper les esclaves. Avant de lui faire rencontrer ceux à qui il avait fait du mal, il était important de comprendre ce qui l'avait amené à devenir cette sorte de personne. Le thérapeute lui demanda d'aller au premier événement important de cette vie antérieure. Dans cette scène où il était un jeune garçon, son père était un forgeron grand et fort et le battait en lui disant : « *tu dois être fort pour survivre dans cette existence»*. C'était la façon qu'avait son père d'essayer d'endurcir son fils. Ayant parcouru les événements importants de cette vie antérieure, la séance se poursuivit par la rencontre, dans le plan spirituel, avec les esclaves qu'il avait maltraité et avec son père qui l'avait maltraité. Grâce au dialogue qui en découla, fut trouvé le pardon et Maggie réalisa de manière profonde que le problème n'était pas la prise de responsabilités vis-à-vis d'autres personnes, mais la maltraitance des gens dont on est responsable.

L'entrée dans une vie antérieure peut se produire dans un moment critique où le personnage est exécuté, étranglé ou en train de tuer quelqu'un dans un combat. L'entrée dans une vie antérieure peut tout aussi bien se dérouler de façon calme et lente, par exemple, dans une scène où le personnage est étendu dans un pré ou marche tranquillement sur un chemin ou est entouré de sa famille.

Au fur et à mesure des questions, l'histoire se dévoile souvent de façon imprévisible, dans le dialogue du client et du thérapeute. Quand une scène a été suffisamment dévoilée, il est temps de passer à la scène suivante :

Que se passe-t-il ensuite ?

C'est la question la plus importante à poser pour faire émerger le récit et, finalement, permettre d'atteindre l'évènement à la source du complexe. Si, dans une scène, aucune information substantielle ne se révèle, il peut être approprié de passer à la suivante, en prenant toutefois le soin de le vérifier :

Y a-t-il encore quelque chose d'important dans cette scène, avant de passer à la suivante ?

Naviguer dans le temps d'une vie antérieure est aussi simple que d'avancer dans un enregistrement vidéo :

Quand je vais compter jusqu'à 3, je vais vous demander d'aller au prochain évènement important de cette vie. 1 ... 2 ... 3 que se passe-t-il maintenant ?

Plus le personnage se sera incarné dans le récit, plus il lui sera facile de suivre ces instructions. En principe, il est préférable de parcourir l'histoire chronologiquement jusqu'au moment de la mort. Quand l'entrée dans la vie antérieure est proche de la mort, après avoir traversé celle-ci, il faut ramener le client au premier événement important de sa vie pour recueillir l'ensemble de l'histoire.

Exploration d'une vie antérieure

Quand je vais compter jusqu'à 3, je vais vous demander d'aller au premier évènement important de cette vie. 1 ... 2 ... 3 que se passe-t-il maintenant ?

Toutes les commandes de navigation requièrent une voix ferme et suffisamment directive. Il arrive aux étudiants débutants d'être trop suggestifs, avec par exemple : « Pourriez-vous aller maintenant au prochain événement important ? » ou « Si possible, allez au prochain événement important ». Cette façon doit être évitée car l'événement en question peut être une séquence majeure de la vie antérieure.

Si des instructions fermes ne sont pas employées, la séquence en question de la vie antérieure pourrait être occultée et des informations vitales pourraient être perdues. Parcourir l'ensemble des événements importants permet de recueillir toutes les informations essentielles de telle sorte que la vie antérieure puisse être comprise dans sa globalité. Presque toujours, la source d'un complexe se situe dans un de ces événements marquants. Un évènement marquant particulier est appelé point de blocage (shutdown). C'est le cas des situations de défaite ou d'impuissance, par exemple, quand une personne est ensevelie dans un éboulement. Un point de blocage se traduit souvent par des pensées telles que : « je ne veux plus jamais revivre ça » ou « c'est sans espoir ». On peut également l'identifier s'il y a une perte d'énergie ou si le corps devient rigide ou se met à trembler, ou si le ton de voix change. Un $2^{\text{ème}}$ type d'événement marquant est appelé « tournant » (turning point). Un tournant caractérise un changement majeur dans une vie antérieure quand, par exemple, un enfant est retiré à sa mère, une personne riche perd sa fortune et son pouvoir ou quand une vie entourée de personnes aimées devient solitaire. Ce fût le cas de Maggie au moment où dans sa vie antérieure elle a été battue par son père, le forgeron.

Tous les tournants doivent être identifiés et revus soigneusement pour qu'ils soient complètement assimilés par le client. Il est important de faire en sorte que l'histoire de la vie antérieure se dévoile complètement, de façon à ce que tous les points de blocages, les tournants et les personnages soient identifiés en vue des transformations ultérieures. Parfois l'entrée dans une vie antérieure se situe au moment d'une mort tragique, le recueil d'information sera alors minimal. En règle générale, il faut suivre le flux d'énergie. Si un client atteint rapidement le moment de la mort dans sa vie antérieure, on aura tout le temps de revenir en arrière pour recueillir le reste de l'histoire.

Diversions

Il est important de gérer convenablement les diversions, car elles peuvent faire obstacle au dévoilement d'une vie antérieure. L'extrait, qui va suivre, d'une régression effectuée avec une cliente que j'appellerai Mary, va illustrer des diversions. Avec un travail à plein temps et des enfants en bas âge, Mary avait une vie très active. Le thème de sa séance de régression était sa difficulté à faire face à son mari.

> Mary régressa dans une vie antérieure à partir d'un pont verbal, répétant cette phrase : *« je suis seule et je souffre »*.
> Dans cette vie antérieure, elle était une jeune fille habillée en robe blanc crème, les pieds boueux, travaillant dur pour ramasser du petit bois et chercher des baies et d'autres nourritures pour son petit frère de deux ans et sa sœur encore bébé. Mary dit doucement: « c'est un travail si dur et j'ai tellement mal aux mains ». La jeune fille avait perdu ses parents et avait l'entière responsabilité de ses jeunes frère et sœur. L'histoire se poursuivit ainsi: « Je vois pleins de couleurs autour de moi. Tout est devenu bleu et or. C'est

tellement merveilleux ». Cette incohérence dans le récit suggérait que Mary avait évité un trauma et racontait maintenant une séquence d'après sa mort. Cela fut confirmé lorsqu'il fut constaté que le cœur de cette jeune fille avait cessé de battre. Mary continua d'elle-même son récit et se retrouva dans une autre vie antérieure où elle était un adolescent dont le père était parti pour combattre « au-delà des mers » et n'était jamais revenu.

Le thérapeute demanda alors à Mary de retourner dans la première vie antérieure où elle était une jeune fille, au moment où elle ramassait du petit bois. Elle plongea directement dans une scène dans laquelle un homme était derrière elle, alors qu'elle entendait des gens qui se moquaient d'elle du haut de la colline. Elle se voyait ensuite blessée, adossée à un arbre. Le thérapeute demanda à Mary de revenir précisément au moment où la jeune fille réalisa pour la première fois qu'un homme venait vers elle et de revoir lentement le fil des événements. Tout d'abord, elle entendit un bruit derrière elle avant de commencer à courir. Quand le thérapeute lui demanda ce qu'elle ressentait, la voix de Mary commença à trembler et elle se souvint de sa peur. L'homme qui était descendu de la colline avait plaqué la jeune fille contre un arbre pour la tuer. Quand ses émotions s'apaisèrent, tous les détails de sa vie antérieure et de sa mort émergèrent.

L'expérience de vie antérieure de Mary illustre comment une diversion peut empêcher le dévoilement de l'histoire d'une vie antérieure. Le Dr Hans Ten Dam en a identifié un grand nombre dans son livre Deep Healing[1] et a insisté quant à l'importance de les déceler et de les contrecarrer. Quand Mary décrit tout d'un coup une scène où elle voit « beaucoup de couleurs dans une atmosphère de paix », elle traduit, en fait, un saut de la vie antérieure directement dans le plan spirituel, en contournant le passage de la mort. Ce saut fût confirmé après qu'elle eut constaté que son cœur avait cessé de battre. Il arrive aussi que le saut s'effectue dans une autre vie antérieure. Dans ce cas, il est préférable de revenir à la scène qui précède la diversion de façon à traiter complètement la vie antérieure et le complexe qui y a pris son origine avant de passer à une autre vie.

Quand je vais compter jusqu'à 3, je vais vous demander de revenir dans la scène où ... (juste avant le saut) **... 1 ... 2 ... 3 que se passe-t-il maintenant ?**

Quand l'histoire accélère soudainement ou quand un événement important semble être évité, ce type de diversion s'appelle une *accélération*. Quand cela arrive dans une séance qui se déroule bien, cela indique une situation menaçante qui se termine trop rapidement. Ce fût le cas de la vie antérieure de Mary, dont le récit s'accéléra à l'approche de la mort. Bien sûr, c'est utile pour éviter au client des émotions pénibles. Dans une régression, cela peut avoir trait à la cause de la problématique du client, c'est pourquoi il faut le ramener en arrière dans le récit pour faire émerger complètement ces mémoires en pleine conscience. Un blanc soudain dans une scène peut être un signe *d'évitement* d'un événement traumatique. Parfois, cela prend la forme d'une incohérence quand une information se rapportant à un événement tragique est dénuée de sens. Par exemple, quand la vie antérieure d'un marin qui se noie lors un naufrage se transforme soudainement en une scène paisible. Dans ce cas, il faut interrompre le récit et le reprendre à un point antérieur pour l'investiguer plus en détails.

Repassez les événements lentement en revue. Quelle est la première chose qui vous arrive?

Le dernier type de diversion est la *dissociation* d'une mémoire traumatique, par exemple quand l'évènement est décrit d'un point de vue extérieur. Si le récit se poursuit, cette scène doit être notée en vue d'une résolution ultérieure. Si l'histoire de la vie antérieure commence à être vague ou s'il y a un blanc, les mémoires corporelles peuvent être utilisées pour faire émerger le récit. Ce point est traité plus en détail ultérieurement. La clé est de toujours garder le récit au temps présent. Si un client raconte : « je vois en bas un homme qui se fait poignarder », cela peut être repris et renvoyé avec : « on vous poignarde, que se passe-t-il ensuite ? ». Une autre technique consiste à répéter en miroir les derniers mots du client et de dire : « Respirez profondément et dites-moi ce qu'il arrive ensuite ». L'acte qui consiste à prendre conscience de sa respiration a souvent pour effet de faire revenir à la conscience des sensations corporelles.

CATHARSIS

Une catharsis est une libération émotionnelle intense. Les thérapeutes en régression dans les vies antérieures ont des opinions différentes d'autres thérapeutes occidentaux sur cette question qui est détaillée en annexe I.

Quand une catharsis spontanée se manifeste lors d'une régression dans une vie antérieure, personnellement j'essaie d'en atténuer l'intensité. La désensibilisation est une manière de mettre à jour brièvement une situation traumatique pour permettre à la conscience de l'assimiler progressivement. Beaucoup de traumas sont générés au moment de la mort. Quand c'est le cas, il convient de guider le client pour qu'il traverse rapidement cet épisode et aille vers le plan spirituel de façon à minimiser sa souffrance en réduisant l'intensité émotionnelle. C'est encore plus important de le faire lors d'une régression spirituelle, car une libération émotionnelle risque d'altérer la transe profonde qui est nécessaire à la remémoration.

En thérapie par la régression, on constate que les symptômes physiques et émotionnels indiquent souvent la présence d'un complexe. Il faut évidemment éviter toute souffrance inutile pour le client, mais, en même temps, il faut libérer et transformer toutes les émotions refoulées associées à un complexe pour obtenir une guérison complète. C'est comme avoir une écharde profondément enfoncée dans le pied. Tant qu'elle n'est pas enlevée, elle continue à causer des infections douloureuses. Une catharsis peut être bouleversante et déborder les capacités rationnelles d'une personne. Pour cette raison, il est important de garder le contact avec le client, notamment avec une voix suffisamment forte :

Laissez tout cela sortir ... laissez ces larmes couler.

Une catharsis se déroule en trois phases:

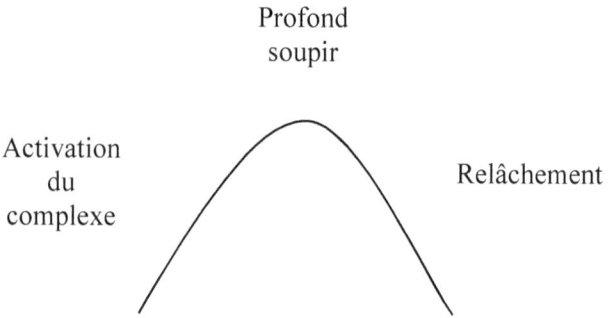

Souvent après un profond soupir, le client retourne à un état normal d'excitation et il est alors possible de poursuivre l'exploration de la vie antérieure. Dans la plupart des cas, les émotions enfouies doivent être complètement libérées avant de continuer les transformations. Cette libération émotionnelle peut s'effectuer en une seule séance ou en plusieurs séances de façon plus progressive. C'est une question qu'il est conseillé de discuter avec le client pendant l'entretien préliminaire pour obtenir son consentement. Cela pourrait s'exprimer en ces termes: « Parfois la séance peut être intense émotionnellement. Je peux tenter de réduire l'intensité émotionnelle en augmentant le nombre de séances. On peut aussi laisser libre cours à l'expression des émotions réprimées et régler le problème rapidement. Paradoxalement, certaines personnes paient des fortunes pour éprouver des émotions fortes en faisant du saut à l'élastique, d'autres vont voir un film triste au cinéma. Ceux qui ont souffert d'émotions douloureuses pendant des années sont généralement heureux de s'en libérer aussi vite que possible.

RÉSUMÉ

Sauf dans le cas où l'entrée dans la vie antérieure provoque une catharsis spontanée, la première action dans une exploration consiste à incarner complètement le personnage de la vie antérieure dans son habillement et son environnement, de façon aussi détaillée que possible. Bien sûr, le questionnement doit être cohérent avec les informations qui émergent, mais la question principale doit rester : « que se passe-t-il ensuite ? ». Il ne faut pas hésiter à éviter les détails et les banalités pour se focaliser sur les événements les plus significatifs. Le subconscient du client les trouvera automatiquement s'il est sollicité en ce sens. En principe, il est préférable d'explorer la vie antérieure dans le sens chronologique jusqu'à la mort pour en faciliter sa compréhension par le client. Le thérapeute doit rester très attentif à la cohérence du récit, en particulier pour contrer les diversions, cela consiste à revenir à l'évènement qui précède la diversion pour l'explorer à nouveau, lentement. La source d'un complexe se situe en général dans l'un des événements significatifs et souvent au point dit « de blocage ». C'est le cas, par exemple, quand une personne, prise dans un éboulement, arrête de lutter pour survivre. Un autre type d'évènement significatif est appelé « tournant » comme dans l'étude de cas de Maggie, l'esclavagiste. La maltraitance dont il avait fait l'objet jeune de la part de son père l'avait rendu lui-même maltraitant. Tous ces événements doivent être identifiés et revus soigneusement pour qu'ils soient complètement assimilés par le client. Toutes les informations qui concernent aussi bien les points de blocage, les tournants et les autres personnages doivent être notéessoigneusement en vue des transformations qui suivent l'exploration.

En cas de catharsis spontanée, le thérapeute doit prendre la posture contenante qui permet au client une libération complète. Il est possible d'obtenir une certaine désensibilisation en parcourant rapidement l'évènement traumatique, surtout ceux qui mènent à la mort. En principe, lors d'une catharsis spontanée, la thérapie par la régression vise une décharge complète de l'énergie. Dans ces circonstances, il est impossible de continuer à poser des questions au client, il est recommandé de l'accompagner par des suggestions exprimées d'une voix assez forte.

5

LE PASSAGE DE LA MORT

*Maintenant que le Bardo de la mort s'abat sur moi,
j'abandonne tout désir de possession, toute aspiration et tout lien.
A l'heure où je quitte ce corps pétri de chair et de sang, je sais
qu'il ne s'agit que d'une illusoire transition.*
Padmasambhava, *extrait du livre tibétain des morts.*

Le terme de Bardo se réfère chez les bouddhistes aux changements d'état de conscience qui s'opère durant le cycle de la vie et de la réincarnation. Le Bardo du passage de la mort est le plus important. L'expérience de la mort est pour chacun une magnifique opportunité d'accepter notre vie tout entière et d'atteindre notre vérité la plus profonde. Sogyal Rinpoche dans son livre *Le livre tibétain de la vie et de la mort*[1] insiste sur la nécessité de clore les questions encore ouvertes, de se défaire des sentiments de culpabilité, de colère ou de tout autre ressentiment envers les autres, avant la mort. Lors de régressions dans les vies antérieures, le moment de la mort doit toujours être abordé. En se remémorant sa mort, le client constatera que sa vie est parvenue à son terme. Et toutes les pensées, les émotions et les sensations corporelles non résolues à ce moment-là devront être traitées en vue de leur résolution.

Il y a de nombreuses similitudes entre les récits des remémorations des expériences de la mort dans les vies antérieures et les récits des expériences de mort imminente. Au moment où l'âme quitte le corps physique, toute douleur physique disparaît. Puis elle observe son corps de l'extérieur avant de s'éloigner vers la lumière Il ressort de mon expérience, qu'environ 85% des vies antérieures comportent des questions non résolues qui devront l'être dans le plan spirituel. Dans quelques 5% des cas, le client dit aller vers la lumière sans que subsiste aucun traumatisme. Dans les cas restants, les clients indiquent que leur conscience reste attachée au corps et est réticente à s'en éloigner. Dans les traditions shamaniques, on appelle cela une « âme perdue » et les Anciens l'appellent « esprit resté attaché au plan terrestre ». [2]

Une mort paisible

Des vies antérieures agréables peuvent apporter de belles ressources lorsqu'elles sont amenées à la conscience. Je citerai par exemple le cas de ce client que j'appellerai Kim qui, dans une vie antérieure, était un jeune arabe jouant avec ses amis dans les dunes :

> Un des garçons lui avait jeté du sable dans les yeux et il se jeta contre terre tenant son visage entre ses mains. Effrayés de ce qu'ils avaient fait, les garçons s'enfuirent sans dire aux adultes ce qui s'était passé. Incapable de voir, il resta ainsi prostré toute la journée sous un soleil cuisant et du sable dans les yeux et lorsqu'ils le retrouvèrent il était devenu aveugle. Toutefois, la perte de la vue lui permit de développer d'autres capacités et il se transforma en devin doté de capacités médiumniques. Dans l'incapacité de travailler, il vécut une vie simple offrant ses conseils aux villageois et racontant des histoires aux enfants. Je demandais alors au petit arabe de revenir au moment juste

avant à sa mort. Il avait 80 ans et était allongé sur son lit de mort entouré de quelques-uns de ses amis. Alors qu'il expirait, il se sentit apaisé et sans aucune peur de la mort. Il raconta avoir quitté son corps et avoir observé la scène à distance. Toute la communauté s'était rassemblée autour de la maison où il était mort, chacun portant des fleurs et il ressentait l'amour que tous lui portaient. Il raconta avoir laissé ses yeux se diriger vers la lumière et s'être laissé flotter en sa direction avec un profond sentiment intérieur de paix.

Je laissais Kim intégrer cette profonde expérience. Elle avait eu beaucoup de peine à développer ses dons de médium dans sa vie actuelle et cette expérience de vie antérieure lui donna un regain d'enthousiasme dans la poursuite de son travail. Revisiter une vie antérieure positive comme celle-ci ou même seulement un événement important d'une vie antérieure peut avoir un impact très profond au niveau de la conscience.

Traumas non résolus au moment de la mort

La plupart des vies antérieures laissent des problématiques non résolues qui sont à l'origine de schémas répétitifs dans la vie actuelle. Je vais l'illustrer avec l'étude de cas d'un client que j'appellerai John. John avait des difficultés à parler en public. Dans ces situations, sa gorge se serrait et la prise de parole devenait encore plus difficile :

> Le souvenir le plus ancien de John concernant ce problème remontait à l'école quand il lui avait été demandé de lire la Bible. Il était terrifié et, sans savoir pourquoi, il se mit à

trembler de tout son corps quand il commença à lire. John régressa dans la vie d'une vieille femme. Elle était habillée en haillons et faisait face à une sorte d'inquisiteur vêtu d'une longue robe avec une ceinture à la taille. La vieille femme se retrouva debout sur une plateforme surélevée entourée d'une foule en liesse avec une corde autour du cou. Elle raconta qu'elle vit ensuite son corps pendu à un poteau. La vieille femme de cette vie antérieure fut invitée à retourner au moment où elle prenait sa dernière respiration. John commença à suffoquer et son corps se mit à trembler. La vieille femme de sa vie antérieure fut ensuite rapidement conduite au moment où son cœur avait cessé de battre. Sa dernière pensée fut «*je ne peux pas y échapper*». Les événements vécus lors de ces dernières minutes ont eu le plus fort impact. Il y eut la terreur, la colère et la honte d'avoir été accusée injustement, et une sensation physique de suffocation.

En repassant en revue sa vie antérieure, il apparut qu'elle vivait seule à la campagne quand des soldats étaient venus la chercher et l'avait enfermée dans une cave obscure. Ils voulaient qu'elle signe un aveu. Pensant qu'elle allait ainsi éviter la torture, elle accepta et fut ensuite portée devant un tribunal composé de personnalités religieuses en robe sur une estrade entourée par la foule. L'un d'entre eux la questionna et lui tendit l'aveu qu'elle venait de signer, en disant à la foule qu'elle était une sorcière.

Après la mort, elle fut invitée à rencontrer l'esprit du religieux qui l'avait condamnée. Elle exprima tout d'abord toute sa haine pour ces choses injustes qui lui avaient été infligées. Cependant au cours de la discussion il apparut qu'il avait seulement fait ce qu'il considérait être son devoir et qu'il était profondément désolé. Le fait d'avoir réalisé cela, l'aida à lui pardonner. Ensuite la vieille femme rencontra ses amis dans la foule qui n'avaient rien fait pour l'aider. En parlant avec l'un d'entre eux, un jeune homme qu'elle avait traité avec des plantes dans cette vie, elle réalisa que la foule l'avait retenu d'agir. Il avait peur et pensait que s'il essayait de lui porter de l'aide, sa femme et ses enfants lui seraient enlevés. Elle le comprenait désormais.

La vieille femme fut alors invitée à revenir au moment où elle prenait sa dernière respiration et à passer ces événements lentement en revue afin d'en modifier le cours et ce de toutes manières qui pourraient être utiles. Tandis que John prenait sa respiration, le thérapeute demanda à la vieille femme d'écarter la corde passée autour de son cou, à l'aide d'une serviette. Une fois la mémoire physique transformée, John ressentit que sa gorge était sensiblement plus légère. Il fut ensuite demandé à la vieille femme ce qu'elle aimerait faire d'autre. Elle voulait se tenir droite devant la foule mais cette fois fière et prête à relever le défi.

Quittant cette fois cette mémoire de vie antérieure, John fut ramené vers sa mémoire d'enfant quand il lisait la Bible à l'école. Grâce à l'apport de ces nouvelles expériences durant lesquelles il échappait à la sensation d'étranglement dans sa vie antérieure, il put se rappeler l'événement maintenant sans trembler ou avoir peur. Il quitta la séance en affirmant « *quand je suis en public, je me sens fier et prêt à relever le défi* ». Parler devant des groupes ne pose plus de difficultés à John dorénavant.

Après avoir revécu cette vie antérieure, John pu changer cette histoire de vie comme il l'entendait. Que ce changement soit compris comme une métaphore ou comme une nouvelle expérience de vie est moins important que l'effet qu'il a eu pour lui. Il fut donc amené une nouvelle fois dans cet épisode traumatique, la corde autour du cou. La scène fût simulée physiquement avec une serviette passée autour de son cou. Ensuite, l'acte physique de retirer cette serviette, comme si c'était la corde passée autour de son cou, lui permit d'aller beaucoup plus loin que ce que les mots peuvent faire pour transformer le traumatisme physique. Cette résolution se propagea à la scène traumatique de la lecture à l'école, avec laquelle elle était en résonance.

La vie antérieure de John illustre à quel point des informations cruciales peuvent être perdues quand une dissociation s'effectue au moment de la mort. Revenir au moment qui précède la dissociation et faire intervenir la conscience corporelle a permis à la sensation d'étranglement, à la pensée « je ne peux pas y échapper » et aux émotions de terreur, de colère et de honte d'émerger au grand jour. Au moment de la mort, les dernières pensées et émotions sont extrêmement puissantes quant à l'effet qu'elles produisent dans les vies ultérieures. Elles peuvent prendre une ampleur hors de toute proportion et s'infiltrer dans les perceptions à venir. Dans le cas de John, elles résultèrent dans sa vie actuelle dans cette irrépressible réaction de peur lorsqu'il fallut lire en classe devant un groupe. Au moment de la mort dans une vie antérieure, il est important de connaître quelles étaient ces pensées et émotions en vue d'une résolution ultérieure.

Quand je vais compter jusqu'à 3, je vais vous demander d'aller juste au moment où votre cœur cesse de battre ... 1 ... 2 ... 3 ... que se passe-t-il ?

Quelles pensées vous traversent l'esprit à cet instant ? Quelles émotions ressentez-vous ?

Un esclave qui a été battu toute sa vie peut penser « c'est sans espoir » et emporter cette pensée avec lui dans sa vie actuelle pour le vivre sous la forme d'une dépression. Un soldat de la première guerre mondiale qui se bat dans la boue peut penser au moment de mourir « je veux me nettoyer de toute cette saleté » et devenir quelqu'un qui se lave les mains de façon obsessionnelle dans sa vie actuelle. Les pensées et émotions du personnage qui émergent dans la vie antérieure doivent être analysées avant et après la mort.

Attachement au plan terrestre

Parfois, dans une mort traumatique dans une vie antérieure, le corps subtil peut rester fixé au plan terrestre et rester auprès du corps physique. Pendant une séance de formation, un étudiant que j'appellerai Mike se retrouva dans une vie antérieure d'un rebelle médiéval écossais qui subit une mort tragique après avoir été pendu, traîné à terre et écartelé.

> Il fut fait prisonnier, attaché par les pieds, puis traîné sur le dos par des chevaux sur des routes pavées. Il fut ensuite attaché par le cou et il fût éventré. Une fois mort, l'esprit du rebelle écossais est resté là comme figé. Il voulait rester auprès de ce pauvre corps mutilé. Il fut dès lors invité par le thérapeute à vérifier que son cœur avait cessé de battre tout en lui rappelant qu'il était bien mort. Son esprit était toujours réticent à quitter le plan terrestre. Il fut donc emmené dans un autre temps, de nombreuses années après sa mort. Il ne restait plus que des os et l'esprit du rebelle écossais admit qu'il ne subsistait plus rien sur lequel il vaille la peine de veiller et il se déclara prêt à partir.

L'incapacité à quitter le corps pour poursuivre son chemin vers le plan spirituel résulte du fait qu'une partie de l'énergie de l'âme, le corps subtil, va rester accroché au plan terrestre. Parfois cela peut être provoqué par une mort subite, une attaque par surprise ou une explosion, quand la mort est trop brutale pour que l'esprit réalise que le corps est sans vie:

> **Restez-vous auprès du corps ou pouvez-vous le quitter?**

Souvent les mémoires des derniers instants sont confuses. On peut aider à rappeler les mémoires au moment où l'esprit quitte le corps physique :

> **Votre corps est sans vie. Vérifier que votre cœur ne bat plus. Pouvez-vous quitter votre corps physique maintenant?**

Les pensées au moment de la mort tournent souvent en boucle. Un soldat peut vouloir ne pas quitter sa garde ou le père rester auprès de ses enfants. Un jeune enfant qui a sauté sur une bombe peut errer à la recherche de sa mère. Dans certaines cultures, ce qui arrive au corps après la mort est important. L'esprit peut errer sur le lieu même où la mort est intervenue, et attendre l'enterrement ou la crémation. Ceci peut être illustré par l'étude de cas d'un client que j'appellerai Betty qui se retrouva dans la vie d'une femme tuée par son mari cordonnier.

> Cette femme était tellement pétrie de culpabilité à l'idée d'avoir déserté son foyer qu'elle se décrivit à sa mort comme étant chargée d'énergie noire. Même quand elle assista à la pendaison de son mari et qu'elle vit son âme s'élever vers la lumière, elle n'était toujours pas prête à lâcher prise et à rejoindre le plan spirituel. Quand on lui

demanda ce qu'il lui faudrait pour se mettre en mouvement, elle demanda à être enveloppée d'une source d'énergie lumineuse afin de se défaire de la mauvaise énergie.

Par cette seule question adressée à son esprit, la femme du cordonnier put se diriger vers une source de lumière propice à la guérison et elle fut désormais apte à poursuivre son chemin sur le plan spirituel.

De quoi avez-vous besoin pour quitter votre corps et vous diriger vers le plan spirituel?

Par exemple, lors d'une explosion, quand le corps physique n'existe plus, l'âme a l'illusion que le corps est toujours en vie. L'äme est comme perdue en dehors de l'espace et du temps qui nous sont familiers et reste piégée et attachée durablement au plan terrestre. Dans un autre exemple, il peut s'agir d'une victime de l'inquisition qui a été condamnée à aller en enfer dans les derniers instants de sa vie. La peur qui résulte de telles expériences réfrène le désir de l'âme de quitter le corps. A ce stade, une transformation est requise et quelquefois il suffit d'apporter une protection pour rendre possible ce départ. Une victime d'explosion peut simplement vouloir que les morceaux épars de son corps soient de nouveau réunis.

RÉSUMÉ

Les pensées, émotions et sensations corporelles au moment de la mort d'une vie antérieure peuvent avoir un fort impact dans la vie actuelle. Elles doivent être recueillies pour être résolues ensuite dans le plan spirituel. Ainsi que cela a été illustré dans le cas de John, la terreur ressentie et la pensée « je ne peux pas échapper à la foule » furent gravées depuis la mort de la sorcière pour s'actualiser dans la peur chronique de John de parler en public. Faire revivre rapidement à un client une mort traumatique permet d'éviter toute souffrance inutile. Ensuite la vie antérieure pourra ainsi être dévoilée entièrement.

Dans le cas de morts violentes, il peut être nécessaire de faire revivre la mort plusieurs fois pour récolter suffisamment d'informations. Après la mort, il est important de vérifier que toute l'énergie a bien quitté le corps. Souvent, il suffit de rappeler que la vie antérieure est désormais terminée et que le corps physique n'est plus en vie. Il arrive que l'esprit reste attaché au plan terrestre comme dans le cas du rebelle écossais et la transformation consiste à demander ce qui est requis pour s'élever vers le plan spirituel.

Beaucoup de vies antérieures ne sont pas traumatiques et sont sources de capacités et de ressources pour la vie présente.

6

Transformations dans le plan spirituel

Mourrez tant que vous êtes en vie et soyez absolument morts.
Ensuite, faites ce qu'il vous plait, tout est bien.
Bucan, Maître Zen Japonais, 17ème siècle

Le dévoilement d'une vie antérieure y compris de l'expérience de la mort, avec l'intention d'en tirer tous les enseignements, a une grande valeur thérapeutique. Quand un client se remémore une vie antérieure durant laquelle il a été battu à mort, le thérapeute ne vas pas l'empêcher d'être battu. Par contre, il va lui permettre de prendre conscience, dans une certaine mesure, de la confusion, de la colère, de la peur ou de tout autre émotion non résolue emportée de sa vie antérieure dans le spirituel. Le plan spirituel est appelé *Bardo du Devenir par les* Bouddhistes. Pour eux, c'est là que la vie antérieure est passée en revue et que se prépare la réincarnation destinée à résoudre les questions non résolues. Dans cette dimension immatérielle, le temps perd sa signification et les changements peuvent intervenir rapidement. Car c'est aussi là que certaines questions encore en suspens se résolvent.

Rencontre avec les personnages des vies antérieures

Mieux comprendre les motivations des personnages des événements marquants de la vie antérieure peut aider à transformer les questions non résolues. Cela est possible grâce au dialogue que le thérapeute ouvre entre les parties prenantes, en étant garant du cadre de la rencontre et en laissant au client l'entière liberté du contenu de l'échange.

L'étude de cas d'un client que j'appellerai Sarah illustre ce propos. Sarah avait une peur chronique de sortir de chez elle et pensait que si elle se mêlait à la foule, quelque chose allait lui arriver. Faire des courses au supermarché était devenu une véritable épreuve pour laquelle elle avait besoin de l'aide d'un ou d'une amie et cela lui causait une forte anxiété, voire des crises de panique. Ces troubles s'étaient déclenchés après qu'elle ait visité une église médiévale et sa phobie de la foule n'avait cessé d'empirer depuis. A l'âge de 37 ans, elle était devenue littéralement prisonnière de sa propre maison.

Sarah se retrouva dans la vie d'un médecin de l'époque médiévale chassé hors de la ville par le maire alors qu'il avait été dans l'incapacité d'endiguer la peste et d'empêcher la mort de ceux qui en étaient atteint. Alors qu'il marchait lentement hors de l'enceinte de la ville, une foule de gens qui l'avaient auparavant respecté dans sa fonction de médecin cherchaient à l'éviter. Ce rejet le laissa désorienté, sans travail et sans toit. Il parcourut l'Europe en vagabond et mourut prématurément, perclus de honte et avec cette pensée « *je ne peux pas les regarder en face, je les ai laissé tomber* ».

Dans le plan spirituel, le médecin de l'époque médiévale put rencontrer le maire et exprimer la honte ressentie à la suite de ce bannissement injustifié. Il dit du maire: « *Il garde la tête penchée. Il avait peur de perdre son poste et regrette ce qu'il a fait. Il se fait tout petit maintenant. Je suis désolé pour lui, il peut s'en aller maintenant* ». Ensuite vint la rencontre avec les esprits des gens de la ville qui l'avaient fui. Tout d'abord peu enclin à les rencontrer, il requit l'assistance de son grand-père « *Ils sont si nombreux. Ils me disent que j'ai été le seul à essayer de faire quelque chose pour les aider. Ils ne me rendent pas responsables de leur mort et me remercient* ». A ce moment d'intense émotion, les yeux de Sarah se remplirent de larmes. Le médecin de l'époque médiévale put ainsi se pardonner à lui-même.

Cette séance a aidé Sarah à se défaire de sa peur de la foule. Dans les mois qui suivirent, en recevant de façon progressive moins d'assistance, elle parvint à atteindre son objectif, et à aller au supermarché sans être accompagnée. Elle dit: « *ce n'était pas facile au début d'affronter la foule, mais cette séance a changé ma vie* ».

Ayant œuvré de cette façon avec des centaines de clients, y compris ceux qui ne croient pas aux vies antérieures, cette façon de procéder donne de très bons résultats. Dans un état modifié de conscience, nourri de l'expérience de la vie antérieure, le client devient plus réceptif à la communication intuitive. Pour mieux comprendre cela, il faut considérer toute chose comme de l'énergie. Lorsqu'il reste des questions irrésolues, l'énergie de l'âme du personnage de la vie antérieure reste attachée à son corps. Le trauma du médecin de l'époque médiévale résulte de ce qui n'a pas été résolu avec le maire et la foule. Aussi longtemps que l'énergie subsiste, un lien demeure entre eux.

Dans une vie antérieure, après la mort, un enfant peut être réuni avec la mère qu'il a perdue, un esclave cruellement traité peut faire face à son maître, ou un prisonnier peut retrouver sa famille :

Allez à l'endroit, dans le plan spirituel, où se trouve (l'autre personnage de la vie antérieure) **et rencontrez-le.**

Aussitôt que l'intention de rencontrer un personnage d'une vie antérieure est formulée, l'intuition du client établit le lien. Ensuite, il suffit de lui demander de dire à ces personnages ce qu'il a envie de leur dire :

Que voudriez-vous leur dire que vous n'avez jamais pu dire dans cette vie ?
Que vous répondent-ils?

Ce dialogue amène une prise de conscience et une compréhension des motivations des personnages rencontrés. Travailler dans le plan spirituel requiert de la spontanéité et une certaine créativité. Le thérapeute doit faire confiance à son intuition pour choisir la meilleure approche qui mènera à la transformation. En cas de blocage, plutôt que d'essayer de faire appel à la logique, il vaut mieux suivre son intuition et, plus un thérapeute acquiert de la pratique, plus cela lui est facile de suivre son intuition.

Ces rencontres transforment l'énergie des émotions et des pensées qui s'est figée au moment où le complexe a pris son origine dans la vie antérieure et qui a été emportée après la mort.

Transformer une tristesse ou une douleur figée

La tristesse et la douleur proviennent habituellement de l'abandon ou de la perte d'une personne profondément aimée. Elles s'accompagnent souvent de pleurs réprimés, d'une lourde respiration et de dépression. La stratégie consiste à se mettre de nouveau en contact dans le plan spirituel avec les personnes aimées, par exemple : un mari, une femme, un fils, une fille, une mère ou un père. Souvent le client aura besoin de temps pour intégrer l'énergie née de cette rencontre, et les nouvelles informations qui en seront issues.

Dans une vie antérieure, une femme allait être condamnée à mort et n'avait personne pour s'occuper de son bébé. Elle avait accepté son destin, mais mourut dans un état de profonde tristesse d'avoir été séparée de son bébé. Dans le plan spirituel, elle fut réunie avec son bébé et invitée à le prendre dans ses bras en utilisant un coussin. Les émotions réprimées se sont transformées en pleurs de joie tandis qu'elle serrait ce bébé perdu dans ses bras. Elle put ensuite lui demander comment sa vie s'était déroulée après sa mort.

Serrer quelqu'un dans ses bras va plus loin que ce que les mots sont capables d'exprimer. Un coussin peut être utilisé à cet effet.

Transformer une culpabilité figée

La culpabilité se rencontre lorsque nous avons fait mal à quelqu'un ou à un groupe de gens et l'avons ensuite amèrement regretté. Souvent des pensées telles que « je me sens coupable » ou « j'ai fait quelque chose d'horrible » accompagnent ce sentiment. La stratégie au plan spirituel est de rompre ce cycle de pensées en rencontrant les personnes en cause afin que le client découvre de nouvelles informations.

> Dans une vie antérieure, un commandant conduisit ses troupes à la mort. Au moment de sa mort, Il était rongé par la culpabilité de voir tous ces corps morts autour de lui. Dans le plan spirituel, il fut invité à rencontrer toutes ses troupes pour confronter leur point de vue au sujet de leur mort. A sa grande surprise, ils ne l'ont pas rendu responsable. Ils ont admis que la mort faisait partie de la vie d'un soldat. Ils voulaient remercier le commandant pour toutes les actions positives mises en place quand il était à la tête de ses troupes.

Si nécessaire le client peut aussi être conduit dans une autre vie antérieure durant laquelle de belles et valeureuses actions ont été réalisées et être ainsi invité à y réfléchir.

Transformer une colère ou une fureur figée

La colère résulte souvent d'une agression ou d'une injustice. Une colère excessive réprimée peut tourner à la rage. Elle se traduit corporellement par une rigidité du buste, une tension dans les poings, les bras ou les mâchoires. Mis en présence, dans le plan spirituel, de la personne ou du groupe à l'origine de la colère, le client pourra exprimer son émotion. Ensuite la motivation de ces personnages pourra être identifiée et intégrée comme il convient:

Dans une vie antérieure, un jeune ouvrier agricole avait été injustement accusé d'avoir volé de la nourriture et battu à mort par le fermier. Il fut autorisé dans le plan spirituel à rencontrer le fermier et encouragé à exprimer physiquement sa rage. Il frappa avec ses poings un coussin représentant le fermier.

Exprimer la colère en hurlant ou en frappant est plus réparateur que d'utiliser seulement la parole.

Transformer une honte figée

Quand une personne a été rejetée ou mis à l'écart d'un groupe de personnes pour un acte qu'elle a commis, il en résulte une profonde humiliation pouvant se transformer dans une honte figée. Etre rejeté par une communauté dans les cultures anciennes avait un impact considérable car l'identité personnelle était intimement liée à l'appartenance à un groupe. On citera par exemple les ordres religieux, les cultures indigènes, l'appartenance à un village ou à une famille nombreuse. Souvent des pensées telles que « je ne peux les regarder en face », « je voudrais me cacher » ou « je me sens lamentable » y sont associées.

Dans une vie antérieure, une none avait été violée par un des prêtres en visite et elle tenta de taire l'événement, mais quand les signes de grossesse commencèrent à se manifester, elle fut expulsée du couvent. Elle mourut peu après submergée de honte avec la pensée « je ne peux pas les regarder en face ». Dans le plan spirituel, elle fut réticente à rencontrer seule les autres nones, mais y réussit grâce à l'assistance de son guide spirituel. Elle fut encouragée à faire ressentir aux autres nones de façon télépathique ce que cela avait signifié pour elle d'avoir été expulsée et elle raconta qu'ensuite, elles se sont mises à genoux implorant son pardon.

Sans soutien, des réticences peuvent se produire à rencontrer un groupe. Ce soutien peut être exercé par des membres de la famille de la vie antérieure, par des amis, des guides spirituels ou autres figures transpersonnelles. Qui ils sont est moins important que l'énergie que cette rencontre apporte, car la honte s'accompagne d'un sentiment de perte de pouvoir :

Avez-vous besoin d'aide pour les rencontrer ?

Transformer une solitude figée

Un sentiment de solitude résulte souvent d'une longue séparation avec des personnes aimées ou d'un manque d'amour prolongé. Dans le plan spirituel, les parents disparus, les amoureux, des membres de la même famille ou des amis peuvent être réunis.

Dans une vie antérieure, un petit garçon en haillons marchait pieds-nus. Dans le froid et la pluie, il était assis en train de mendier sur le pas de porte d'un magasin. Lorsque le temps se rafraîchit, il sentit le froid gagner ses bras et ses jambes jusqu'à ce qu'ils deviennent raides. Il mourut, recroquevillé devant le pas de porte et sa dernière pensée fut que personne n'avait fait attention à lui. Ayant été orphelin dès la naissance, il ne se souvenait pas avoir eu une mère ou une famille. Le client fut invité à se remémorer une autre vie antérieure où il faisait partie d'une famille aimante ou d'une communauté accueillante. Il se retrouva dans une scène d'une vie antérieure où il avait été une none, dans un jardin chaleureux et paisible. Cette none était là pour mener une vie solitaire et trouver une paix intérieure. Transférer cette expérience et cette ressource au personnage de la première vie antérieure aida le client à réaliser qu'être seul peut apporter la paix intérieure.

Dans cet exemple, la rencontre a eu lieu avec un personnage que le client a été lui-même dans une vie antérieure et qui était porteur d'un savoir et d'une ressource importante pour sa vie présente.

Transformer une peur figée

La peur est l'une des émotions les plus fortes. Elle trouve ses racines dans l'instinct de survie, au niveau biologique. Elle peut résulter d'un large spectre de situations où la vie est menacée, telle que le viol, la torture, les combats ou les punitions. Les mémoires corporelles peuvent se manifester par une respiration bloquée ou peu profonde, des tensions musculaires, des tendances à la dissociation ou un sentiment d'impuissance. Un soutien peut devoir être requis avant de rencontrer ces personnages de la vie antérieure.

Lors d'une régression dans une vie antérieure, avant d'entrer dans la chambre à gaz et mourir, une jeune fille juive se faisait raser la tête. Alors quelle résistait, on lui donna un coup de pied et la frappa. Elle renonça à se battre pour survivre et fut gazée peu après. Dans le plan spirituel, elle était terrifiée à l'idée de rencontrer le soldat qui l'avait battue. C'est après avoir été rejointe par l'esprit de sa mère qui était morte en même temps, qu'elle se sentit maintenant mieux armée pour rencontrer ce soldat.

L'énergie additionnelle requise pour dépasser la peur peut être apportée par les membres du village ou de la communauté entière ou par le thérapeute tenant la main de son client.

ASSISTANCE DES GUIDES SPIRITUELS

Le guide spirituel du client a été impliqué dans la planification de la vie antérieure et il peut apporter des éclairages et des conseils lors du passage en revue de la vie antérieure. Afin d'illustrer cela, j'utiliserai le cas d'un client que j'appellerai Anne. Il s'agissait d'une femme de trente ans qui, dotée d'une mère dominatrice, entretenait une relation de dépendance avec elle. Ayant travaillé toute sa vie à s'occuper des affaires professionnelles de sa mère, elle avait peu de confiance en elle et était incapable de développer des relations durables, pensant que les gens parlaient derrière son dos et la détestaient.

Lors de sa régression, elle se retrouva dans la vie d'une mère dont les enfants lui avaient été enlevés par des pèlerins nord-américains. Ils lui dirent qu'en l'absence de mari, elle ne pouvait être une bonne mère. Ils mirent le feu à la cabane où elle habitait dans la forêt et elle resta là prostrée et seule en pensant à ce qui venait de se produire. Aucun des pèlerins ne prêta une oreille attentive à ses supplications de lui laisser ses enfants. Elle décida d'essayer de raisonner les pèlerins parmi les anciens de la communauté et alla même jusqu'à les supplier de reprendre les enfants. Quand elle atteint le campement, les pèlerins l'ignorèrent et certains même s'esclaffèrent. Les anciens, qui détenaient tous les pouvoirs dans cette communauté, lui dirent qu'elle pourrait reprendre ses enfants si toutefois elle

Transformations dans le plan sprituel

se conformait à ce qu'on lui dirait de faire. Elle devrait s'habiller correctement, adopter la posture d'une humble femme de pèlerin et à titre de test, rester au service des hommes pendant toute une année. A l'issue de cela, ses enfants lui seraient rendus.

Elle se conforma à ces exigences mais se sentit terriblement mal car personne dans la communauté ne s'intéressait à elle. Certains des enfants l'insultèrent et lui jetèrent des pierres mais elle était déterminée à tout accepter pour récupérer ses enfants. Après une année, elle fut désespérée d'apprendre par les anciens que les enfants étaient heureux dans la famille qui les avait accueillis et ne voulaient pas revenir avec elle. Elle ressentit de la douleur et une grande perte et se sentit totalement impuissante. En vieillissant, elle devint folle et dut être enchaînée par le poignet dans une grange. Elle devint maigre, crasseuse et hirsute. Au moment de sa mort, elle ressentit de la tristesse et le manque cruel de ses enfants.

Elle ne voulait pas rencontrer ses enfants dans le plan spirituel parce qu'elle pensait qu'ils auraient honte d'elle et elle montra également de la réticence à rencontrer les anciens pèlerins parce qu'elle ne leur faisait pas confiance. Elle invita son guide spirituel à l'assister lors du dialogue et découvrit que ses enfants avaient grandi et qu'ils avaient leur propre famille au campement. Ils étaient trop jeunes à l'époque pour se rappeler d'elle ou de ces événements. Elle pût alors rencontrer l'esprit de ses enfants et leur dire combien elle les aimait. A l'aide d'un coussin, elle put les serrer dans ses bras et grâce à cette rencontre émouvante la tristesse et la douleur du manque de ses enfants furent libérés. Grâce à l'aide de son guide spirituel, elle put affronter les anciens pèlerins et au cours du dialogue, elle raconta qu'ils s'étaient inclinés devant elle et que l'un d'entre eux lui avait demandé pardon. Elle put maintenant les laisser partir.

Avoir fait intervenir le guide spirituel dans le dialogue permit de lever un frein et de réunir finalement l'esprit de cette femme avec ses enfants. Anne put intégrer cette séance dans sa vie actuelle et dans sa relation avec sa mère dominatrice. Elle put lui tenir tête pour la première fois et déménagea à Londres pour entamer une nouvelle carrière.

En œuvrant dans le plan spirituel, un thérapeute peut parfois se trouver face à des hésitations quant à la marche à suivre ou savoir comment faire en sorte que le pardon soit accordé. Si quelqu'un a été en conflit avec une autre âme durant plusieurs existences sans jamais de réconciliation, il rencontrera probablement certaines difficultés pour trouver le pardon. Un guide spirituel apportera une perspective plus large et un éclairage spirituel d'une plus grande profondeur.

Demandez à votre guide spirituel de venir vous rejoindre ... quels conseils vous donne-t-il?

Dans un état modifié de conscience, le client se rendra compte qu'il peut communiquer de façon intuitive avec ses guides. Parfois de longues chaînes d'existence et de schémas karmiques apparaissent de façon évidente. Dans de nombreux cas, la victime a été le persécuteur, celui qui frappe sa femme a été une femme battue. Accédant à des niveaux spirituels plus élevés, ils peuvent jouir de la paix et de la tranquillité, ce qui apporte à l'âme un grand apaisement.

Transformations dans le plan sprituel

Trouver le pardon

Le fait de pardonner quelqu'un ou se pardonner à soi-même est très puissant. Le vrai pardon implique de pardonner sans réserve, sans culpabilité, ni rancœur. Cette histoire vraie et en outre merveilleuse résume la puissance du pardon :

> John a été fait prisonnier par les japonais durant la seconde guerre mondiale. Un autre prisonnier comme lui, lui avait demandé de cacher une carte mais malheureusement elle fut découverte. Durant trois jours entiers, il fut torturé par un officier japonais qui voulait connaître son plan d'évasion. Il ne pouvait répondre aux questions et fut laissé pour mort, effondré à terre. Ses collègues l'ont aidé à se redresser et de façon miraculeuse il survécut à la guerre et a été finalement relâché.
>
> De retour en Angleterre, il était plein de haine contre les japonais pour ce qu'ils avaient fait. Il réalisa qu'il ne pouvait plus assurer son travail et sa relation avec sa femme en souffrit de telle sorte qu'elle finit par le quitter. Il se tourna vers la boisson et erra sans ressources dans les rues. Un jour par chance, il rencontra un de ses camarades prisonniers du même campement et entendit parler d'une réunion d'anciens prisonniers de guerre. Grâce à son soutien, il put y assister. Ce qu'il ne savait pas, c'est que certains des soldats japonais avaient également été conviés et John se retrouva face à face avec le soldat japonais qui l'avait brutalement torturé. L'officier le reconnut immédiatement et vint vers lui. Il expliqua que s'il ne l'avait pas interrogé, quelqu'un d'autre l'aurait fait et il aurait été exécuté pour avoir désobéi à un ordre. La souffrance résultant de sa culpabilité était restée ancrée en lui depuis ce jour et il le supplia de lui pardonner. John

spontanément se retrouva prenant l'officier japonais dans ses bras et put ainsi lui pardonner. La vie de John s'en trouva transformée. Il trouva un travail, une nouvelle liaison et il put enfin se libérer de sa haine contre les japonais.

Dans les vies antérieures, le pardon vient à la suite de la rencontre dans le plan spirituel quand la motivation, les intentions et actions des autres intervenants sont clairement comprises. Il convient de prêter une attention particulière aux situations dans lesquelles le pardon semble intervenir trop rapidement parce qu'il pourrait ne pas s'agir d'un vrai pardon. Une humiliation publique prive la personne de son intégrité. Etre capable de faire face à la foule et prononcer les mots qui n'ont jamais pu l'être à l'époque donne de beaucoup de force. Même si le client dit que le pardon a été trouvé, il est important de rencontrer les personnages de la vie antérieure, particulièrement ceux qui figurent aux tournants et aux points de blocage.

Il arrive qu'un agresseur ne montre aucun signe de remords et cela entrave le processus de pardon. Voici donc deux suggestions utiles dans ce cas:

De manière télépathique, envoyez votre souffrance à l'agresseur ... que se passe-t-il maintenant?

Envoyez de l'énergie d'amour à votre agresseur ... que se passe-t-il maintenant ?

De façon alternative, on peut demander à l'agresseur d'imaginer qu'une personne qu'il a beaucoup aimée subisse le même sort, et lui demander ce qu'il ressent alors.

La règle générale pour trouver le pardon est d'obtenir plus d'information sur les personnages de la vie antérieure, sur d'autres vies que le client aurait partagées avec eux ou d'autres détails provenant du guide spirituel.

Trouver spontanément le pardon à travers le dialogue est une façon puissante d'obtenir une résolution porteuse de sens.

Avez-vous besoin de plus d'information ou êtes-vous prêt(e) à les laisser partir ?

Le pardon spontané est un signe d'achèvement des questions non résolues. Souvent des mots tels que « je comprends maintenant » ou « je peux les laisser partir maintenant » indiquent que le pardon a bien été accordé.

Balayage énergétique des points non résolus

De la même façon qu'un scan énergétique peut être utilisé pour identifier les points non encore résolus avant une séance de régression, il peut aussi l'être pour détecter ceux qui subsistent à la fin d'une séance. L'étude de cas d'une cliente que j'appellerai Maggie qui se trouvait prisonnière d'une relation abusive avec un mari alcoolique depuis de longues années en offre un exemple. Bien qu'elle crût que tel était son devoir de l'aider, elle cherchait toujours et encore une raison de le quitter:

> Elle se retrouva dans la vie antérieure d'une jeune femme malade étendue sur son lit. Entendant un bruit à l'extérieur de la maison et s'aventurant au dehors, elle vit un homme roux à cheval. Il la menaça en hurlant et en tenant une épée à la main. Saisie de peur, elle tenta de s'enfuir, mais il la

saisit par les cheveux et la traîna à terre. Ensuite elle sentit les sabots du cheval la marteler et elle mourut face contre terre dans la poussière.

Tandis qu'elle repassait en revue sa vie antérieure, il s'avéra que sa mère était morte à sa naissance et qu'elle avait été élevée isolée des villageois locaux et ce à la demande de son père. Quand plus tard il tomba malade, elle s'occupa de lui. N'ayant pas la moindre connaissance du monde qui l'entourait, à part vivre seule chez elle, elle ne put aller nulle part après la mort de son père. Jusqu'à cette rencontre avec l'homme roux, elle avait survécu avec l'argent que lui avait laissé son père.

Au niveau spirituel, la jeune femme rencontra l'esprit de son père et découvrit qu'il la considérait comme étant spéciale et différente des villageois en raison de ses dons de voyance. Il avait peur que si les villageois venait à le découvrir, ils n'auraient pas compris et lui auraient fait du mal. Après cet échange, la jeune femme fut alors prête à le laisser partir.

Ensuite elle rencontra à l'homme roux afin de connaître les raisons pour lesquelles elle avait été tuée. Au cours du dialogue, elle découvrit qu'il était saoul. Il pensait qu'elle était le diable en raison de ses dons de voyance. Son comportement lui avait échappé et il regrettait maintenant son geste. Cette nouvelle information se révéla être suffisante.

Un balayage énergétique fut ensuite effectué en vue de détecter d'éventuelles questions encore non résolues de cette vie antérieure. Elle put identifier une tension au niveau de la tête et de la colère envers cet homme roux, qu'elle reconnut aussi intuitivement comme étant son mari maltraitant dans sa vie actuelle. Elle fut renvoyée au moment où il la tua dans sa vie antérieure et fut encouragé

Transformations dans le plan sprituel

à exprimer sa colère. Elle hurla : « *je te déteste pour ce que tu as fait* ». La transformation d'énergie se produisit et un nouveau balayage énergétique de Maggie confirma que toutes ses tensions avaient bien être libérées. A cet instant, la jeune femme se sentit désolée pour l'homme roux et prête à lui pardonner.

Maggie reconnut plusieurs schémas de sa vie antérieure se reproduisant dans sa vie actuelle. Le plus profondément ancré était celui de l'homme roux et de son mari maltraitant. Elle put alors franchir le pas qui avait été trop difficile à franchir dans le passé et en mettant un terme à une liaison fondée sur des liens abusifs, elle retrouva sa liberté.

La vie antérieure de Maggie illustre comment le balayage énergétique peut être utilisé pour identifier rapidement des énergies restées figées dans cette vie. Cette sorte de balayage est similaire à celui utilisé pour les ponts. Le champ d'énergie du client est balayé avec les mains à quelques centimètres au-dessus du corps, des pieds à la tête. Il est important de poser clairement l'intention de ce balayage en précisant qu'il s'agit de détecter des blocages d'énergies résiduels depuis la vie antérieure. Si le client fait part d'une émotion ou d'un inconfort à certains endroits du corps, le balayage peut être utilisé comme un pont afin de revenir au moment de la vie antérieure où le blocage a pris naissance. L'énergie figée résiduelle peut ainsi être libérée et transformée.

Concentrez-vous sur ... (la sensation corporelle ou l'émotion) **et quand je compterai jusqu'à 3, vous vous irez juste au moment où cela s'est produit ... 1 ... 2 ... 3 ... que se passe-t-il maintenant ?**

Cela peut être une catharsis pas encore libérée ou une mémoire corporelle qui nécessite encore une transformation. Il peut aussi s'agir d'une mémoire d'une vie actuelle qui résonne encore avec un complexe d'une vie antérieure. Cela doit être exploré et transformé avec les techniques appropriées qui seront abordées dans les chapitres suivants.

RÉSUMÉ

Comprendre la vérité a une très grande valeur thérapeutique, ce que permet de dévoiler la vie antérieure et l'expérience de la mort telles qu'advenues. Dans le processus de transformation, le client sera amené à rencontrer tous les personnages des événements les plus marquants, particulièrement ceux présents aux points de blocage et aux tournants à l'origine du complexe. Ces dialogues intuitifs leur permettront de comprendre les motivations des autres personnages et d'acquérir une meilleure compréhension avec une perspective plus large.

 La règle générale pour trouver le pardon est d'obtenir de plus amples informations sur les personnages de la vie antérieure, sur d'autres vies antérieures que le client aurait pu partager avec eux ou de la part des guides spirituels. Le pardon sincère et spontané aux autres et à soi-même à la fin d'une rencontre a une grande puissance thérapeutique. Parfois les clients disent simplement « c'est fini » et ils laissent les personnages partir. Un balayage énergétique permettra de confirmer que rien n'a été omis.

7

LA RÉGRESSION SPIRITUELLE DE LA VIE ENTRE LES VIES

> *Leave the familiar for a while*
> *and let your senses and bodies stretch out.*
> *Greet yourself in your thousand other forms*
> *as you mount the hidden tide and travel back home.*
> Mohammad Hafiz, 14th-century Persian.

INTRODUCTION

Lors d'une régression dans une vie antérieure, l'expérience du plan spirituel est vécue dans le *présent éternel*. Le client est dans un état modifié de conscience grâce auquel il lui est facile de communiquer intuitivement avec les âmes des personnages de sa vie antérieure et avec son guide spirituel. A l'aide d'études de cas précédents, j'ai montré comment ces discussions pouvaient se dérouler et quelles prises de conscience et quelles transformations pouvaient résulter de ces rencontres. Michael Newton a développé une approche différente en permettant à ses clients d'accéder à la mémoire de leur âme dans le plan spirituel. Il a décrit sa technique dans son livre : *Life between Lives Hypnotherapy for Spiritual Regression*[1].

Le présent chapitre est basé sur ce livre ainsi que les enseignements délivrés par le Michael Newton Institute[2]. J'ai introduit quelques changements et quelques adaptations dans un souci de simplification. La régression spirituelle, appelée aussi régression de la Vie entre les Vies permet de revivre la façon dont notre âme s'est préparée à sa prochaine vie. Elle permet d'expérimenter les facettes multidimensionnelles de l'âme et d'obtenir des réponses très profondes à des questions telles que : *« qui suis-je ? » et « pourquoi suis-je sur terre ? »*.

Après la mort, l'âme retourne au plan spirituel pour un temps de réflexion et aussi pour rencontrer son groupe d'âmes. Il s'agit d'âmes qui se réincarnent souvent ensemble et qui sont amenées à travailler conjointement sur des sujets importants. La rencontre avec les Anciens est un moment majeur de ce temps passé au plan spirituel. Les Anciens sont des âmes qui ont atteint un niveau d'expérience et de sagesse tel qu'ils n'ont plus à se réincarner physiquement. Ils évaluent les progrès des âmes, pouvant rejouer n'importe quelle vie passée et en discuter les évènements, dans le but que l'âme comprenne ce qui est attendu d'elle dans sa prochaine incarnation. Cette étape qui est effectuée en présence de l'âme, avec amour et compassion, conduit à définir le but de la prochaine incarnation. Les Anciens fixent des objectifs en se basant sur les schémas karmiques des expériences précédentes, et un accord est conclu entre l'âme, son guide spirituel et les Anciens sur les nouvelles leçons à acquérir. Il arrive que des clients rencontrent des présences spirituelles d'une énergie encore plus élevée que celle des Anciens. Cette énergie est souvent trop intense et trop subtile pour qu'ils puissent l'appréhender véritablement, mais il semble que les Anciens travaillent à un niveau vibratoire encore plus élevé pour s'accorder avec cette source divine.

PRÉPARATION

Dans une régression spirituelle, une étape importante de la préparation consiste à s'assurer qu'un état d'hypnose profond soit atteint sans problème. Soixante-dix pour cent de la population est modérément réceptive à l'hypnose et quinze pour cent ne l'est peu ou pas du tout. Je fournis un CD d'autohypnose pour que le client fasse l'expérience de l'hypnose aussi souvent que possible, en s'habituant à ma voix et au script d'induction. Plus il fera l'expérience de la transe, plus il pourra rentrer profondément en transe. Plutôt que de risquer la déception de ne pas atteindre une transe profonde pendant la séance de régression de vie entre les vies, il vaut mieux résoudre ce problème préalablement.

Pour ceux qui n'ont aucune expérience de vie antérieure ou de l'hypnose, il est préférable d'effectuer une séance de régression dans les vies antérieures avant la séance de régression spirituelle. C'est particulièrement utile pour les clients analytiques, pour qu'ils s'habituent à recevoir de façon intuitive le flux d'informations de leur vie passée. Une séance dédiée de régression thérapeutique permet également de nettoyer les émotions bloquées qui, sans cela, interféreraient avec la régression de la vie entre les vies.

Avant la séance, on demande au client de réfléchir sur les objectifs de la régression spirituelle. En général, les clients veulent comprendre le but de leur existence actuelle, leurs progrès karmiques et spirituels ou tout simplement revivre le périple de leur âme dans le plan spirituel. Je demande toujours au client de préparer la liste des noms des personnes importantes dans leur vie actuelle en précisant la nature des liens qui les unissent ainsi que 3 adjectifs pour les caractériser. En général, il n'y a pas plus de 8 personnes qui ont eu un impact significatif, positif ou négatif. Par exemple: mère – aimante, contrôlante et distante. Comme souvent les âmes de ces personnes sont rencontrées pendant la régression, cela aidera le thérapeute à les reconnaitre.

Je précise également au client que l'expérience qu'il va vivre peut être totalement différente de ce qu'il a pu lire sur le sujet. Car chaque âme est unique et il n'y a pas deux séances identiques ; de plus, l'esprit conscient interprète les mémoires auxquelles il accède, à sa façon. Certaines séances comportent des descriptions très détaillées et d'autres beaucoup moins, certaines sont très visuelles et d'autres pas du tout. Je demande au client d'être ouvert à l'univers et d'accueillir l'expérience quelle que soit la forme sous laquelle elle se présentera. Une fois sollicitées, les mémoires inconscientes de l'âme révèlent toujours leur vérité.

J'explique également aux clients ce qui se passe sous hypnose. D'abord, ils seront amenés dans un état de relaxation, puis au moyen de visualisations, ils atteindront un état de relaxation encore plus profond. Le fait de discuter de cela avec le client et aussi de recueillir ses préférences en matière d'induction hypnotique lui donne des éléments de maitrise qui faciliteront l'approfondissement du niveau de transe.

Comme les séances durent entre trois et quatre heures, il est important que le client soit confortablement installé dans un fauteuil inclinable ou allongé sur un canapé. Dans un état de transe profonde, même s'il est mal installé, le client ne pourra pas changer de position et comme la circulation du sang ralentit, il faut penser à le protéger du froid avec une couverture.

Il faut prévoir également un temps de repos après la séance pour qu'il intègre l'expérience qu'il vient de vivre. Une séance de régression spirituelle est aussi une expérience très intense pour le thérapeute qui, presque toujours, va rester connecté avec son client et un certain nombre d'aides spirituelles. Pour éviter le surmenage, je recommande aux thérapeutes de ne pas faire plus d'une régression de vie entre les vies par jour. Personnellement, je me sens épuisé après une séance et ressens le besoin de me reconnecter à la terre en faisant une promenade ou en jardinant. Il est important d'enregistrer les séances et la plupart des clients approfondissent encore leur compréhension à chaque nouvelle écoute de l'enregistrement. Ces informations restent intimes et je recommande aussi d'éviter que les amis ou les conjoints soient témoins de la séance, car celle-ci peut révéler un schéma karmique qui les concerne. Les éventuelles contre-indications doivent être soigneusement vérifiées, en particulier les prises de médicaments, l'usage de drogue et les états de crise émotionnelle. La régression spirituelle n'est pas destinée à résoudre des complexes, elle n'a pas de visée thérapeutique.

Approfondissement de la transe

Dans une régression de vie entre les vies, le client doit être en état de transe profonde. Le lecteur trouvera dans l'annexe III, un exemple de script hypnotique pour une régression spirituelle. Il faut typiquement 45 minutes d'induction et d'approfondissement de transe, pour amener une personne au niveau de profondeur où elle aura accès librement à la mémoire détaillée de son âme. Evaluer la profondeur de transe n'est pas une science exacte. Les échelles de profondeur de transe telles que celle de *LeCron-Bordeaux* et *Arons* ont leur mérite, mais ne marchent pas pour tout le monde. En transe profonde, la circulation sanguine se ralentit et le visage devient plus pâle. La respiration devient très superficielle, les mouvements corporels cessent et le délai de réponse à toute question augmente y compris avec les signaux idéomoteurs. La lèvre inférieure commence à tomber et les muscles faciaux se détendent. On observe souvent des déglutissements involontaires.

Je préfère vérifier le niveau de profondeur de transe en utilisant les signaux idéomoteurs. Dans ce cas, on observera un allongement du temps de réponse et des mouvements saccadés des doigts. Et comme les suggestions sont interprétées littéralement, le doigt restera levé jusqu'à ce qu'on lui demande de se relâcher.

« Imaginez une échelle de 1 à 10, sachant que 10 représente un état totalement éveillé ... et 1 représente un état de relaxation le plus profond possible... je vais compter de 10 à 1 et je vais vous demander de lever un doigt quand j'aurai atteint le nombre qui correspond au niveau de transe dans lequel vous êtes ... 10 ... 9 ... 8 ... 7... »
Et ainsi de suite, jusqu'à ce que le doigt se lève.
« Bien »

Selon le résultat atteint, on peut approfondir la transe en utilisant des scripts d'escalier et des techniques de comptage décroissants ou d'autres techniques similaires. Quand le client reste à un niveau de transe trop léger, il peut être utile de le ramener à la pleine conscience pour comprendre ce qui s'est passé et ensuite utiliser une technique plus appropriée. Quand un client est dans une transe très profonde, sa réponse à une demande de signal idéomoteur peut être à peine perceptible.

Michael Newton a contribué à l'approfondissement de transe avec la technique de la régression en âge qui est, en fait, une variante de la technique des marches d'escalier. On demande au client d'imaginer qu'il descend un escalier vers son enfance en lui suggérant que chaque marche lui fait remonter encore plus loin dans le temps. Ainsi la transe s'approfondit de plus en plus et on termine par une évaluation du niveau de transe atteint. Cette évaluation se base sur la qualité de la voix et sur la capacité à accéder à des mémoires profondément enfouies. Parmi les autres critères de transe, il y a le temps de réponse qui augmente, la voix qui devient monocorde et le caractère des réponses qui deviennent très littérales. Ils répondent aux questions comme s'ils revivaient la situation du passé et se rappellent des détails sans aucun effort. Bien sûr, il ne faut explorer que des souvenirs neutres ou agréables. Avec cette technique, il faut éviter les tranches d'âge où il y a pu avoir des traumatismes ou des problèmes émotionnels.

Il est utile d'ancrer l'état de transe le plus profond par un mot ou par une phrase et cette phrase pourra être utilisée plus tard dans la régression pour approfondir de nouveau la transe. On peut aussi ancrer le niveau de transe avec un lieu particulier, un claquement de doigt ou encore avec un contact sur le bras ou sur le front. Quand les clients commencent à parler, leur niveau de transe devient souvent plus léger et c'est alors que l'ancrage se révèle utile. On peut aussi leur demander de rester concentrés sur les images de leur vie antérieure ou de leur régression spirituelle, car, se concentrer un moment sur son monde intérieur, sans dire un mot, permet d'approfondir la transe :

« Soyez attentifs à tous les détails que vous percevez. Quand je vous le demanderai, vous pourrez à nouveau me les décrire ».

Parfois, il est nécessaire de répéter ces ancrages ou ces visualisations plusieurs fois au cours d'une régression. Cependant, si on consacre assez de temps au début de la séance pour atteindre un niveau de transe suffisamment profond, celui-ci sera maintenu même quand la personne parlera.

Avec une transe profonde, il est plus facile de limiter l'irruption d'émotions négatives qui pourraient gêner l'entrée dans la régression spirituelle. Je me souviens d'un client qui se rappelait avoir été prisonnier dans une vie antérieure lors de l'inquisition espagnole. Bien qu'on l'ait torturé pour le faire avouer, il a été capable de décrire avec un minimum de gêne comment ses ongles ont été arrachés un à un :

« Je vous demande maintenant d'imaginer qu'une puissante bulle protectrice dorée vous protège de la tête aux pieds, vous apportant lumière et puissance. Toute sensation désagréable de cette vie passée rebondira contre cette bulle de lumière protectrice sans vous atteindre ».

Concernant un sujet plus terre à terre, il arrive qu'un client ait besoin d'aller aux toilettes pendant la régression. Même à un niveau de transe très profond, ce besoin s'exprime en clair. Plutôt que de le laisser sortir complètement de transe, il vaut mieux amener le client au niveau de vigilance juste suffisant pour qu'il soit capable d'aller aux toilettes en l'accompagnant sur le chemin.

« Vous pouvez remonter maintenant à un niveau de transe plus léger qui vous permet d'aller aux toilettes. Je vais vous y accompagner et quand vous serez de retour ici, vous reviendrez immédiatement en transe profonde et accéderez de nouveau aux mémoires de votre âme.
Je vais compter jusqu'à 3 et à 3 vous serez capable d'aller aux toilettes.... »

A leur retour, les clients reviennent rapidement en transe profonde et continuent la régression au point où ils l'avaient laissée.

ENTRÉE DANS LE PLAN SPIRITUEL

Le point d'entrée dans une régression de la vie entre les vies est la mort de la dernière vie antérieure. Je vais l'illustrer avec l'étude

La régression spirituelle de la vie entre les vies

de cas d'un client que j'appellerai Oscar. Oscar fit une régression dans une vie antérieure où il était un forgeron grand et fort, en amure. Rejoins par d'autres villageois pour faire face à une invasion romaine, ils furent finalement vaincus et il se retrouva les mains attachées dans une clairière. Il put voir un de ses compagnons à genoux les mains attachées derrière le dos et la tête penchée. Il vit le moment où sa tête fut tranchée et son corps jeté dans un grand feu. Quand vint son tour, le forgeron évita de regarder son bourreau :

J'entends seulement le sifflement de la lame. [silence]. *Je n'entends plus rien. Je ne vois plus rien.*
Vérifiez que votre cœur a cessé de battre. Est-ce que vous restez auprès de votre corps ou est-ce que vous partez ?
J'y reste. Oh, maintenant je vois tout le champ de bataille, les chevaux et les hommes, et il y a tout une ligne de prisonniers qui attendent leur exécution.
Est-ce que vous vous sentez encore attaché à ce champ de bataille ou pouvez-vous partir maintenant ?
Il n'y a plus rien qui me retienne.
Est-ce que vous emportez des émotions ou des sensations physiques avec vous ?
Oui, elles restent en moi. Quel gâchis d'avoir été battu. J'aurais pu combattre dans tellement d'autres batailles. C'est tellement injuste.
Est-ce que vous restez là ou est-ce que vous partez ?
Je pars maintenant.
Est-ce que quelque chose vous y pousse ou le faites-vous de vous-même ?
[silence] *Un peu les deux.*
Est-ce que vous regardez droit devant ou en arrière vers la Terre ?
Je passe à travers les nuages. A toute vitesse.

Dites-moi ce que vous percevez !
Juste une lumière brillante, c'est énorme, tout autour de moi, comme une lumière blanche et jaune.
Est-ce que vous reconnaissez cette lumière ?
Non. [silence] *C'est comme si je retournais à la maison.*
Que se passe-t-il ensuite ?
[long silence] *il y a comme une présence qui vient vers moi.*
Observez cette présence et décrivez la moi. Est-ce qu'elle apparait comme une énergie ou avec une forme humaine ?
C'est difficile à décrire. C'est une forme blanche et or, avec des bras et des jambes, un peu indistincte. Elle vient m'accueillir. Elle n'est pas aussi brillante que la lumière environnante.
Cette énergie qui vient à votre rencontre, est-ce que vous la reconnaissez ?
Elle prend l'apparence d'une femme. [avec un ton de surprise dans la voix]. *C'est mon guide.*
Comment s'appelle-t-elle?
Ça commence par un Z ...
Essayez de prononcer son nom !
Zenestra
Quelle était l'énergie que vous avez rencontrée juste avant votre guide ?
C'était une lumière intense. Zenestra m'a pris dans ses bras avec une expression mêlée de soulagement et d'attente.
Est-ce que vous passez en revue votre vie ?
Pas encore, mais tous ces ressentis de gâchis et de futilité ont disparu. Je ne les ressens plus du tout. J'ai l'impression d'être revenu à l'état normal.
Est-ce comme une sorte de soin que vous auriez reçu?
Oui.

La régression spirituelle de la vie entre les vies

Cette séquence de la régression spirituelle d'Oscar a suivi sa mort dans sa vie antérieure de forgeron et son passage dans le plan spirituel. En principe, le point d'entrée dans une régression de la vie entre les vies est la mort dans la *dernière* vie antérieure. Cependant, il arrive que l'esprit supérieur du client en choisisse une autre, plus appropriée. Dans le cas d'Oscar, il s'agissait d'une vie antérieure à l'époque romaine. La vie antérieure a été parcourue assez rapidement pour atteindre le passage de la mort, sachant que la vie antérieure est, de toute façon, passée complétement en revue dans le plan spirituel avec le guide spirituel. Cela donne plus de temps à consacrer aux remémorations de l'âme entre les vies. En état de transe profonde, une catharsis spontanée est peu probable; si toutefois elle se produisait au moment de la mort, il faut guider rapidement le client à travers cette étape pour éviter tout obstacle à l'entrée dans le plan spirituel. Quand ils quittent la Terre, certains clients regardent en arrière alors que d'autres tournent leur regard vers l'avant. Oscar a continué à observer le champ de bataille en gardant l'émotion et la pensée de l'injustice dont il fit l'objet.

Certains clients se remémorent la difficulté qu'ils ont ressentie à revenir dans l'état de leur âme et, par exemple, restent après une mort soudaine dans un état de confusion. Dans ce cas, il est préférable d'être plus directif pour les aider à sortir plus rapidement de ce moment délicat :

Allez au moment où vous quittez votre corps. Est-ce que vous le quittez de vous-même ou est-ce vous vous sentez attiré par quelque chose ?

Quand vous partez, est-ce que vous regardez en arrière vers la Terre ou dans la direction où vous allez ?

Après le soin énergétique effectué dans le plan spirituel, la mémoire de l'âme devient plus vive et il est possible d'enchaîner les questions ouvertes. Le temps de réponse à une question peut être assez long, dans ce cas, il vaut mieux être patient et surtout ne pas poser une nouvelle question avant d'avoir eu la réponse à la question précédente.

Tous les clients racontent qu'ils voient des lumières à un moment donné. Il s'agit d'âmes qui viennent les accueillir et les aider dans cette transition vers le plan spirituel. A ce stade, il n'est souvent pas nécessaire de rassembler des informations plus détaillées. Une grande lumière indique habituellement la présence du guide spirituel :

Quand vous vous approchez, est-ce que vous voyez une lumière unique ou plusieurs lumières ?

Est-ce que c'est vous qui allez vers ces lumières ou est-ce que c'est elles qui viennent vers vous ?

Après une mort traumatique dans une vie passée, les clients racontent souvent qu'ils se dirigent vers un lieu de régénération. Parfois ils racontent qu'ils vont dans une enceinte cristalline où leurs énergies sont rééquilibrées. Oscar a eu une perception fugitive d'une énergie qui l'entourait et qu'ensuite toutes les pensées et les émotions négatives de sa vie antérieure avaient disparu. Le but de cette énergie régénératrice est de réduire toute énergie dense et négative et d'augmenter le niveau d'énergie avant la rencontre avec les autres âmes au plan spirituel. Les mémoires traumatiques sont toujours présentes, mais l'énergie dense qui les accompagne est éliminée. Avec cette opération, le niveau d'énergie de l'âme augmente et la rencontre avec d'autres âmes s'effectue en sécurité à leur véritable niveau vibratoire :

Décrivez l'endroit dans lequel vous êtes arrivé.

Est-ce que vous ressentez des changements dans votre énergie ?

Cette régénération a un effet profond sur l'esprit conscient et il arrive qu'il faille plusieurs minutes avant que le client dise qu'elle a été menée à son terme. Certains thérapeutes demandent à leurs clients d'aller directement au moment où ce processus se termine pour pouvoir continuer l'exploration. Je préfère personnellement les laisser vivre complètement cette expérience. Ils décrivent souvent comment la couleur de l'énergie de leur âme change ou comment ils sont entourés d'esprits de lumière qui les soignent avec des énergies de différentes couleurs. Il m'arrive d'être amené intuitivement à placer mes mains sur le champ d'énergie de mon client pour « canaliser » un soin énergétique. Cela permet à son corps physique de bénéficier aussi de cette expérience tout en approfondissant son niveau de transe:

Regardez la couleur de votre champ d'énergie et dites-moi ce qui a changé depuis le début.

Tant que le client est dans une transe profonde, en principe cette étape ne pose pas de problème. Si le client se trouve dans l'obscurité, le thérapeute pourra être un peu plus directif en lui demandant d'imaginer une main invisible qui lui indique la direction d'un merveilleux monde spirituel. Il est aussi possible de leur demander de rejoindre directement leur guide spirituel et ainsi de contourner l'entrée du plan spirituel. Si le client rencontre des difficultés de remémoration après le passage de la mort dans sa vie antérieure, cela peut indiquer que son niveau de transe n'est pas assez profond. Il arrive que le guide spirituel bloque l'accès aux mémoires de l'âme. Cela indique généralement que la personne n'a pas atteint l'étape de sa vie où cette information peut lui être accessible. Par exemple, la personne est sur le point de prendre une décision majeure dans son existence et son guide ne veut pas interférer avec son libre arbitre, dans ce cas l'amnésie doit rester en place. Tout ce qu'on peut faire à ce moment-là, c'est de sortir le client de transe et d'en discuter avec lui. Il est important d'insister sur le fait qu'il ne s'agit pas d'un échec, mais qu'il y a une raison pour que cela arrive. S'il en a été convenu ainsi durant l'entretien préliminaire, on peut aussi continuer à explorer la vie antérieure et y apporter les transformations nécessaires.

Revue de la vie passée avec le guide spirituel

Normalement, la revue de la vie passée s'effectue juste après la régénération énergétique, de façon solitaire ou avec l'aide d'esprits de lumière, habituellement le guide spirituel.

Dans l'étude de cas d'une cliente que j'appellerai Heather, la revue s'est effectuée avec son guide spirituel. Elle fit une régression dans la vie d'une femme d'une cinquantaine d'années, professeur à l'époque victorienne et célibataire, devenue gouvernante dans une famille riche. Elle enseigna aux nombreux enfants de cette famille et mourut paisiblement, heureuse d'avoir trouvé une famille aussi aimante. Alors qu'ils étaient réunis autour d'elle, elle eut du mal à respirer et mourut tranquillement :

Je flotte au-dessus de mon corps.
Est-ce que vous regardez vers le haut ou vers le bas ?
Je regarde vers le bas. Je vois Marie, Charles et le docteur qui m'a soigné et je m'élève de plus en plus haut. Je crois qu'ils pleurent.

La régression spirituelle de la vie entre les vies

Etes-vous prête à les quitter et à continuer votre voyage ?
Oui.
Est-ce que vous apercevez des lumières au loin ?
Ça devient plus brillant devant. Oui, très brillant.
Est-ce que vous vous dirigez vers ces lumières ?
Oui.
Que se passe-t-il quand vous vous approchez de ces lumières ?
[Long silence]
C'est comme si j'étais dans la lumière.
Décrivez-moi à quoi cela ressemble.
C'est ... c'est très sécurisant ... [Long silence] je ressens comme une présence. C'est difficile de trouver les mots.
Est-ce que vous reconnaissez cette présence ; est-ce un parent, un guide, un enseignant ?
Je ressens juste une présence, je n'arrive pas à la décrire.
Savez-vous de quelle présence il s'agit ?
Je pense que c'est un guide.
Que se passe-t-il ensuite ?
J'ai l'impression que nous allons quelque part, en flottant l'un à côté de l'autre.
Que se passe-t-il ensuite ?
Je suis dans un tunnel et je le suis en flottant. Je me sens parfaitement bien. Je suis emporté. Je suis là maintenant, il y a plein de monde. Plein de formes d'énergie, en groupes.
Combien y a-t-il de groupes différents ?
Plus de vingt, c'est un endroit immense.
Comptez le nombre de formes d'énergies.
Euh. J'ai envie de dire 693. [Silence] J'arrive dans une salle plus petite maintenant. Je suis avec mon guide.
Personne d'autre ?
Non.
Est-ce que le guide a une forme énergétique ou humaine ?

Une forme énergétique.
Quelle est la couleur de cette énergie ?
Jaune et jaune-pourpre.
Y a-t-il des objets physiques dans cette pièce ?
Il y a un bureau. Je suis assis derrière le bureau et il est debout. Non, maintenant, il s'assoit, ou tout du moins il est plus bas.
Va-t-il passer en revue votre vie antérieure ?
Oui, c'est ce que nous faisons.
A quel moment de cette vie antérieure démarrez-vous ?
Au moment de la mort, par télépathie, comme si on la voyait ensemble.
Que se passe-t-il ensuite ?
On s'arrête à différentes étapes.
De quoi discutez-vous ?
C'est quand j'ai quitté mes parents. Ils sont morts, je me suis enfuie. Il dit que je n'avais pas besoin de partir si loin. J'aurais pu rester.
Est-ce que cela a du sens pour vous ou avez-vous besoin de plus d'information ?
Je comprends. Je comprends que j'étais très jeune et que je me suis enfuie parce que je n'avais plus personne. Je crois que mon guide est content pour le restant de ma vie. Il a aimé la façon dont je parlais. Il dit que j'ai parlé avec amour et que c'était une bonne chose pour moi.
Quel a été l'enseignement de ce départ au loin ?
[Silence] Mes parents sont morts dans un accident, mais ce n'était pas de ma faute. Je me suis enfuie parce que je ne voulais pas qu'on croit que c'était de ma faute. Il le sait. Ensuite, j'ai consacré ma vie à aider les autres.
Demandez à votre guide ce qui avait été planifié au sujet de la mort de vos parents.

C'était afin que j'apprenne à me débrouiller par moi-même et à être indépendante.
Donc cela n'avait pas d'importance de rester ou de partir ?
Non. J'en ai tiré des leçons. J'ai eu une vie agréable, j'ai beaucoup appris, j'ai été indépendante, mais ma famille a continué à me manquer.
D'autres échanges avec votre guide ?
Juste que je me sens bien quand je suis avec lui.

Pendant leurs régressions de la vie entre les vies, les clients témoignent que l'âme est immortelle et qu'elle a une énergie vibrante et tourbillonnante qui peut prendre différentes couleurs: grise pour les âmes les plus jeunes, avec tout un spectre de couleurs, qui passe par le jaune, l'orange, le vert jusqu'au pourpre pour les plus avancées. En projetant leurs pensées dans leur forme énergétique, les âmes peuvent prendre une forme humaine ou semi-humaine. De la même manière, l'environnement peut garder sa forme énergétique ou prendre une forme agréable telle qu'un jardin ou un temple. Dans la revue d'Heather, elle était assise autour d'une table avec son guide spirituel.

Les régressions spirituelles ont chacune leur particularité. Ces explorations comportent des similitudes avec les explorations des vies antérieures, et, en principe, il vaut mieux laisser les mémoires de l'âme émerger dans l'ordre chronologique du vécu entre la mort dans une vie et la naissance dans la vie suivante, en demandant tout simplement :

Que se passe-t-il ensuite ?

Y a-t-il encore quelque chose d'important dans cette scène, avant de passer à la suivante ?

Ce livre indique tout un ensemble de questions-types, mais, dans la pratique les questions découlent naturellement de ce que dit le client. Une écoute attentive est essentielle. Si le client dit qu'il voit une énergie, il vaut mieux dire : « Décrivez cette énergie » ou « Reconnaissez-vous cette énergie ? » plutôt que « Qui sont ces aides ? ». Les meilleures questions sont les plus ouvertes et les plus claires. Ce qui est remarquable à propos des mémoires de l'âme, c'est qu'elles ont souvent un contenu visuel très riche. L'exemple de ce client, qui était daltonien dans sa vie courante et incapable de distinguer le violet du bleu et le marron du rouge, l'illustre bien. Dans sa remémoration, il fut ébahi de découvrir qu'il pouvait distinguer parfaitement toutes les couleurs. La plupart des clients vivent beaucoup plus de choses que ce qu'ils peuvent exprimer, c'est pourquoi il est préférable de leur donner tout le temps nécessaire pour répondre aux questions.

Après avoir rencontré son guide spirituel, Heather fût conduite dans une sorte de salle d'attente, avec beaucoup d'autres âmes qui attendaient la revue de leurs vies antérieures. Quelquefois les âmes vont directement à cette revue, tandis que les plus expérimentées peuvent sauter cette étape et aller directement dans une bibliothèque et revoir leur vie passée dans un livre. Souvent la revue est précédée d'une période de réflexion et d'introspection solitaire. Même dans le cas d'Heather dont la vie passée a semblé paisible et accomplie, la revue a quand même eu lieu car c'est la base des autres activités de l'âme en préparation de la prochaine incarnation.

Tous les clients qui communiquent pour la première fois avec leur guide spirituel vont rester marqués par cette expérience jusqu'à la fin de leur vie.

Avez-vous une idée de qui est la personne que vous avez rencontrée ?

Pour Heather, ce fut une expérience profonde et inexprimable. Quelquefois appelés enseignants, ils ont une relation intime avec l'âme. Ils savent ce qui a été planifié pour cette vie et apportent souvent une aide intuitive et ils nous guident pendant l'incarnation. Quelquefois ils se montrent sous forme humaine pour mettre l'âme plus à l'aise.

Est-ce que votre guide se montre sous une forme physique ou énergétique ?

Décrivez de façon détaillée les traits de son visage ou son énergie.

Au niveau spirituel, les noms ont tendance à être permanents et ont un sens particulier. Le nom du guide d'Oscar est Zénestra, un nom qu'il a eu du mal à prononcer, au début. Ce cas n'est pas exceptionnel et mérite d'être investigué.

La plupart du temps, la revue de la vie passée est faite avec le guide spirituel, en communication télépathique. Pour certains, c'est comme regarder un film. Pour d'autres, c'est comme entrer à nouveau dans la vie antérieure, ce qui leur permet de retrouver leurs émotions avec plus d'acuité. La revue de la vie antérieure est une belle opportunité de faire venir sur la conscience les enseignements karmiques.

Est-ce que vous passez en revue votre vie antérieure avec votre guide ?

Avez-vous atteint vos objectifs ?

Quels problèmes avez-vous rencontrés ?

Quand la rencontre avec le guide spirituel est intense et profonde spirituellement, il arrive que le client s'arrête de parler, complètement absorbé par cette expérience. Pour s'assurer que toutes ces informations soient assimilées consciemment, il faut les encourager à verbaliser ce qui s'est passé.

Il arrive que le client verbalise cette expérience avec sa culture propre et qu'il décrive des images religieuses telles que celle du Christ ou d'anges. C'est d'autant plus susceptible d'arriver quand le niveau de transe n'est pas suffisamment profond. Les esprits de lumière ont la possibilité d'apparaitre sous des formes très diverses, mais les clients ont tendance à interpréter cette expérience spirituelle en cohérence avec leurs croyances religieuses personnelles. Il est important de respecter la « carte du monde » d'autrui, c'est pourquoi j'encourage mes clients à vivre pleinement leur expérience, et ensuite à la verbaliser au fur et à mesure, et j'évite toute forme d'interprétation péremptoire.

A ce stade, s'il est nécessaire d'approfondir la transe, le thérapeute peut établir une discussion dans le « présent éternel » avec le guide spirituel par l'intermédiaire du client :

Je vais demander à votre guide de communiquer directement avec moi.

Au moment où le client canalise les informations de son guide spirituel, son esprit conscient est dissocié. Il lui est possible de demander son nom spirituel éternel et ensuite adresser certaines questions directement à ce nom spirituel. Cela augmente la dissociation de l'esprit conscient du client et approfondit encore l'expérience.

La régression spirituelle de la vie entre les vies

RENCONTRE AVEC LE GROUPE D'ÂMES

Après la revue de sa vie passée, la régression de la vie entre les vies d'Heather se poursuivit avec la rencontre de son groupe d'âmes. Il s'agit des âmes avec lesquelles elle a travaillé pendant de nombreuses incarnations. Elle en a reconnu certaines dans sa vie présente, même si, bien sûr, leurs noms humains ont changé :

Où allez-vous ensuite ?
Je me retrouve avec beaucoup d'âmes de mon groupe.
Votre groupe ?
Il y a ma mère. Ça fait du bien de la revoir.
Est-ce qu'ils se montrent sous une forme humaine ?
Non, mais je sais les reconnaitre.
Pouvez-vous décrire leurs couleurs ?
Il y a du jaune pâle et aussi du jaune-rose.
Combien sont-ils?
Ils sont une vingtaine, mais il y en a d'autres pas loin.
Restez avec le groupe avec lequel vous êtes. Qui reconnaissez vous?
Greg [son fils dans sa vie actuelle]. *Ils prennent une apparence plus humaine. Il y a John* [un ami]. *Papa. Grant* [son ex-mari]. *Mes parents. Mes beaux-parents. Bob* [un ancien petit ami] *et Stuart* [son autre fils].
Qu'en est-il de Janet, de Lesa et de Carla ? [de la liste des personnes fournies lors de l'entretien avant la régression].
Oui, ça me fait du bien de voir aussi Carla.
Quelle est la couleur de votre énergie ?
Rose.
Est-ce la même que celle de votre groupe ou est-elle différente ?
C'est la même.

Depuis combien de vies appartenez-vous à ce groupe ?
Depuis longtemps, j'ai envie de dire 46.
Quel est le thème commun d'apprentissage?
La paix.
Est-ce que la vie antérieure que nous venons de revoir avait quelque chose à voir avec la paix ?
Oui, parce que mon indépendance m'a apporté beaucoup de paix. C'était tellement paisible.
Parmi votre groupe d'âmes, en reconnaissez-vous qui étaient dans votre vie passée ?
Bob était Charles. Maman était Mary.
Est-ce qu'il y a encore quelque chose d'important qui se passe avec votre groupe d'âme avant de les quitter ?
Non.
Est-ce que vous coopérez avec d'autres groupes d'âmes ?
Oui. Ils ont tous une couleur jaune, légèrement différente de celle de notre groupe.
Allez à leur rencontre. Reconnaissez-vous des membres de ce groupe ?
Ian [mon mari]. *Ruby* [nouvelle femme de mon ex-mari].
Quel est l'objectif de ce groupe d'âmes ?
Ce sont eux qui nous posent les défis.
Allez vers Ruby. Qu'est-ce que vous lui dites ?
[sourire] *Elle a fait du bon travail.*
Est-ce seulement dans cette vie que vous avez collaboré avec elle ?
Non, ça fait un bon moment.
Quels défis vous a-t-elle posés dans cette vie ?
Elle me rappelle....
Qu'est-ce qu'elle vous rappelle ?
Elle fait en sorte de m'équilibrer d'une certaine façon.
Qu'est-ce que ça vous fait de rencontrer son âme ?

Elle est mon exacte opposée. C'est comme si on riait de nous-mêmes. Elle est vraiment bonne dans son rôle.

Regardez si c'est quelque chose que vous lui avez demandé de faire.

Oui. Quand j'ai quitté Grant, j'ai éloigné ses enfants de lui et elle a éloigné Stuart et Greg, mes enfants, de moi. Elle collabore beaucoup avec Greg. [avec une expression de surprise] *C'est Greg qui a eu cette idée !*

Lors de la rencontre avec le groupe d'âmes, les clients racontent souvent qu'ils s'approchent d'un groupe de lumières. C'est une expérience profonde et beaucoup de clients disent qu'ils « retournent à la maison ».

L'âme peut avoir des couleurs très variées, qui ne sont pas des couleurs pleines, mais qui apparaissent plutôt comme des énergies mouvantes ou tourbillonnantes. Quand on demande à un client d'y être très attentif, il peut distinguer clairement les différentes nuances. On peut même lui demander de ralentir le mouvement de ces couleurs pour qu'il puisse les visualiser plus distinctement. C'est important parce que ces couleurs sont caractéristiques du niveau d'expérience et de développement de l'âme. De plus, ces couleurs permettent d'identifier le type de groupes d'âmes que le client a rencontré. Les âmes qui ont des couleurs identiques appartiennent à un *groupe primaire d'âmes*. En général, les âmes travaillent au sein de ce type de groupe depuis de nombreuses vies et leurs réunions ont une forte intensité spirituelle. Comme toutes les âmes d'un même groupe ne progressent pas à la même vitesse, on peut toutefois observer certaines différences de couleurs entre ces âmes. Celles qui progressent plus vite passent de moins en moins de temps avec leur groupe primaire et de plus en plus avec d'autres groupes d'âmes. A côté de leur groupe d'âme originaire, elles apparaissent plus sombres ou avec des teintes différentes.

Concentrez-vous sur chacune de ces âmes et décrivez leurs couleurs.

Est-ce les mêmes que vous ?

Que ressentez-vous quand vous les rencontrez ?

Il arrive que des âmes provenant de différents groupes d'âmes coopèrent sur des aspects karmiques particuliers. On distingue ces groupes d'âmes par les couleurs qui leurs sont propres. Heather a appelé son groupe : mon groupe de défi. Dès lors que nombre d'entre elles seront reconnues lors de ces rencontres, la liste des personnages préparée par le client avant la séance trouvera toute son utilité, particulièrement pour ceux qui auront été à l'origine « d'expériences négatives » dans cette vie. Heather reconnut Ruby avec laquelle elle eut des conflits répétitifs dans cette vie. Ce fût très éclairant pour elle de prendre conscience que l'idée, à la source de tant de conflits dans sa vie, avait émergé de l'âme de son fils Greg et qu'elle avait donné son accord. La prise de conscience que les évènements clés de cette vie ont été planifiés à l'avance a un impact fort sur le client.

Observez attentivement un par un les membres de votre groupe d'âmes et dites-moi les noms de ceux que vous reconnaissez dans la vie actuelle.

A LA RENCONTRE DES ANCIENS

Revenons à la régression de la vie entre les vies d'Oscar après qu'il ait été un forgeron exécuté par les romains. Dans la scène qui suit, il est avec son guide spirituel Zenestra et rencontre les Anciens :

Allez au moment où vous rencontrez les esprits de lumière qui ont planifié votre incarnation dans cette vie présente.
Je suis à une table en forme d'arche.
Regardez dans la pièce autour de vous et dites-moi si elle a une forme énergétique ou physique.
Ce n'est qu'une pièce, toute blanche.
Si vous regardez vers le haut que voyez-vous ?
Une énergie mauve scintillante, comme des vagues.
Avez-vous une idée de ce qu'est cette énergie ?
Elle est toute puissante et omnisciente. Je suis juste une goutte d'eau de cet océan.
Pouvez-vous vous connecter à cette énergie et est-ce que d'autres le font ?
[Silence] D'autres le font, je pense. J'y suis moi-même connecté, mais pas en pensée.
Qui est présent dans cette pièce avec vous ?
Zenestra.
Est-ce qu'elle est à coté de vous ou derrière vous ?
Entre les deux, derrière et à côté de moi.
Si vous regardez devant vous, combien y a-t-il d'esprits de lumière ?
Six.
Comment se présentent-ils, sous forme énergétique ou humaine ?
Sous forme humaine.
Décrivez-les-moi en commençant par le plus important.
Un homme noir avec une grosse masse de cheveux noirs. La suivante est une dame âgée avec des cheveux blonds et des yeux bleus clairs. Ensuite une autre dame avec un sourire bienveillant de professeur. Ses cheveux sont coiffés en chignon. Ensuite, il y a un homme âgé et chauve.
Et les autres?

GUÉRIR L'ÂME ÉTERNELLE

Il y a quelqu'un de type du Moyen-Orient avec des sourcils broussailleux et des cheveux noirs et courts, et enfin une femme âgée avec une sorte de voile noir au-dessus de la tête. Elle est toute ridée.
Lequel d'entre eux communique avec vous ?
Celle qui ressemble à un professeur.
Si vous regardez attentivement, est-ce que vous apercevez des parures ou des objets décoratifs ?
Elle porte quelque chose dans les cheveux. Ce que les femmes portent quand elles ont un chignon.
Une broche?
Oui, c'est comme une grosse broche en or.
Quelle est la signification de cette broche en or ?
C'est comme une clé de sol, une clé musicale.
Qu'est-ce que cela signifie pour vous ?
Dans ma vie, la musique est ma passion, depuis toujours. Elle est ma compagne la plus intime qui s'ajuste à mon humeur et l'accompagne.
De quoi parlez-vous ?
Les esprits me demandent pourquoi j'ai peur.
Parlent-ils de votre vie présente ou de vies passées?
De cette vie.
Que répondez-vous ?
Je ne vais pas y arriver.
Que répondent-ils ?
Que voulez-vous accomplir ?
Que répondez-vous ?
Je voudrais laisser derrière moi quelque chose qui ait de la valeur pour qu'on se souvienne de moi longtemps.
Que répondent-ils ?
N'est-ce pas déjà fait ?
Demandez-leur de passer en revue votre vie en insistant sur ce point. Dites-moi ce qu'ils répondent.

Tu as reçu de l'amour, de la chaleur et de la protection de la part de ta mère qui ressentait ce besoin de le faire. Et, à ton tour, tu as donné à tous cet amour, cette chaleur et cette protection.
Tu trouves ton bonheur en rendant les autres heureux, et en leur donnant du bonheur et cela a prévalu sur ce que tu voulais être ou ce que tu étais.
Tu as commencé à te voir à travers les yeux des autres et à faire des choses que l'on n'attendait pas de toi.
Tu t'es lancé dans cette dynamique, dans cette carrière, en le faisant aux dépens de ton identité et de tes besoins.
Tu as maintenant atteint un point de séparation entre vouloir rendre les autres heureux ou être heureux toi-même.
Maintenant, tu dois combler le vide entre les deux. Tu peux le combler et tu vas le faire. Sois courageux et continue à apprendre.
Est-ce que vous comprenez maintenant ?
Je comprends.
Est-ce que la peur peut s'en aller ?
Oui.

Dans l'expérience que vit l'âme dans la vie entre les vies, le plus important est la rencontre avec les esprits de lumière. Ceux-ci ont acquis un tel niveau d'expérience et de sagesse qu'ils n'ont plus besoin de se réincarner physiquement. Quand ils passent en revue une âme, ils peuvent visualiser toutes ses vies passées et discuter avec l'âme de leurs différents aspects jusqu'à ce qu'elle comprenne ce qu'ils attendent d'elle pour la prochaine vie. En principe, cette rencontre s'effectue au moins une fois dans chaque vie entre les vies. Ces esprits de lumière prennent différents noms tels que : les Anciens, les Maîtres ou les Sages. Mais parfois le client ne leur donne pas de nom et se contente de parler d'une rencontre importante. Certains auteurs ont appelé ces réunions le *Conseils des Anciens*[3] ou le *Comité Karmique*[4]. En pratique, il faut respecter le nom que le client utilise. Quand il ne le nomme pas explicitement, la meilleure façon est d'en parler comme « les esprits de lumière qui planifient la prochaine incarnation ». Dans la suite de cet ouvrage, je les appellerai les Anciens.

Il arrive souvent que les clients racontent que leur guide spirituel vienne les rejoindre pour les emmener ailleurs; cela peut indiquer qu'ils vont à la rencontre des Anciens. Cette rencontre peut avoir lieu à n'importe quel moment de la régression dans la vie entre les vies, mais elle arrive souvent après la rencontre avec le groupe d'âmes. Et on peut demander au client d'y aller directement, quand on le souhaite. Ce fut le cas pour la régression d'Oscar, car cela a permis de passer des mémoires de l'âme d'après sa vie antérieure à l'époque romaine à celles qui ont précédé l'incarnation dans cette vie :

Dirigez-vous à l'endroit où les esprits de lumière ont préparé l'incarnation de votre vie courante.

A ce stade, il est utile de poser des questions sur l'environnement et sur l'apparence des esprits de lumière que le client rencontre. Cette façon de décrire le cadre avant de commencer le dialogue nourrit l'expérience de la réécoute ultérieure des enregistrements.

Décrivez-moi votre trajet. Dites-moi ce que vous voyez et ce qui se passe à votre arrivée.
Décrivez-moi l'environnement dans lequel vous vous situez.

Il est important de connaître le nombre des Anciens ainsi que leur apparence. Leur apparence ainsi que les broches ou les ornements qu'ils portent peuvent avoir une profonde signification symbolique pour le client. Une cliente s'est même fait faire une réplique dans le même style que la broche qu'elle avait vue lors de cette rencontre afin de se remémorer le message transmis.

Il est important de prendre suffisamment de temps pour poser des questions détaillées. Dans le cas d'Oscar, un des Anciens portait une broche en or représentant une clef de sol pour lui rappeler l'importance de la musique dans l'équilibre de ses émotions.

Regardez attentivement. Ont-ils une forme énergétique ou physique ?

Décrivez-moi le visage de chacun d'entre eux.

Décrivez comment ils sont revêtus et si vous apercevez des ornements (ou des emblèmes).

Quelle est la signification de ces ornements (ou emblèmes) **pour vous ?**

Que vous disent-ils lors de cette réunion ?

Cette revue a un spectre plus large que la revue initiale faite avec le guide spirituel après le passage de la mort, elle prépare la vie future du client. Quelquefois la revue porte sur des pans entiers des vies précédentes pour que l'âme comprenne bien ce qui est attendu d'elle.

Lors de la rencontre d'Oscar avec les Anciens, les questions se sont orientées vers les causes de sa peur dans sa vie courante. On appelle cela travailler dans le « présent éternel », nous y reviendrons par la suite. Rien ne peut être caché et l'âme le sait parfaitement. La compassion remarquable dont a bénéficié

Oscar dans cette rencontre, les conseils et l'amour qu'il a reçu lui ont donné beaucoup d'énergie.

Choix du corps de la vie future

Revenons à la régression de la vie d'entre les vies d'Heather, au moment où s'effectuent les préparations de sa prochaine vie :

> Allez à l'endroit où vous choisissez votre corps pour votre prochaine vie. Ensuite décrivez le lieu où vous vous trouvez.
> *C'est comme s'il y avait des écrans et des cadrans. Des grands écrans. Mon guide est à mes côtés.*
> Entre combien de corps avez-vous le choix ?
> *Trois.*
> Décrivez-moi les deux autres corps qui ne sont pas celui dans lequel vous êtes maintenant.
> *Le premier est celui d'un homme grand.*
> Quel type de vie cela implique ?
> *Oh non ! Je n'en veux pas.*
> Qu'est-ce qui ne va pas avec ce corps ?
> *Je n'aimerais pas être si grand. Je devrais me rapetisser tout le temps, mais à part ça, ce corps est sympa.*
> Qu'en est-il du deuxième ?
> *Il semble très ordinaire.*
> Est-ce celui d'un homme ou d'une femme ?
> *Celui d'une femme. Très quelconque et en fait un peu simplette. Je ne comprends pas qu'on me le propose. Non, je ne veux pas de cette vie.*
> Quel était le contexte familial de cette vie ?
> *C'était une famille unie.*

Cela vous aurait-il donné une base solide pour démarrer?
Oui. Avec beaucoup d'amour dans cette famille. Et une vie simple, pas axée sur le matériel.
Est-ce que le 3ème corps est celui dans lequel vous êtes actuellement ?
Oui.
Pourquoi l'avez-vous choisi ?
Parce que mes parents seraient ce qu'ils sont et ils auraient des vies qui s'associeraient bien avec mon plan de vie ; mon père serait professeur et ma mère infirmière. Je sais qu'ils me donneraient une enfance heureuse et un cadre solide.
Avez-vous eu le choix sur le niveau d'intelligence ou de capacité émotionnelle ?
Je n'avais pas besoin de trop d'intelligence.
C'est ce que vous avez choisi ?
Oui.
Que se serait-il passé si vous aviez été très intelligente ?
J'aurais été distraite et serait devenue matérialiste.
Et en ce qui concerne les émotions ?
J'ai choisi d'être très mesurée et équilibrée.
Est-ce que c'était votre décision ou celle de votre guide ?
C'était la mienne.
Est-ce que votre guide était d'accord avec cette décision ?
Oui.
Dans le choix de ce corps pour cette vie, aviez-vous conscience que le surpoids pouvait être un problème ? [La question du surpoids avait été discutée lors de l'entretien préalable].
Oui.
Ainsi, vous étiez informée de ce problème avant de vous réincarner ?

Oui, parce que les parents que j'avais choisis avaient des problèmes de poids. Comparé à tout ce qui était bien par ailleurs, ce n'était pas bien grave.

C'est le moment où l'âme peut essayer son corps pour la prochaine vie et parfois, elle peut choisir entre plusieurs corps. Certains clients disent que des corps leurs sont présentés physiquement, pour d'autres ils les visualisent sur un écran. Quelle que soit la façon dont ils la décrivent, cette expérience télépathique leur apporte une meilleure compréhension d'eux-mêmes et de leur origine. Cette scène très fréquemment relatée apparait souvent lors de la rencontre avec les Anciens, mais on peut aussi guider le client à la revisiter directement :

Allez au moment où vous choisissez votre corps pour votre vie présente.

Dans ce processus, le niveau de choix offert à l'âme dépend de son expérience. Comprendre le choix de leur corps et de leur famille est particulièrement important pour les clients qui ont des problèmes physiques ou des difficultés familiales :

Entre combien de corps pouvez-vous choisir ?

Quelles conséquences le choix de chacun des corps va-t-il entrainer ?

Avec chaque corps, pouvez-vous choisir la famille ou les circonstances de la vie ?

Si vous avez le choix entre plusieurs corps, pour quelles raisons avez-vous choisi l'un plutôt que les autres ?

Départ pour la réincarnation

Voici un cours extrait d'une séance avec une cliente que j'appellerai Anne. D'origine danoise et âgée de 30 ans, elle voulait faire une régression de la vie entre les vies, en particulier, pour comprendre comment elle s'est réincarnée. L'extrait démarre au moment de la planification de sa vie actuelle:

Où allez-vous ensuite ?
Il faut que j'aille préparer ma prochaine vie. Mon guide m'emmène au cinéma et là, je pourrai choisir à partir de ce que je verrai.
Est-ce votre vie actuelle que vous allez préparer ?
Oui. Je dois retravailler sur le même sujet. Je sais donc de quoi cette vie sera faite.
Rappelez-moi quel est ce sujet.
Je dois pouvoir laisser mon âme s'exprimer de façon équilibrée.
Comment se déroule cette planification ?
Je crois que je peux choisir entre deux vies.
Regardez le premier corps et décrivez-le-moi.
C'est une fille.
Qu'a-t-il de particulier ?
Un corps tout à fait normal.
Quelle sorte de vie ira avec ?
La fille sera seule. Peu de membres de mon groupe d'âmes participeront à cette vie, mais je serai bien éduquée.
En quoi serez-vous bien éduquée ?
Je ferai des études et une carrière de droit, et, à un moment donné, je permettrai à mon âme de se manifester.
Qu'est-ce qui ne vous plait pas dans cette vie ?

C'est une vie qui est très dans la maitrise et dans le mental. Ce sera difficile de ressentir des émotions.
Quelle en sera la conséquence ?
Ce sera très difficile à l'âme de se manifester avec un tel mental. Il n'y aura pas beaucoup d'aide autour, car ils seront tous intellectuels.
Est-ce que ce sera une vie dure ?
Oui. Je ne suis pas sûre d'y arriver avec le niveau d'énergie de mon âme.
Devez-vous emporter avec vous beaucoup d'énergie de votre âme ?
Oui.
Avez-vous discuté de combien ?
Au moins 70 pour cent.
Avez-vous déjà pris sur terre un tel niveau d'énergie de votre âme auparavant ?
Non.
Quel est le risque de prendre un tel niveau d'énergie de votre âme ?
Que je ne puisse pas continuer mon travail chez moi, dans le monde spirituel.
Vous voulez dire qu'il est possible de travailler dans le monde spirituel en même temps qu'on est réincarné ?
Oui.
Allez vers l'autre corps, celui que vous avez dans cette vie.
Quelle en a été votre première impression ?
Une certaine faiblesse.
Quelle sorte de faiblesse ?
C'est une personnalité assez molle qui va dans la direction du vent.
D'autres impressions ?
C'est également un beau corps, de taille normale avec une intelligence normale.

Est-ce que les circonstances familiales faisaient partie de ce choix ou avez-vous dû résoudre cela vous-même ?
Je savais qu'il y aurait plusieurs membres de mon groupe d'âmes avec moi.
Quel serait le bénéfice d'avoir la présence de ces membres de votre groupe avec le choix de ce corps ?
On pourrait s'entraider.
Avez-vous discuté avec votre guide du niveau d'énergie qu'il faudrait emporter avec ce corps ?
Oui. Je pourrais emmener 35 pourcent.
Est-ce que cela présente un risque pour vous ?
Oui. Je pourrais ne pas pouvoir maintenir l'objectif pour lequel je suis venu. C'est pourquoi j'aurai besoin de l'aide de mon groupe.
Quel choix de corps vous offre la meilleure croissance spirituelle ?
Celui dans lequel je suis. Il y a une ouverture d'esprit au Danemark et il n'y a pas de danger de guerre ou de cause naturelle. Le choix de ce corps va avec une vie sûre qui me permet de me concentrer sur mon objectif.
 [L'extrait suivant se situe à la dernière partie de la régression spirituelle].
Je voudrais que vous alliez au moment où vous vous préparez à partir pour votre vie présente. Etes-vous seule ou accompagnée de votre guide spirituel ?
Je dis au revoir à mon guide spirituel [soupirs] et je pars seule.
Où allez-vous ?
Dans une pièce avec toutes sortes de couleurs. Tout est tellement détendu et harmonieux. Je pense que je reçois un soin encore une fois.
En quoi ce soin va-t-il vous aider pour ce qui vous attend ?

C'est parce que la naissance sera difficile et que j'aurais besoin d'un supplément d'énergie pour rentrer dans ce petit corps.
Est-ce que vous emportez un supplément d'énergie avec vous ?
Oui. Cela aiderait aussi ma mère à y faire face.
A quel moment savez-vous qu'il est temps d'y aller et d'entrer dans ce petit corps ?
Les autres vont me faire signe.
Est-ce qu'il y a d'autres formes d'énergie dans cette pièce avec vous ?
Oui. Ils savent quand c'est le moment d'y aller et quand le bébé est prêt.
Allez à ce moment et dites-moi ce qui se passe.
J'entre dans un tunnel de lumière, puis je continue d'avancer. Je suis déjà loin et je peux sentir le corps du petit enfant dans lequel j'essaie d'entrer.
Par quelle partie du corps rentrez-vous ?
Par la tête. J'essaie d'entrer par la tête.
Savez-vous quel âge a le fœtus ?
Je pense qu'il a six mois.
Quand vous entrez dans ce corps, que se passe-t-il ensuite ?
On essaie de fusionner. C'est une rencontre très douce.
Quelle différence se manifeste avec d'autres bébés avec lesquels vous avez fusionné auparavant?
Cela se passe très facilement, le bébé est très coopératif.
Est-ce toujours à six mois ou est-ce parfois plus tôt ou plus tard ?
Je pense que parfois j'entre plus tôt.
Quel a été le plus tôt ?
Trois mois, mais j'ai dû beaucoup me préparer pour entrer en lui.
Y a-t-il des difficultés à entrer avant trois mois?

Oui, car le bébé n'est pas suffisamment développé et il peut se passer des problèmes.
Et au plus tard?
Sept mois.
Que se passe-t-il après sept mois?
C'est dur d'entrer. Il faut forcer davantage.
Cela pose problème de forcer?
Ce n'est pas la façon dont j'aime le faire. Je préfère la douceur.
Est-ce que cela pose des problèmes physiques au fœtus si vous forcez?
Oui, mais je ne prendrai aucun risque qui ne soit pas déjà planifié.

Chaque être humain dispose d'une âme qui lui est propre et qui a la capacité de se diviser. Une partie de son énergie est utilisée pour la réincarnation alors que l'autre reste au niveau spirituel.
La quantité d'énergie utilisée pour l'incarnation influence l'existence à venir. Moins l'âme emporte de l'énergie sur terre, plus son impact sera faible et plus il lui sera difficile de réaliser l'objectif karmique de cette vie. L'énergie de l'âme qui reste dans le plan spirituel sera dédiée à des activités spirituelles, telles que des apprentissages en vue des prochaines vies ou des travaux avec des groupes d'âmes. Le niveau de cette activité au plan spirituel dépend du pourcentage d'énergie qui subsiste. Ainsi l'âme est active à la fois au plan spirituel et dans l'incarnation, dans une réalité que certains appellent multidimensionnelle.

Tandis que vous vous apprêtez à quitter le plan spirituel pour vous réincarner, dites-moi ce qui se passe.

Quel pourcentage d'énergie de votre âme allez-vous emporter avec vous?

Qu'est-ce qui a motivé ce choix de prendre ce niveau d'énergie pour cette réincarnation ?

La séparation entre les deux parties de l'âme n'est pas absolue. L'intuition opère comme un lien énergétique entre les deux, pour maintenir l'intégrité de l'âme, comme hologramme. Le choix de ce niveau d'énergie est quelquefois effectué entre le guide spirituel et l'âme, mais le plus souvent, il est revu ou même arrêté par les Anciens, car ils ont accès à des informations plus globales sur les conséquences dans la prochaine vie. Après la mort, les énergies de l'âme se réunifient pendant la période de régénération ou plus tard. Parfois, cette réunification apparait sous la forme d'une douche d'énergie ou quelquefois par une simple sensation d'expansion ou par un sentiment d'avoir retrouvé son intégrité.

L'union de l'énergie de l'âme avec le fœtus se produit généralement au moment où le corps est le plus malléable, environ quatre mois après sa conception. Restent attachées à l'énergie de l'âme les mémoires non résolues des vies antérieures imprimées dans le corps subtil. Le pourcentage des mémoires non résolues des vies passées dont le bébé sera porteur fait partie de la planification de cette vie à venir. Plus le pourcentage est grand, plus la vie sera difficile. La fusion de l'âme avec les caractéristiques biologiques héréditaires fonde la personnalité pour cette nouvelle vie :

Quelles émotions et quelles mémoires corporelles allez-vous emporter de vos vies passées?

Quel pourcentage de cela allez-vous prendre?

Pour quelles raisons ce niveau-là a-t-il été choisi ?

Au moment de la fusion entre l'âme et le corps du fœtus, l'âme se recouvre d'un voile d'amnésie. Cela permet au petit être de ne pas être submergé par tous les traumas des vies antérieures qu'il ne serait pas prêt à assimiler à un niveau conscient. Cela permet aussi, à partir de nouvelles bases, d'imaginer des nouvelles solutions à d'anciens problèmes karmiques. Cette amnésie se développe graduellement pour devenir complète dès la prime enfance :

Allez au moment où votre âme fusionne avec le fœtus et racontez-moi ce qui se passe.

Comment allez-vous vous souvenir des personnes importantes que vous devez rencontrer dans cette vie ?

Découvrir qu'au niveau de l'âme, le client a pris part au choix de son corps physique, aux principaux évènements de sa vie et à son niveau de difficulté, est très éclairant pour lui. L'un d'entre eux a raconté:

> *« J'avais l'impression claire de me déplacer dans un espace différent de celui que j'ai exploré dans les vies antérieures, et d'en saisir de multiples strates. La révélation et la compréhension de ce qui m'a été offert se situent au-delà des mots. C'est comme avoir reçu juste un avant-goût de quelque chose de beaucoup plus vaste et quand j'en ai pris conscience, cela a produit sur moi un effet considérable ».*

Autres Activités spirituelles

Au fur et à mesure des expériences de réincarnation, les âmes s'éloignent progressivement de leur groupe d'âmes. Elles commencent à travailler dans le plan spirituel dans diverses spécialités[5] et s'impliquent plus dans la planification de leur vie future. Un client se souvient avoir été dans un groupe d'âmes qui étudiaient la fusion de l'âme et du corps physique et expérimentait au cours de plusieurs vies des corps différents avec des niveaux d'énergie différents. Un autre s'est souvenu avoir été dans un autre système planétaire pour apprendre à travailler avec l'énergie. Il arrive que des âmes aillent s'isoler pour étudier et réfléchir, ou bien qu'elles s'impliquent dans l'enseignement d'autres âmes ou qu'elles assistent à des enseignements.

Michael Newton[6] a donné le nom d'Âme Hybride pour désigner une catégorie spéciale d'âmes. Il s'agit de vieilles âmes dont la planète d'origine a été détruite ou qui sont venues sur Terre pour faire face au défi particulier à la fois physique et mental lié à la complexité de la condition humaine dans le monde moderne. Leurs âmes peuvent fusionner avec un bébé comme les autres âmes, mais elles peuvent avoir des difficultés à s'adapter et rencontrer des problèmes psychologiques. Beaucoup d'entre elles s'adaptent bien et mènent des vies constructives et témoignent de leur dernière vie sur une autre planète, pas nécessairement sous une forme physique. Il est inutile de préciser que le processus de revue avec les Anciens, les activités avec le groupe d'âmes et la sélection du corps ne suivent pas toujours le schéma indiqué plus haut. C'est un choix délibéré de ne pas traiter de manière plus approfondie dans le présent livre de cet aspect rare. Quand bien même cela arriverait, la meilleure approche consiste à prendre le rôle d'un investigateur curieux et de laisser émerger le récit sans aucune idée préconçue.

Travailler dans le présent éternel

Le thérapeute peut à tout moment de la régression aller au moment de la réunion avec les Anciens et engager un dialogue avec eux dans ce qu'on appelle le « présent éternel ». Au cours de ce dialogue, les questions que le client aura préparées à l'avance pourront être posées. Il est préférable que ce dialogue se fasse une fois terminée l'exploration des mémoires de l'âme, notamment pour dissiper toute ambigüité quand le client écoutera l'enregistrement.

Allez maintenant à la rencontre des Anciens (ou le nom donné par le client)

Dans l'état de conscience modifié, qui est propre à la régression spirituelle, le client va recevoir facilement les réponses aux questions qu'il se pose, de par la connexion largement ouverte avec les Anciens :

Demandez-leur de préciser quelle est votre mission dans cette vie ?

Que pensent-ils des progrès que vous avez réalisés dans cette vie ?

Ont-ils des conseils à vous donner pour vous aider dans cette vie ?

Des questions sur la vie spirituelle future du client peuvent être également posées. Cependant, à un certain moment, le flux d'information peut s'interrompre si les Anciens estiment que cela pourrait interférer avec le libre arbitre du client ou, tout simplement, que celui-ci a reçu assez d'information pour le moment :

> Peuvent-ils vous parler de vos activités spirituelles dans le futur ?

Si l'un des objectifs du client est d'améliorer sa communication avec le guide spirituel, cela peut être fait dans le présent éternel. Le thérapeute pourra diriger la régression vers la rencontre avec le guide spirituel pour aider le client à établir les bases de cette communication de sorte que celui-ci pourra la développer ultérieurement en méditation.

> **Demandez à votre guide spirituel des conseils pour améliorer votre communication avec lui.**

Avant de terminer une régression spirituelle, il est utile de vérifier que tous les points ont bien été couverts.

> **Avant de quitter le plan spirituel, j'aimerais que vous me disiez s'il reste encore une question que vous aimeriez poser aux esprits de lumière?**

Un récit complet d'une régression spirituelle

La cliente, que j'appellerai Claire, était à l'époque une avocate de 32 ans. Six mois plus tôt, elle avait entamé un changement majeur dans sa vie, et avait commencé à se former aux thérapies alternatives. Après avoir effectué plusieurs régressions dans ses vies antérieures, elle désirait connaître ses progrès karmiques et s'assurer qu'elle soit sur le bon chemin spirituel. Elle avait préparé une liste de huit personnes importantes dans sa vie présente parmi lesquelles son mari, les membres de sa famille, ses précédents petits-amis, ainsi que sa belle-mère. Une grande partie du compte-rendu de sa séance est retranscrite ci-dessous.

Accédant rapidement à une transe profonde, elle régresse dans une vie antérieure où elle était un mercenaire travaillant en Russie. Alors que ce soldat escortait un membre important de la noblesse russe, le convoi tomba dans une embuscade tendue par des Mongols. Elle mourut dans le combat qui en suivit :

Je vois une lumière magnifique.
Est-ce que cette lumière vient à vous ou est-ce que c'est vous qui venez à elle ?
On se rapproche l'un de l'autre.
Et que se passe-t-il alors que vous vous rapprochez l'un de l'autre ?
Bien que la forme ne soit pas humaine, je ressens qu'elle a des bras qui se tendent pour m'embrasser. Je suis envahie par un sentiment d'amour.
Est-ce une force douce ou vigoureuse ?
C'est comme si mon cœur était attiré et je ressens qu'une main me pousse et me guide.
Y a-t-il d'autres choses que vous percevez ?
Je m'éloigne de la terre, une belle lumière s'éloignant de la terre. Je suis si loin maintenant. Je vois seulement des couleurs.
De quelle couleur est cette forme d'énergie que vous avez rencontrée ?
Plein de nuances de bleu, de pourpre et de vert.
Avez-vous une idée de ce que cette énergie représente ?
C'est ... c'est mon enseignant.
Est-ce bien votre *enseignant* qui vous a supervisé dans cette vie passée ?

Il m'a envoyé des messages et des conseils.
Qu'est-ce qu'il vous a dit ?
Il semble tout à fait satisfait. Il semble que tout s'est bien passé.
Demandez-lui ce que vous étiez censé apprendre dans cette vie, faites-en la revue avec lui.
C'était le sens du devoir, de l'honneur, du respect et du travail en équipe.
Quelles informations vous viennent à propos de cette revue?
On est assis autour d'une table. Il a l'air différent maintenant.
A quoi ressemble-t-il ?
Il est assez jeune, un peu plus âgé que moi. C'est un homme fort.
Est-ce qu'il porte des vêtements particuliers ?
Il porte des vêtements de bucheron, très décontracté.
Pourquoi se montre-t-il sous cette apparence ?
Cette apparence me met plus à l'aise et je peux discuter plus facilement avec lui. C'est moins impressionnant que quand il se montre sous une forme énergétique.
Comment se passe cette revue de votre vie passée ?
De façon télépathique mais aussi verbale. Tout ce qui est important est discuté oralement, pour le reste il communique par télépathie. Il me dit que tout est OK.
Par quelle partie de votre vie passée commence-t-il ?
Il remonte dans le temps à partir de la mort.
Quelle évaluation faites-vous de cette vie, maintenant que vous l'avez passée en revue avec votre guide ?
Je suis globalement satisfait. J'ai pris quelques mauvaises décisions en chemin, mais j'ai bien terminé. Je regrette d'avoir tué.
Qu'est-ce que votre guide vous a dit sur le fait d'avoir tué ?

Il répond que c'était inhérent à la vie que j'avais choisie. Il me demande comment je pouvais imaginer d'être dans l'armée sans tuer.
Qu'en dites-vous vous-même ?
Pendant cette vie, je pensais le faire pour des raisons honorables, mais maintenant je me sens triste.
Demandez à votre guide ce qu'il pense de cette tristesse.
Il dit que c'est OK et que cela montre ma compassion et me dit que je dois savoir que chacun fait ses propres choix. Il me montre que les hommes qui nous ont attaqués dans la bataille finale ressentaient un grand honneur à faire ce qu'ils faisaient. Ils ont choisi de se battre pour les mêmes raisons que moi. Nous en connaissions tous les risques.
Est-ce que vous comprenez maintenant ?
C'est dur juste au moment où je perds ma forme humaine. Je garde encore un résidu de cette forme avec moi. Mon guide me dit que c'est OK et que ça va bientôt partir. Je n'ai pas encore terminé avec ce qu'il appelle « le bilan et l'intégration ».
Passez à la suite et dites-moi ce qui arrive.
Il y en a d'autres.
Décrivez-moi où vous êtes et qui sont ces autres ?
C'est difficile à décrire. C'est comme une grande coupole. Ce n'est que de l'énergie, partout.
A part la coupole, que voyez-vous d'autre ?
Il y a pleins de gens.
Que font-ils ?
Ils flottent. Il n'y a pas de sol solide, c'est comme des vagues.
Est-ce qu'ils se montrent sous forme humaine ou énergétique ?
Sous forme énergétique.

Etes-vous à l'aise avec le fait qu'ils apparaissent sous cette forme?
Oui.
Décrivez-moi à quoi ressemblent ces formes énergétiques.
Dynamique, rayonnante, translucide.
Est-ce qu'elles ont des couleurs particulières?
Elles ont des couleurs variées qui changent quand elles communiquent.
Combien sont-elles sous ce dôme ? Comptez-les.
 [Long silence] *Soixante-sept.*
Où se trouvent-elles par rapport à vous?
C'est comme s'il y avait trois groupes. Il y en a un en demi-cercle sur ma gauche, un autre derrière moi et à ma droite, et un autre qui flotte un peu plus haut.
Que faites-vous de spécial dans ce lieu ?
Je veux voir mes amis et c'est comme s'ils savaient tous que j'allais venir.
Que ressentez-vous ?
C'est comme une grande embrassade. Je suis tellement content d'être de retour parmi eux.
Combien de membres de ce groupe sont présents?
Vingt-six en tout.
Est-ce que vous avez un thème commun d'apprentissage dans ce groupe d'âmes ?
Cela concerne l'aide apportée à autrui.
Combien de vies avez-vous passé ensemble?
Cinquante-trois.
Regardez attentivement quelques-unes des couleurs de ce groupe et décrivez-les moi.
Argent translucide, la même couleur que mon énergie.
Reconnaissez-vous des membres de ces groupes dans votre vie passée?

Oui, deux d'entre eux étaient mes amis à l'armée. Plusieurs d'entre eux se sont réincarnés en même temps mais à différents endroits.
Etaient-ils dans l'armée contre laquelle vous combattiez ?
Oui. Il y avait cinq parmi eux [elle rit doucement]. Ils pensent que c'était drôle par ce qu'on les appelait les barbares. Eux aussi, ils nous appelaient les barbares.
Que pensez-vous de voir ici présents vos amis de l'armée et ceux contre lesquels vous vous battiez ?
Il s'agissait d'être fidèle à notre cause. Bien que cela fût difficile dans le groupe auquel nous appartenions, nous nous efforcions de propager l'amitié et la compassion avec beaucoup de petits gestes d'amour pour les amis et les familles.
Y-a-t-il autre chose que vous aimeriez savoir au sujet de ces compagnons ?
Non.
Dans votre groupe d'âmes, combien sont réincarnés maintenant ?
Sept.
Les reconnaissez-vous ?
Oui. Nous allons travailler ensemble.
Demandez-leur de quel travail il s'agit.
Il s'agit de répandre de l'amour et de la lumière pour le plus grand nombre possible de personnes, en essayant de les toucher d'une façon ou d'une autre. C'est dur à expliquer. Etre ouvert à toute opportunité, à la compréhension, au soin de soi et des autres.
Est-ce qu'il y a autre chose que vous avez besoin de savoir à propos de ce groupe ?
Non. C'est juste tellement bon d'être avec eux.
Allez au moment où vous rencontrez les autres groupes d'âmes. Que faites-vous avec eux ?

C'est un groupe animé. On se défie tous mutuellement.
Combien êtes-vous dans ce groupe d'âmes ?
Vingt-deux.
Et regardez les couleurs de ce groupe. Y a-t-il des différences ou des similitudes dans la couleur de leurs énergies ?
Leurs couleurs sont différentes.
Quel est le but de ce groupe ?
C'est mon groupe d'apprentissage.
Y a-t-il un sujet particulier que ce groupe étudie actuellement ?
Il y en a quelques-uns. Pour le moment, on travaille tous sur la tolérance.
Sur quoi avez-vous travaillé avant ?
La confiance, l'amour, le regret, la joie. Ce sont les principaux sujets.
Dans ce groupe, reconnaissez-vous des personnes présentes dans votre vie actuelle ?
Je reconnais huit énergies mais je ne peux situer que quatre d'entre elles.
Voyons les quatre que vous pouvez situer. Choisissez en une et dites-moi ce que vous lui dites et ce qu'elle vous répond.
Nous rions des problèmes que nous avons eus dans le passé. Ça n'a plus aucune importance maintenant.
C'est quelque chose qui avait été planifié ?
Oui.
Faites venir les autres un par un pour discuter des problèmes dans cette vie actuelle.
C'est une discussion très difficile. Ils ne peuvent pas me parler.
Est-ce qu'ils peuvent se rappeler du moment où vous avez planifié de travailler ensemble ?

On s'est réunis avec nos enseignants et on s'est tous dit qu'on avait besoin d'apprendre. Quand cela collait bien et que deux pouvaient travailler ensemble, c'était simple. S'il en fallait plus, on en discutait. Quelquefois, cela ne collait pas dans le groupe, un devait se porter volontaire en jouant un rôle pour aider les autres.

Aviez-vous besoin de savoir quel corps vous auriez avant de trouver un accord entre vous ?

On se fait une première idée de la forme dont on a besoin. Par exemple, si vous allez être maltraitant, et que vous allez utiliser la force, vous aurez un corps puissant. Si vous allez jouer un rôle de victime, un corps fragile est plus adapté.

Allez au moment où vous choisissez votre corps pour cette vie et dites-moi ce que vous voyez et ce qui se passe?

C'est une pièce faite d'énergie. Dans un coin, on peut voir des images.

Comment savez-vous quels corps vous pouvez choisir ?

D'abord une forme générique et ensuite vous avez différentes options tels que petit, gros ou mince. Ensuite, une fois que ce choix est fait, on peut aller plus dans le détail.

Combien de possibilités se sont présentées pour cette vie ?

Trois. Je pouvais être un homme, assez fragile, dans une famille pas aimante. Je pouvais être une fille, assez grosse, dans une famille abusive. Le corps et la famille que j'ai maintenant étaient le troisième choix.

Qu'est-ce qui vous a fait choisir le corps et la famille que vous avez maintenant ?

Je voulais une base solide pour cette vie. Je pensais que ça m'aiderait pour en surmonter les difficultés.

Est-ce que ces difficultés ont à voir avec la tolérance?

Certaines ont à voir avec la tolérance envers moi et d'autres envers les autres.

Est-ce que ça aurait été possible de travailler aussi la tolérance avec les autres corps ?

Je pensais que j'aurais échoué avec les autres corps.

Avez-vous eu le choix en ce qui concerne l'intelligence et les émotions ?

Oui.

Qu'est-ce qui vous a amené à faire ces choix ?

Je n'ai pas eu le choix pour l'intelligence. C'est mon enseignant qui a décidé. Pour les émotions, j'avais deux possibilités. Soit je pouvais ressentir toutes les émotions en moi-même et chez les autres, soit je pouvais être très dure.

Qu'avez-vous choisi finalement ?

On s'est mis d'accord avec mon enseignant. Il aurait été plus facile d'être dure. Mais je voulais expérimenter toutes les émotions et mon enseignant était d'accord.

Y a-t-il eu d'autres décisions, concernant vos parents par exemple ?

Le type de parents a résulté du choix du corps. Mes parents actuels ont été choisis pour moi.

Avez-vous pu faire un test avant votre choix définitif ?

Oui, j'ai dû le faire. Je ne sais pas comment l'expliquer. C'était comme une méditation. J'en ai ressenti les émotions. Certaines émotions n'étaient pas si agréables.

Est-ce que vous comprenez pourquoi vous avez ce corps, cet esprit, ces émotions et ces parents dans votre vie ?

Oui.

Après avoir pris ces décisions, êtes-vous revenue vers votre groupe d'âme pour les informer ?

Ils avaient tous l'air de le savoir quelque part.

Avez-vous joué des jeux de rôles avec votre groupe d'âmes, avec ces différents corps?

Pas cette fois. Mais je l'ai fait dans d'autres vies.
Quel était le but de ce jeu de rôle avant la réincarnation ?
C'est pour que l'énergie dont vous avez besoin s'imprègne en vous, mais quand vous vous incarnez, vous ne vous en souvenez plus.
C'est comme si cela imprimait la force motrice qui se manifestera dans les prises de décisions. Cela fait jaillir l'émotion qui vous pousse dans une direction plutôt qu'une autre.
Avez-vous d'autres choses à dire à votre groupe d'âmes sur la tolérance avant de les quitter ?
Au revoir. À bientôt.
Allez rejoindre le troisième groupe et dites ce qui se passe dans ce groupe.
Je me sens très humble dans ce groupe. C'est le groupe des superviseurs des deux autres groupes.
Sont-ils différents de votre enseignant ?
Non. Mon enseignant en fait partie.
Certains sont-ils réincarnés actuellement ?
Je n'en vois qu'un.
Allez-vous travailler avec lui ?
Oui.
Vous le reconnaissez ?
Oui. [avec surprise] C'est le bébé que je porte.
Avez-vous d'autres questions pour eux ? Résumez-moi les échanges.
C'est en train de se dévoiler. J'essaie de leur demander ce que je dois faire pour y parvenir.
Si votre enseignant veut bien vous le dire, demandez-lui ce que vous allez faire dans un futur proche.
Ils ne peuvent pas me le dire exactement. Il faut que je sois attentif aux opportunités. Je le ressentirai quand elles se présenteront.

Remerciez-les pour leur aide et pour toutes ces informations. Allez au moment où les esprits de lumières ont préparé votre incarnation dans cette vie et décrivez-moi ce que vous percevez.
C'est un autre dôme.
Combien y a-t-il de formes d'énergie présentes?
Sept.
Est-ce qu'elles se montrent sous une forme humaine ou spirituelle ?
Sous des formes énergétiques.
Décrivez-moi ce que vous percevez de ces formes énergétiques.
L'intensité de leur énergie me trouble. Le dôme n'a pas l'air si différent de l'autre, mais je le ressens très différemment.
Concentrez-vous sur l'énergie qu'il y a dans ce dôme et décrivez-la moi.
Ça vient de la source. C'est trop fort pour que je puisse m'approcher. Ça me submerge. Cela se connecte directement au cœur.
A part ce dôme, que pouvez-vous discerner d'autre autour de ces formes d'énergie ?
Le sol a l'apparence du marbre. Il y a eu autrefois une table mais elle n'y est plus actuellement. Il y avait aussi des chaises avec des grands dossiers.
De quelles couleurs sont ces énergies?
Juste une pure lumière éclatante.
Est-ce que votre enseignant est avec vous ?
Oui.
Racontez-moi ce qui se passe dans cette rencontre ?
Mon enseignant est comme mon avocat.
Que dit-il ?

Il leur rappelle le travail que nous faisons tous, en particulier celui que j'ai fait.
Qu'est-ce que votre enseignant dit de particulier en ce qui concerne votre travail ?
Il dit que ... j'ai du mal à entendre ... J'ai bien fait d'aider mon autre ami dans sa quête. Il dit que tant que mes actions l'amusent, je dois continuer à travailler sur la tolérance.
Combien de vies avez-vous passé à travailler sur la tolérance?
A un certain niveau, depuis trois vies.
Pouvez-vous demander aux sages esprits de lumière de résumer ces vies pour que vous sachiez ce qu'il est advenu dans chacune d'elles ?
Je reçois un flux d'information. J'ai vu la tolérance sous l'angle de la violence. Dans la première vie, je n'étais pas toléré. Je ne pouvais pas faire en sorte que les gens m'acceptent tel que j'étais. Ils ne pouvaient voir au-delà des apparences. J'ai appris que je ne pouvais attendre des gens qu'ils changent leur façon de voir ou leurs opinions en le leur demandant J'ai aussi appris que cela n'avait pas d'importance, ce que les gens pensaient de moi. Dans la vie suivante, j'ai choisi de jouer l'autre rôle, et d'être intolérant, afin de pouvoir expérimenter le contraire.
Quel type de personne étiez-vous dans cette vie ?
J'étais horrible. J'étais une femme très intolérante sur la couleur de la peau, l'apparence ou les déficiences. Je regardais de haut les gens qui n'avaient pas fait grand-chose de leurs vies ou ceux qui vivaient d'une façon différente de la mienne.
Quelle était la troisième?
Cette vie.

GUÉRIR L'ÂME ÉTERNELLE

Pouvez-vous demander aux esprits de lumière ce qu'ils disent au sujet des deux dernières vies passées et de celle-ci ?
J'ai fait le plus gros du travail. C'est aux « détails » que je dois faire attention.
A quels « détails » font-ils allusion ?
J'ai pensé que la tolérance concernait surtout les questions de différences de couleur de peau et de culture. J'apprends maintenant à être tolérante vis-à-vis des points de vue et des opinions. Je dois maintenant m'efforcer de comprendre pourquoi les gens ont tel point de vue plutôt que de penser qu'ils sont mal élevés.
Est-ce que les esprits de lumière ont des conseils à vous donner?
De rester ouverte à ce qui se présente. De reconnaître les situations et en tirer des leçons.
Est-ce que vous comprenez ?
Oui, je comprends.
Ont-ils d'autres choses à vous dire?
Ils semblent assez satisfaits.
Avez-vous autre chose à demander aux esprits de lumière?
J'ai besoin d'avoir plus de confiance en moi.
Demandez-leur s'ils vont vous montrer une vie passée qui pourrait vous aider?
Ils me montrent une vie passée où j'étais forte. J'avais l'impression de pouvoir tout faire.
Est-ce que vous ressentez cette force en vous maintenant ?
Je la ressens dans ma poitrine maintenant.
A chaque fois que vous en aurez besoin, vous pourrez à nouveau ressentir cette force et vous rappeler de cette vie antérieure.

Ils hochent la tête en signe d'acquiescement. Ils me font sentir par télépathie qu'ils sont satisfaits et qu'il faut que je continue comme cela.

Est-ce que l'un ou l'autre d'entre eux peut vous révéler de façon précise les actions spirituelles que vous mènerez dans un futur proche ?

Ils sont vraiment satisfaits de celles que je mène actuellement et aussi des formations et du travail de développement que je fais dans cette vie. Ils me disent que je dois en faire plus et développer la confiance dans mes capacités. Ne pas me soucier de mal faire. Si l'intention est bonne, cela suffit.

Est-ce qu'ils vous donnent des informations précises ?

Oui, que j'aurai l'opportunité de rencontrer quelqu'un que je pensais ne jamais rencontrer.

Ont-ils la possibilité de vous en dire plus?

Cela a quelque chose à voir avec le développement des capacités médiumniques.

En quoi cette personne va-t-elle pouvoir aider?

Par l'inspiration et aussi juste en bénéficiant de l'énergie de cette personne, il y aura une harmonisation et une élévation de mon niveau vibratoire.

Est-ce que cette information est suffisante?

Oui, je crois qu'ils m'ont même dit plus qu'ils n'étaient supposés le faire.

Avez-vous une dernière question à poser aux esprits de lumière?

Non.

Remercions-les donc pour leur sagesse et leurs éclairages et libérons-les de cette rencontre.

Conformément aux prédictions, Claire a eu un bébé, elle a rencontré un maître médium et s'est lancée dans un travail spirituel avec certains des membres de son groupe d'âmes. Voici ce que Claire a écrit par la suite à propos de sa régression de la vie entre les vies :

> *Bien que je pense que les mots ne puissent pas tout à fait rendre justice, si je devais trouver une façon d'exprimer mon ressenti par la voie de l'écriture, je dirais que la régression spirituelle fut une expérience extrêmement profonde. J'ai pu resituer beaucoup de choses que je percevais comme des problèmes dans ma vie dans une juste perspective et cela m'a permis d'acquérir une compréhension globale de mon existence. J'ai eu une extraordinaire opportunité d'avoir un aperçu de ma vie entre les vies, de voir comment les choix et les décisions se prennent, de voir se dérouler le processus mis en place pour s'assurer que nous profitions au mieux de notre incarnation sur terre. J'ai eu un aperçu de mon groupe d'âmes, j'ai pu me retrouver face à face avec mon groupe karmique dans un espace d'amour, de compréhension et de non jugement, j'ai pu rencontrer le conseil des Anciens et ouvrir des canaux de communication avec mon guide spirituel. C'était juste magique et merveilleux et je conserve de cette expérience un profond respect pour la force de l'univers et pour le processus qui est à l'œuvre à chaque fois que nous faisons le choix de revenir sur terre. Cela m'a inspiré un respect renouvelé pour moi-même et pour les choix que j'ai fait et un amour approfondi pour mes amis, ma famille et tous ceux qui me lancent des défis dans cette vie, mes frères et sœurs dans ce périple. Plus magique encore pour moi, je ressens que ce travail n'allait pas seulement me profiter, mais aussi au bébé que je portais à l'époque de cette séance de régression spirituelle. Nous avions déjà même avant sa naissance une bonne*

compréhension l'une de l'autre. Tout sera parfait et déjà en place pour son chemin de vie. Dès lors, je ne passais plus mon temps à m'inquiéter sur les aspects physiques et pratiques de la grossesse et je n'ai plus eu peur de mettre au monde un enfant. Nous nous sommes vues en tant qu'âmes et étions prêtes à travailler ensemble. Je ne peux pas décrire à quel point je me sentais soudainement libre de profiter de chaque instant de cette grossesse. Tandis que j'écris cela, je réalise que ce travail m'a touchée encore davantage que je ne l'avais soupçonné. Je me sens reconnectée, je sais où je suis, je sais pourquoi je suis venue sur terre, je sais que les choix que je fais au moment où je les fais sont parfaits et je sais que je suis aimée.

RÉSUMÉ

Contrairement à la thérapie par la régression, la régression spirituelle de la vie entre les vies n'a pas pour but de résoudre un complexe. Elle vise à apporter une compréhension profonde sur l'évolution de l'âme et sur la mission de vie, et plus encore de donner la possibilité de passer en revue ses progrès dans la vie courante et de recevoir l'aide spirituelle des Anciens. Cette compréhension profonde résulte d'une perspective plus globale et déclenche souvent des changements importants dans la vie actuelle et, en particulier, engage dans un processus de guérison de l'âme et de résolution des complexes. Il arrive que certains clients se remémorent spontanément des fragments de leurs mémoires d'âme pendant une régression dans une vie antérieure. En utilisant le lien intuitif avec leur âme, ils peuvent aussi engager un dialogue avec leur guide spirituel. Dans une régression spirituelle, la remémoration suppose de renforcer ce lien intuitif par une transe profonde qui donnera accès à des informations détaillées. Dès lors la régression spirituelle s'intègre dans la démarche de thérapie par la régression.

Les questions clés à poser durant une régression de la vie entre les vies sont résumées à l'annexe III. Les meilleures questions restent: « Que se passe-t-il ensuite » et « Y a-t-il encore quelque chose d'important dans cette scène avant d'aller à la suivante ? ». L'expérience et l'intuition aidant, les questions découleront naturellement de ce que dit le client, ce qui requiert une écoute très attentive. Si le client dit « Je vois une forme d'énergie », il est naturel de lui demander « Reconnaissez-vous cette énergie ? » ou « Décrivez cette énergie ». Les questions interprétatives du type : « Qui est cette aide ? » sont à éviter. En transe profonde, les réponses sont parfois très lentes à venir, il est important de laisser au client tout le temps nécessaire avant de poser la question suivante.

Pour parcourir plus rapidement une régression de la vie entre les vies, le thérapeute peut guider le client directement vers les événements clés tels que les rencontres avec le guide spirituel, avec le groupe d'âmes, avec les Anciens ou vers le moment du choix du corps. En principe, il est préférable de laisser émerger naturellement les mémoires d'âme pour éviter de manquer des scènes particulièrement intéressantes comme la visite de la bibliothèque. Mais, dans le cas où la vie antérieure de départ n'est pas la dernière, au moment d'explorer la scène de la planification de la vie actuelle, il faut guider le client de façon directive pour qu'il aille explorer cette scène dans la dernière vie entre les vies. Il est préférable de garder pour la fin de la séance la rencontre et la discussion avec les Anciens et avec le guide spirituel dans le Présent Éternel après que la vie entre les vies ait été complétement explorée et les objectifs du client satisfaits.

Il peut y avoir des obstacles au bon déroulement d'une régression spirituelle. Le blocage le plus fréquent est dû à la difficulté pour certaines personnes d'accéder à une transe profonde. Il est préférable d'anticiper ce problème et d'en réduire le risque avec des séances préalables d'autohypnose à partir d'enregistrements ou avec des séances de régression dans les vies antérieures. Un autre blocage possible peut être déclenché par le guide spirituel, soit au moment du passage dans le plan spirituel, soit pendant la régression spirituelle proprement dite. Bien que cela ne soit pas fréquent, il y a toujours une bonne raison. Le plus souvent, il s'agit de personnes qui travaillent sur un aspect de leur karma à un moment où il n'est pas opportun pour elles d'avoir accès aux mémoires de l'âme.

Parfois des clients analytiques se demandent après une régression spirituelle si cette expérience était bien *réelle*. L'intensité émotionnelle pendant les diverses rencontres, les différences entre ce qu'ils ont vécu dans leur régression avec ce qu'ils ont pu lire sur ce sujet et le niveau de détails visuels qu'ils ont perçu, sont autant d'indices pouvant les aider à répondre à cette question. En transe profonde, les clients répondent aux questions de façon littérale et, à moins que leur mental interfère, leurs mémoires d'âme émergent facilement. Mais le plus important reste la prise de conscience de la profonde pertinence de ce qui a été révélé, pour éclairer leur vie actuelle.

GUÉRIR L'ÂME ÉTERNELLE

8

Travailler avec les mémoires corporelles

Le remède à la douleur se situe au cœur même de la douleur.
Le bien et le mal sont mélangés. Si tu n'as pas les deux, tu n'es
pas des nôtres.
Jelaluddin Rumi, Soufi. 13ème siècle.

Les professionnels du massage témoignent combien il est fréquent que des images de vies antérieures émergent spontanément quand une partie tendue ou sensible du corps est manipulée lors d'un massage. C'est comme si le corps permettait de se connecter à des mémoires du champ énergétique. A l'occasion d'un massage, un client évoqua l'image selon laquelle son corps aurait été recouvert par d'autres corps. A la suite de l'histoire, il apparut qu'il fut victime de la peste et alors qu'il était encore vivant, il fut jeté d'une charrette dans une fausse commune, en même temps que d'autres corps.

Les mémoires corporelles peuvent être créées par un incident traumatique unique ou par une accumulation d'incidents sur une longue période. Un enfant qui vit dans la crainte d'être frappé par des parents violents apprend à se recroqueviller, à détourner la tête et à lever les bras pour se protéger des coups. Avec le temps, la menace de la violence finit par activer inconsciemment les muscles de son corps dans cette posture. L'enfant sera en permanence en alerte de telle sorte que la peur restera figée dans son organisme avec des manifestations chroniques de haussements d'épaules, de torsion de tête ou d'estomac noué. Au fil des ans, cet état d'esprit peut dégénérer en posture figée[1]. Et de cette incapacité à trouver une issue, résulte une mémoire corporelle. Wilhelm Reich[2] a appelé cela une cuirasse musculaire. Il a décrit différentes postures musculaires inconscientes de la tête, la mâchoire, le cou, les épaules, le thorax, le diaphragme, le bassin, les jambes, les bras, les mains et les pieds.

La plupart des techniques utilisées dans ce chapitre sont adaptées des travaux de Roger Woolger qui fut un pionnier dans la prise de conscience des mémoires corporelles dans la thérapie par régression dans les vies antérieures. Cette approche qu'il a appelé *Deep Memory Processes*[3] a été décrite dans ses différents livres et articles[4]. Dans leur ouvrage *Sensorimotor Psychotherapy* Pat Ogden and Dr Kekuni Minton[5] ont insisté sur l'importance de la mémoire corporelle, tout comme Tree Staunton[6] dans son livre unanimement reconnu *Body Psychotherapy*. J'y reviens plus en détail dans l'annexe I.

LE LANGAGE DU CORPS

La culture occidentale tend à réprimer l'expression des émotions. Dans ce cas, les sensations corporelles liées à ces émotions sont également bloquées. En conséquence, beaucoup de gens ont des difficultés pour décrire leurs sensations corporelles. Prenez quelques minutes pour trouver le plus de mots possibles pour décrire vos sensations corporelles. Une personne en dénombre en général six. Elles sont qualifiées de la façon suivante :

Travailler avec les mémoires corporelles

Douleur, tension, sensation de froid, tremblements, frémissements, moiteur, sensation indistincte, palpitation, rougeur, sensation nauséeuse, lourde, faible, sensation de moelleux, de démangeaison, d'oppression, de picotement, de sueur, de densité ou de légèreté, de constriction, d'irritabilité, d'être sous pression, de tournis, d'être à bout de souffle, d'étouffement, sensation aigüe, d'enfermement, d'engourdissement, d'humidité, de frénésie, sensation de fraîcheur, de chaud, d'être bouffie, d'être pris de vertige, de martèlement, de convulsion, de vomissement, de contraction, et de picotements.

Posséder un large vocabulaire pour décrire ses sensations aide la personne à approfondir la prise de conscience corporelle, en particulier quand un pont somatique est effectué. Le thérapeute peut aider le client en l'encourageant à décrire et localiser ses symptômes à l'aide de questions précises:

La sensation est-elle faible ou aigüe ?

Est-ce lancinant ou noué?

Est-ce superficiel ou en profondeur ?

Quand on demande à un client de décrire une sensation physique, il est fréquent qu'il réponde avec des mots exprimant la panique ou la peur, qui reflètent des états émotionnels plutôt que des sensations physiques. Dans ce cas, il faut leur demander où se situe cette émotion dans leur corps. La panique peut se manifester dans le corps par des palpitations cardiaques ou par une respiration haletante ou superficielle. La colère peut se manifester par une tension dans la mâchoire ou par une envie de frapper, et le désespoir par un affaissement de la colonne vertébrale, de la tête et des épaules.

Explorer les mémoires corporelles

Le problème de Sam commença lors d'une visite qu'elle fit à son fils à Miami. Un soir, trois hommes armés et drogués firent effraction dans la maison qu'elle louait et ils exigèrent de l'argent. Ils lui attachèrent les mains et lui mirent le couteau sous la gorge. Elle était terrifiée à l'idée de mourir. Ils lui donnèrent des coups de pied et elle eut à supporter de voir son fils battu ainsi que sa femme alors que celle-ci s'efforçait courageusement de ne pas crier pour éviter d'encourager les assaillants. Depuis cette agression, Sam avait des cauchemars et des attaques de panique depuis 18 mois qu'aucune thérapie n'avait soulagées jusque-là :

> Le thérapeute lui demanda de reprendre la position qu'elle avait pendant l'agression. Quand ses mains se rejoignirent devant elle et que les souvenirs commencèrent à affluer, elle commença à sangloter et à revivre l'expérience. En y pensant Sam dit : « j'aurais voulu enlever la corde de mes poignées et crier, mais c'était impossible ». Le thérapeute lui demanda de reprendre la même position et simula qu'il lui attachait légèrement les poignées avec une serviette afin de recréer un psychodrame de cet évènement. Alors qu'elle revivait l'expérience, elle la transforma en poussant sur la serviette et en explosant dans un déferlement de cris et d'insultes. Tandis qu'elle reprenait son souffle, un sourire vint illuminer son visage. Les attaques de panique et les cauchemars disparurent à la suite de la séance.

Le complexe de Sam s'installa avec la pensée de sa mort prochaine, suivie de la peur et ensuite de la mémoire corporelle de la position des mains et du cri resté étouffé. La transformation fonctionna en mode inverse en commençant par la mémoire corporelle au moment où le complexe s'était installé, ce qui dans le cas de Sam se situait au moment de l'attaque. Ces étapes peuvent être utilisées pour explorer les mémoires corporelles.

Allez juste avant le moment où...

En ce qui concerne les mémoires corporelles, il faut encourager le client à *montrer* plutôt qu'à *raconter*.

Corps, montre-moi ce qui se passe.

Corps, montre-moi ce qui se passe ensuite.

Travailler avec les mémoires corporelles débouche souvent sur des catharsis d'énergies profondément enfouies, c'est pourquoi il faut prendre garde à ce que le client ne soit pas débordé lorsqu'elles se libèrent. Au fil de l'expérience, le thérapeute saura s'il convient de libérer celle-ci totalement ou graduellement au cours d'un certain nombre de régressions. Dire au corps de façon répétitive d'aller à la fin de l'expérience, tout en élevant la voix est une façon de contrôler la libération cathartique.

Corps, va à la fin de l'expérience
Corps, c'est fini, maintenant.

Travailler avec les mémoires corporelles permet au client de se focaliser sur le corps pour la simple raison que c'est là que l'énergie corporelle, restée figée par le complexe, peut de façon la plus efficace être libérée et transformée. La transformation des aspects émotionnels et mentaux du complexe peut être effectuée ultérieurement.

Transformer les mémoires corporelles des vies antérieures

Il est fréquent que des symptômes physiques inexplicables dans cette vie proviennent d'une mort violente dans une vie passée. Pendaisons, batailles, dévorations par des animaux sauvages, tortures, meurtres, éboulements, tremblements de terre, viols, lynchages par la foule sont un échantillon des scènes de mort que l'on peut rencontrer. Comme Ian Stevenson l'a découvert lors de ses recherches, la mémoire corporelle figée de ces évènements est si forte qu'elle est souvent associée à des tensions ou des douleurs inexplicables et à des schémas corporels persistants dans la vie courante.

L'étude de cas d'une cliente que j'appellerai Sally va l'illustrer. A l'approche de la cinquantaine, et aussi loin qu'elle s'en souvienne, elle ressentait depuis longtemps déjà une douleur chronique inexplicable dans le haut de sa colonne vertébrale et dans les bras. Elle avait aussi quelques antécédents de pensées négatives ayant trait à la solitude. Sally avait déjà fait une séance de thérapie par régression dans une vie passée où elle avait été femme de fermier et mère d'une famille nombreuse. Ses enfants avaient grandi puis quitté la maison un à un et ensuite son mari avait été contraint de partir pour trouver du travail. Elle était restée seule avec peu d'argent et de nourriture et en charge d'un jeune enfant qu'elle appelait « bébé ». Le sentiment de solitude dans cette vie l'avait conduit à se suicider. Après avoir résolu le complexe de cette vie passée, elle put prendre pour la première fois plaisir de profiter de sa solitude. La deuxième séance fut dédiée à la résolution de sa douleur inexplicable :

> Le thérapeute demanda à Sally de se focaliser sur la douleur au niveau de la colonne vertébrale. Elle se tenait droite avec ses mains en l'air et régressa dans la vie d'une petite fille de dix ans que l'on punissait en lui appliquant un tisonnier brûlant sur le haut de sa colonne vertébrale. Sally sanglota et son corps se mit à trembler. La petite fille fut rapidement conduite au moment de la mort, à cet instant où elle tomba sur le sol sombre et glacé et mourût terrifiée dans un sentiment de solitude. Alors qu'elle expirait, Sally laissa échapper un soupir et sa respiration ralentit.
>
> Les moments les plus significatifs de sa vie antérieure furent passés en revue. Elle vivait heureuse avec ses parents jusqu'à ce qu'elle attrape la peste. Afin d'éviter qu'elle soit contaminée, elle fut poussée hors de la maison et confiée à des voisins. Toutefois, les voisins s'en débarrassèrent, la suspectant d'avoir la peste et elle se retrouva seule sans nulle part où aller, à part errer dans les rues. Elle volait de la nourriture pour survivre et dormait sur les pas de porte. Elle se souvint d'avoir senti deux grandes tartes qui avaient été posées pour refroidir sur le rebord de la fenêtre de la cuisine d'une grande maison. Mourant de faim, elle décida de prendre une des tartes, mais au lieu de s'enfuir, elle s'assit pour la manger. Une servante la prit en flagrant délit et la traita de polissonne dépenaillée qui méritait une punition. Deux hommes la prirent par le bras et elle fut finalement jetée dans le noir dans un donjon. Plus tard ils la suspendirent par les bras et l'attachèrent à une poutre en faisant en sorte que ses pieds ne touchent pas le sol. Ils lui arrachèrent ses lambeaux de vêtements et elle prit conscience de la présence d'un autre

homme qui chauffait un tisonnier jusqu'à ce qu'il devienne incandescent. Le thérapeute l'amena à passer rapidement le seuil de la mort.

Le thérapeute s'adressa à son dos et à ses mains pour leur demander ce qu'ils voudraient changer de cette vie passée. Sally répondit qu'elle voulait que ses mains soient détachées pour repousser le tisonnier. Ensuite, il demanda à la jeune fille de prendre la posture qu'elle avait au seuil de la mort. Tandis qu'elle s'assit en levant les bras, il prit une serviette pour simuler l'attache des mains. En guise de tisonnier et pour créer le psychodrame, il exerça une pression de la main. Sally décrivit la douleur dans son dos et l'odeur de la chair brulée. Il l'encouragea à libérer ses mains et à écarter le tisonnier en repoussant la main du thérapeute qui appliquait une pression ferme sur son dos. Après un soupir de soulagement, elle dit que toute tension et toute douleur avaient complètement disparu dans son dos.

Dans cette étude de cas, l'entrée dans la vie antérieure s'est faite en pleine mort violente et Sally fut amenée à revivre cette expérience. Toute sa vie passée fut ensuite passée en revue. Parce qu'un pont somatique avait été utilisé, les mémoires corporelles au point où était né le complexe étaient accessibles. De façon alternative, elles auraient pu être explorées avant leur transformation. La transformation débuta en s'adressant aux *parties du corps* qui étaient concernées: à savoir ses mains et sa colonne vertébrale. Elle fut amenée à revivre le moment de la mort et à libérer son énergie corporelle en rejouant la scène par laquelle elle se délivre des cordes qui la retenaient attachée et repousse le tisonnier. Cela permit très rapidement de transformer les mémoires corporelles figées de la vie passée et « sa douleur inexplicable » dans la colonne vertébrale et dans l'épaule ne l'ont plus importunée depuis.

Dans le cas d'une mort violente dans une vie antérieure, le client peut être amené rapidement au seuil de la mort. Cela nécessite d'élever la voix et ce de façon répétitive :

Allez au moment de la mort ... corps va jusqu'à la fin.

Une personne qui est torturée peut souffrir longtemps avant de mourir. Atténuer cette expérience en régression pour réduire la souffrance peut conduire à répéter celle-ci pour la transformer complètement. Si la mémoire d'une mort violente n'est pas conscientisée, le client ne pourra pas libérer ce cri qui est resté figé, ni guérir cette blessure qui a laissé ses traces dans la mémoire corporelle. Et s'il y a eu une énergie figée pour résister à la mort, dans un combat, par exemple, il est important de la mettre à jour, car elle peut être à l'origine d'un complexe toujours actif dans la vie présente.

Comme pour la transformation dans le plan spirituel, il est préférable de laisser le client décider de quelle manière le changement va opérer. Quand une mémoire corporelle est transformée, le traumatisme est vécu de nouveau et chaque partie du corps est amenée consciemment à une nouvelle issue. Parler à ces différentes parties du corps (par exemple : un poing serré, des jambes engourdies ou des poignets attachés) permet de se concentrer sur aspects spécifiques de la transformation et de voir combien de psychodrames seront nécessaires.

Main (ou bras, jambe, etc ...) **que veux-tu faire et que tu n'as jamais pu faire ?**

Dans le récit, on peut repérer un complexe lié à un point de blocage (a shutdown complex) quand le client, en position de victime, raidit ses jambes ou son corps tout entier. Le complexe se manifeste par des engourdissements ou par un ralentissement des réponses musculaires. Dès lors que le point de blocage implique une perte d'énergie vitale, la transformation de parties corporelles figées exige un apport d'énergie. Le recours à un animal de pouvoir shamanique est efficace. Quand on leur demande de recourir à l'énergie d'un animal shamanique, les clients font souvent appel à un lion, un ours ou un tigre. Ce qu'est l'énergie en réalité et d'où elle vient n'est pas important dans la mesure où elle représente une métaphore dans la transformation des énergies qui sont restés figées.

Allez au royaume des animaux et choisissez un animal shamanique qui possède l'énergie dont vous avez besoin ... laissez entrer son énergie en vous et ressentez toute la force de cette énergie dans ... (vos poings, vos jambes etc...)

Dans le cas de Sally, la transformation eut lieu juste au moment où elle ressentit le tisonnier :

Allez juste au moment où ... (au moment précédent le trauma)

Il peut être utile de se servir d'une serviette ou d'un coussin comme support tout en laissant agir sa créativité dans la façon de les utiliser. Dans le cas de Sally, une pression apportée par la main du thérapeute, tenue bien droite, simulant l'effet du tisonnier de sorte que le corps de Sally puisse expérimenter l'action consistant à repousser celui-ci.

Corps (poing etc…) **montre-moi ce que tu as toujours voulu faire.**

Les émotions fortes, comme la peur, génèrent d'énormes quantités d'énergie qui restent imprimées dans la mémoire corporelle. Quand le blocage est libéré, un flux d'énergie va se répandre là où celle-ci n'était pas présente auparavant. Les clients émettent souvent un soupir ou indiquent qu'une sensation de chaleur, des tremblements ou un nouvel état de conscience se manifeste dans cette partie du corps.

Transformer les mémoires corporelles de la vie présente

Quand il est impossible de résister ou de fuir, les mécanismes de survie sont débordés et désorganisés, comme c'est le cas dans les situations de guerre, de torture, d'abus sexuel et d'enfants battus. Appelées parfois stress post-traumatique, ces mémoires donnent lieu à des complexes hyperactifs avec des symptômes tels que des spasmes, de l'agressivité, de l'hyper-vigilance ou des accès de rage irrépressibles. Mais elles peuvent donner lieu aussi à des points de blocage avec des symptômes chroniques de soumission, d'impuissance, d'incapacité à fixer des limites, de sentiments réprimés, d'engourdissement et une tendance à jouer un rôle de victime. Ces complexes se manifestent aussi en crises d'angoisse, cauchemars, douleurs corporelles et réminiscences.

J'appellerai Jo cette cliente de 30 ans, célibataire et diagnostiquée comme souffrant d'un stress post-traumatique. Elle présentait les symptômes suivants : spasmes d'estomac, claquements de dents, difficultés respiratoires et tremblements qu'elle s'efforçait constamment de contenir. Selon ses propres mots : « *C'est comme si mon estomac et les autres parties de mon corps ne faisaient pas partie de moi, mais existaient de façon autonome »..* Elle avait aussi des troubles du sommeil et se réveillait la nuit en crise de panique. Elle souffrait de ces symptômes depuis un incident survenu dix ans plutôt lors d'une séance d'art martial. Dans un cours mal supervisé, son adversaire avait fait une crise de rage et l'avait immobilisé avec ses jambes autour de son estomac et de sa poitrine, l'empêchant de respirer. Bien qu'elle n'avait pas de souvenir précis, elle se rappelait avoir lutté désespérément pour se libérer et avoir été incapable de parler jusqu'à ce qu'elle perde conscience. Elle se souvint de sa douleur à la poitrine quand elle a repris connaissance. Les jours qui ont suivi, elle découvrit qu'elle avait des côtes cassées et une perte de sensibilité dans les mains et les pieds. Les autres symptômes apparurent peu de temps après. Depuis des années, elle avait essayé différentes thérapies classiques ou alternatives, sans succès :

Le thérapeute demanda à Jo de laisser son corps montrer ce qui s'était passé pendant l'évènement traumatique. Au début, ce fût difficile pour elle de se concentrer sur les sensations de son corps, en raison de l'état d'hyperexcitation dû aux tremblements, à l'arc-boutement du corps, à la panique et aux cris qui devinrent insupportables. Au départ, elle fût encouragée à faire confiance à son corps en l'autorisant à bouger sans chercher à le contrôler, tout en restant capable de s'arrêter si cela devenait insupportable. S'exposer à un événement traumatique peut être intense et le client doit en être informé. Dans ce cas précis, il lui a été demandé d'expérimenter la sensation de la pression du coussin sur son estomac pour simuler la sensation des jambes gardant son corps immobile. Jo consentit et fut encouragée à tenir le coussin entre ses mains et à le repousser à chaque fois que l'expérience devenait trop insupportable. Cela lui permit de garder le contrôle. Tout d'abord son dos commença à s'arquer et à trembler quand le coussin fut pressé sur son estomac et elle le repoussa immédiatement. Elle fut amenée à revivre l'évènement lentement et à être consciente de ses sensations dans l'estomac. A chaque régression elle parvenait à prolonger le temps avant qu'elle ne repousse le coussin.

Jo demanda au thérapeute de travailler sur sa gorge et ses difficultés de respiration. Le thérapeute lui demanda de respirer lentement et profondément quand le coussin fut pressé sur son estomac. Elle commença tout d'abord à s'étouffer quand elle repoussa le coussin. A l'aide d'encouragements et après plusieurs tentatives sa respiration devint plus calme et plus profonde. Jo indiqua qu'elle ressentait toujours une tension dans sa gorge et elle fut invitée lors de prochaines régressions à porter son attention sur ses sensations. Finalement tout en faisant l'expérience de la pression du coussin sur elle, elle réussit à respirer régulièrement.

Après 40 minutes de libération et de transformation des mémoires corporelles figées, Jo était épuisée mais put savourer ses nouvelles sensations corporelles. Elle dit avoir été apaisée et être davantage connectée à son corps.

Trois séances de thérapie supplémentaires furent nécessaires avec un travail similaire portant sur l'estomac, ses claquements de dents et ses tremblements de jambes. Le niveau d'intensité diminua au cours des séances mais subsistait encore une mémoire résiduelle corporelle. Jo précisa qu'elle dormait mieux e qu'elle était moins sujette à des réminiscences et des spasmes.

A la cinquième séance, Jo émit le souhait que la séance soit dédiée à une relation amoureuse à laquelle elle ne pouvait arrêter de penser. Celle-ci avait cessé à peu près au même moment que l'accident des arts martiaux. Avec tristesse et nostalgie dans son cœur, elle régressa dans une vie antérieure d'un homme à l'époque médiévale. Jo ressentit une sensation d'écrasement dans la poitrine et le bas du corps. Elle prit alors conscience d'être au fond d'un puits sombre et sec tandis que des corps étaient jetées un à un et s'entassaient sur elle. L'homme médiéval mourut rapidement et au moment où il quitta son corps la respiration de Jo devint plus aisée et son corps put se relaxer.

Sa vie antérieure fut explorée. L'homme était marié à une séduisante jeune femme brune et bien qu'ils n'avaient pas d'enfants, il y avait entre eux de la joie et de l'amour. Des envahisseurs étaient venus d'une autre région et bien qu'il ne soit qu'un fermier, on lui demanda de rejoindre l'armée des défenseurs. Seulement dotés d'armes de défense en bois, les envahisseurs prirent facilement le dessus et il se retrouva rapidement débordé et fut fait prisonnier. Tenu par deux soldats, il fut jeté en arrière dans le puits.

Après la mort de cette vie antérieure, le thérapeute demanda à l'homme médiéval de rencontrer l'esprit de sa femme et il découvrit qu'elle était triste de l'avoir perdu. Il mit dans les mains de Jo un coussin utilisé comme support pour l'enserrer entre ses bras et elle se remémora l'amour profond qu'ils avaient ressenti l'un pour l'autre. A l'homme médiéval il fut demandé de revivre la mort dans le puits et de changer cette expérience de quelque façon que son corps le désire. Souhaitant rester avec sa femme, Jo fut encouragée à conserver le coussin en souvenir de l'amour qu'ils se portaient l'un à l'autre. Il fut ensuite demandé à l'homme médiéval d'aller au moment où les premiers corps s'abattaient sur lui au fond du puits. Quand la pression s'appliqua sur son estomac, elle put continuer à tenir le coussin. C'était la première fois que Jo réussissait à sentir un poids sur son estomac sans que cela génère une réaction. Un balayage énergétique effectué tout au long de son corps confirma que toute tension avait disparu.

A la suite de ces séances Jo indiqua que ses rythmes de sommeil étaient maintenant redevenus normaux, sans crises d'anxiété. Elle n'eut plus besoin de contraindre son corps et celui-ci fut ressenti comme formant un tout. La souffrance ressentie au fond du puits et l'accident traumatique d'art martial ne faisaient plus qu'un. La libération des mémoires corporelles de ces deux événements résonnent aujourd'hui dans la vie actuelle de Jo. Pour reprendre ses propres mots « *J'étais un légume auparavant et maintenant j'ai une deuxième vie et je vis pleinement chaque instant* ».

La libération d'une quantité importante d'énergie, comme c'était le cas pour Jo, demande un soin particulier pour permettre la transformation de cette énergie restée bloquée, tout en gardant le contrôle du processus. Cela doit être fait en tenant compte de la sensibilité du client et son consentement. Les techniques d'exploration et de transformation des mémoires corporelles restées figées dans la vie actuelle sont les mêmes que celles se rapportant aux vies antérieures, toutefois le niveau d'intensité de l'énergie est plus important et cela nécessite plus de séances de régression.

Psychodrame

Parfois une thérapie corporelle ne parvient pas à libérer totalement l'énergie émotionnelle enfouie. Le psychodrame est une technique qui permet de réactualiser un événement traumatique en le dramatisant pour permettre sa transformation. Prenons l'exemple d'un esclave dans une vie antérieure qui a été battu sans avoir pu se défendre. Après avoir collecté le récit de la vie antérieure, le client est ramené juste au début de la scène traumatique où il est battu et réactualise cette scène dans son contexte : « Il (l'agresseur) tient le bâton ... je vais compter jusqu'à trois, et à trois le bâton va s'abattre sur vous ... Un....Laissez votre corps montrer ce qui se passe ... Remarquez que votre poing se ferme ... Souvenez-vous de ce que vous auriez voulu faire et que vous n'avez pas pu faire ... Deux ... et à trois, rappelez-vous ce qui arrive à votre corps ... Trois ... ».

La respiration et le son de la voix sont d'autres façons d'amplifier les émotions[7] restés figées. Si un personnage de la vie antérieure est en colère et dit : « Je veux le frapper », le thérapeute peut se mettre au diapason et l'encourager à le dire plusieurs fois. S'il est en colère, le thérapeute peut mimer la colère, par une sorte de mise en miroir et crier également. Cela dramatise l'instant et intensifie les émotions. Une personne apeurée a le souffle court. Si le thérapeute adopte une respiration courte et hachée, le client adoptera naturellement le même rythme de respiration. Si le personnage de la vie antérieure dit qu'il est triste et que ses émotions apparaissent comme figées, le thérapeute peut lui dire : « essayez de prendre une ample respiration et soyez conscient de ce qui se passe si vous émettez une plainte de tristesse ».

Dissociation et fragmentation dans les traumas profonds

La dissociation corps-esprit est un mécanisme de défense qui permet de surmonter un évènement traumatique en évitant la souffrance physique. Comme si elle se dégageait de l'étreinte du corps, la conscience semble le quitter, et le client a l'impression de visualiser la scène à distance sans ressentir d'émotion ou d'être comme dans un rêve. Dans son livre, *The Process of Healing*, Alice Givens[8] raconte comment des clients arrivent à s'auto-hypnotiser pour éviter le traumatisme avec des pensées telles que « je ne veux pas ressentir cela » ou « ça n'arrive pas vraiment ».

Ce mécanisme va encore plus loin dans le cas des terreurs ou peurs extrêmes. Il y a un siècle, Herman[9] a décrit dans ses travaux sur l'hystérie comment les clients perdaient la capacité d'intégrer la mémoire des évènements traumatiques. En utilisant des techniques rigoureuses d'investigation, il a montré que la mémoire d'évènements traumatiques était comme bloquée dans un état anormal et mise à l'écart de la conscience. Freud a appelé fixation le trauma non résolu et, Fairbairn qui est un des contributeurs à la théorie psychodynamique moderne, l'a appelé la *fragmentation*.[10] Celle-ci se déclenche lors de situation à très forte charge émotionnelle comme des scènes de bataille avec des blessures ou des amputations, des atrocités ou des tortures. Les tortures répétées lors d'interrogatoires ou les maltraitances répétées d'enfant causent des fragmentations multiples. Si le fragment de cette mémoire parvient ultérieurement à la conscience, une partie de l'émotion et des symptômes physiques liés à l'évènement seront réactivés. Les survivants à des bombardements, qui ont connu des peurs intenses, éprouvent par la suite des flash-backs. Un simple bruit peut déclencher un tremblement ou une peur intense. Ce fragment ne porte pas une histoire cohérente, juste quelques pensées et émotions ainsi que des mémoires corporelles. S'il n'est pas résolu au moment de la mort, ce fragment est gardé en mémoire dans le corps subtil.

Le cas d'une cliente que j'appellerai Rose va illustrer ce propos. Rose était une mère de famille, d'une quarantaine d'années, dont le problème majeur, exprimé en public lors d'un atelier, était qu'elle n'avait pas d'attirance sexuelle pour son mari. Elle se bloquait à chaque pénétration. Pendant des années, elle s'était en quelque sorte infligée cela à elle-même et depuis quelques temps, elle fumait et buvait pour étouffer ses propres émotions. Des années de thérapies conventionnelles ne l'avaient délivrée de cette affection. Rose n'avait que peu de souvenir de son enfance. Pourtant, six mois plus tôt, elle avait eu une infection pelvienne qui avait déclenché une réminiscence fragmentaire de l'abus sexuel qu'elle avait subi de son père, à peu près au moment où elle était devenue asthmatique. Elle a eu le courage de partager ces problèmes très douloureux avec l'assemblée de thérapeutes présents à la formation :

> Rose fit une régression dans sa vie actuelle, à l'âge de onze ans, dans une scène où regardant partir son père par la fenêtre, elle pensait : « *tout cela est de ma faute* ». Elle avait trouvé un enregistrement d'une discussion entre son père et sa maitresse, et, sans en comprendre vraiment le sens, l'avait remis à sa mère. Après une dispute entre ses parents, son père quitta la maison familiale. Alors que Rose répétait ces mots : « *tout cela est de ma faute* », elle commença à sangloter doucement et fut encouragée à prendre une posture corporelle pour revivre la scène. Le bas du corps de Rose sembla se raidir alors qu'elle ressentait un engourdissement et une pression. Il lui vint des images de ses jambes coincées sous des roches et, alors que son corps revivait ses efforts pour se dégager, elle laissa échapper un gémissement de désespoir qui ouvrit sur une libération cathartique. Sentant intuitivement qu'il s'agissait d'un fragment de vie antérieure, le thérapeute lui rappela que son corps était sans vie et qu'elle pouvait l'abandonner.

Le thérapeute demanda à Rose de parcourir les évènements importants de cette vie. Tout ce qu'elle se souvint était qu'elle était un soldat sur un champ de bataille qui se retrouva pris sous les décombres d'un bâtiment. Elle fût ramenée à la scène où le soldat commença à ressentir la pression des décombres sur ses jambes. Pour simuler la scène, le thérapeute plaça un coussin sur les jambes de Rose et le soldat fut encouragé à se dégager des décombres à l'aide de l'énergie d'un animal shamanique, un ours, dans ce cas. Rose commença à tousser et à s'efforcer de respirer. Sa mémoire émergea plus complètement, le soldat s'emplissait les poumons de la poussière de l'éboulement. Rose fût conduite à nouveau à revivre l'expérience de la mort du soldat, ce qui compléta la catharsis. Son corps se relaxa et sa respiration redevint normale. Le soldat pût passer en revue les événements de cette vie. Il avait été envoyé comme éclaireur pendant la deuxième guerre mondiale et, pris par la peur, il avait donné de mauvaises informations à ses chefs, ce qui avait conduit au massacre de beaucoup des siens. Il se souvint du pilonnage de l'artillerie et des corbeaux dévorant les cadavres. Il avait été la cause de ce massacre. Le thérapeute observa que la transmission d'information conduisant au désastre était un thème également connu dans les mémoires d'enfance de Rose.

Le thérapeute demanda au soldat de se placer au moment où il ressentit les gravas immobiliser ses jambes. Il fut invité à repousser les gravas en pressant fermement un coussin tenu sur les jambes de Rose et la partie inférieure de son corps. Quand les gravas furent écartés, Rose fut invitée à observer ses sensations corporelles. Elle étendit ses jambes et prit conscience de sa respiration plus aisée. Elle fut ensuite invitée à bouger les jambes et étendue sur le dos à battre des pieds. Alors que ses jambes remuaient, elle se relaxait de plus en plus et dit, tandis qu'elle courait, comme elle se sentait bien dans son corps.

Le thérapeute demanda à la « petite Rose » si elle avait eu envie de s'enfuir aussi. Rose commença à sangloter et ses jambes arrêtèrent de bouger alors que lui revint en mémoire la sensation d'être écrasée par le poids de son père. La « petite Rose » se vit quitter son corps et regarder la scène à distance tandis que son père abusait d'elle. Un coussin fut fermement appuyé sur le bas du corps de Rose et la petite Rose encouragée à le repousser. Tandis qu'elle luttait contre la résistance du coussin, des larmes jaillirent dans ses yeux et elle se mit à sangloter et eut quelques difficultés à respirer. Elle se souvint du poids de son père tandis qu'il l'étouffait et de sa difficulté à respirer. Au début elle n'avait pas assez de forces pour repousser le coussin mais fut encouragée à faire venir la force du soldat de sa vie antérieure repoussant la roche. Quand Rose réussit à repousser son père et se libéra de la pression qui pesait sur elle, elle ressentit l'énergie qui circulait à nouveau dans ses bras et sa poitrine. Le thérapeute lui demanda ce que ses jambes voudraient faire et l'invita à les laisser agir, ce que fit Rose en agitant vivement les pieds. Tandis qu'elle ressentait de nouveau vivre le bas de son corps, elle se retrouva jetée dans la confusion en se rappelant le plaisir sexuel ressenti à l'époque. Le thérapeute lui rappela que tous les organes génitaux répondent de cette façon et lui souffla cette pensée. « *Je ne vous en veux pas d'avoir ressenti du plaisir mes organes, ce que vous avez ressenti était normal et naturel* ». Alors qu'elle intégrait ce fragment de mémoire, le visage de Rose se détendit.

La petite Rose se rappela son père lui disant que la police viendrait la chercher si elle racontait cela à sa mère.

Le thérapeute lui permit de visualiser sa mère et prononcer les mots qu'elle avait voulu prononcer à l'époque. Des larmes jaillirent dans ses yeux tandis qu'elle disait à sa mère ce que son père lui avait fait. Ensuite le thérapeute effectua un nouveau balayage énergétique de son corps pour vérifier qu'aucune tension ne subsistait et elle indiqua que ses jambes étaient toujours tendues. Rose fut encouragée à agiter ses jambes de nouveau tout en respirant profondément. Un sourire illumina son visage quand elle dit qu'elle prenait maintenant du plaisir à le faire.

Cette étude de cas démontre qu'il est possible en engageant le corps entier de résoudre de graves traumatismes de façon vraiment efficace. Pleinement encouragés, la libération physique et émotionnelle et l'intégration de fragments de mémoire peuvent être effectuées très rapidement. Dans le cas de mémoires d'enfance difficiles, les vies antérieures sont des moyens détournés de libérer les mémoires figées avant de traiter un traumatisme de la vie actuelle. Aussi douloureux que ce soit d'être un observateur, ce fut effectivement un grand soulagement pour Rose, comme chacun au cours de la formation put le constater à la façon dont elle parlait de cela après la séance et à sa façon d'être. Après la séance Rose put mettre un terme aux comportements autodestructeurs et décida d'arrêter de fumer et de boire de l'alcool. Elle constata qu'elle pouvait se connecter à ses émotions, bien que certaines soient toujours douloureuses et lors de séances complémentaires de thérapie par la régression, elle put libérer d'autres mémoires d'abus sexuels par son père, à l'âge de quatre ans. Après plusieurs séances de thérapie, sa vie sexuelle s'améliora et son asthme disparut.

Dans des cas plus complexes de multiples fragmentations, chaque fragment peut être associé à un évènement traumatique différent. Dans un tel cas, chaque fragment et mémoire traumatique y étant associé devra être identifié et traité individuellement. Une stratégie appropriée quand on gère des fragmentations d'une vie actuelle ou antérieure est de faire venir à la conscience du client la mémoire de cette fragmentation et ensuite de l'intégrer dans l'ensemble des transformations.

RÉSUMÉ

Le travail avec les mémoires corporelles permet des guérisons étonnantes de complexes chroniques. Cependant, compte-tenu de la très grande quantité d'énergie libérée, il est nécessaire de faire preuve d'une grande délicatesse et d'obtenir le consentement plein et entier du client. Comme l'a montré l'étude de cas de Joe et de son stress post-traumatique, il faut parfois plusieurs séances pour libérer et transformer l'énergie restée figée dans le corps. Le thérapeute se doit de suivre le flux d'énergie là où il se dirige. Quelquefois une vie antérieure est le point d'entrée pour un traumatisme infantile. Il est trop douloureux de traiter celui-ci directement, sans avoir auparavant déchargé une partie de l'énergie, comme l'étude de cas de Rose l'a montré. Souvent, des expériences de la vie courante sont des voies d'accès direct à l'origine d'un complexe situé dans une vie antérieure. La libération et la transformation de mémoires corporelles figées est la première priorité en permettant au client de revenir au moment traumatique et de le réaliser d'une façon différente. Cette étude de cas illustre comment en permettant à des parties du corps de vivre les choses autrement à l'aide d'un soutien et ce de façon créative peut transformer les mémoires corporelles.

    Une dissociation ou une fragmentation peuvent se produire dans le cas de violences. Le client doit être bien associé à l'expérience de son corps au moment où l'évènement se produit. En encourageant les mouvements du corps, le thérapeute aide son client à se centrer sur son corps. La focalisation porte sur *montrez-moi* plutôt que *dites-moi*. Chaque fragment de mémoire corporelle doit être intégré dans le corps entier en amenant la conscience dans cette zone.

GUÉRIR L'ÂME ÉTERNELLE

9

LES ÉNERGIES INTRUSIVES

La nature de toute chose est illusoire et éphémère.
Comme ils sont pitoyables ceux qui se cramponnent à la réalité concrète.
Mes amis, tournez votre attention au cœur de vous-mêmes.

Nyoshul Khenpo

Dans les chapitres précédents, j'ai montré comment les âmes se divisent énergétiquement avant de s'incarner et comment la partie incarnée de l'âme peut rester fixée au plan terrestre. Après la mort, cette partie de l'âme retournera dans le plan spirituel pour être réintégrée avec l'âme restée sur ce plan.

LE CONTEXTE

Est-il possible que la partie de l'âme qui s'est incarnée fasse intrusion dans une tierce personne ? Le corps subtil est censé nous protéger contre des énergies étrangères à la nôtre. Mais quand notre niveau de protection s'est amoindri, il est possible que de l'énergie s'accumule dans notre vie sous forme de pensées ou d'émotions négatives. William Baldwin, auteur du livre *Spirit Releasement Therapy*[1] et Louise Ireland-Frey auteur de *Freeing the Captives*[2] font partie des pionniers qui ont le plus œuvré sur la question des esprits intrusifs. Ils ont affirmé qu'au moment de la mort, l'âme qui n'a pas pu suivre un chemin normal vers le plan spirituel conserve des mémoires traumatiques non résolues. L'âme est alors attirée par des personnes vivantes qui ont une problématique similaire et qui exercent de ce fait une sorte de résonance psychique. Par exemple, il peut s'agir d'un désir de violence, d'une souffrance ou d'une addiction à l'alcool ou à des drogues ; mais aussi des émotions telles que la colère, la dépression ou la culpabilité. Quelquefois, elle désire seulement de la compagnie et se sent attirée par la compassion de son hôte. Elle s'attache au champ d'énergie d'une personne qui a été affaiblie par des évènements tels que des traumatismes, des accidents, des opérations ou un abus d'alcool ou de drogue. L'exemple suivant est tiré du livre de William Baldwin *Spirit Releasement Therapy*:

> Gerry était dans la quarantaine alors qu'il travaillait comme pompier aux Etats-Unis. Il fût le premier pompier à arriver sur le quai au moment où on sortait une victime d'un lac dans lequel elle s'était noyée. Il lui pratiqua le bouche à bouche mais il se mit en colère en constatant que ses efforts restaient vains. Ensuite Gerry se comporta différemment de ce qu'il avait l'habitude de faire en pareilles circonstances. Il marcha en direction de l'hôpital où le corps inanimé avait été emporté et essaya de franchir les portes de la salle d'examen aux urgences où reposait le corps. Il ressentit une grande compassion en restant auprès de lui. Ce qui s'était passé n'est devenu clair que lorsque l'âme du noyé, qui avait fait intrusion, fut libérée. Ses forts sentiments négatifs de colère avaient ouvert une faille dans sa bulle de protection.

La question des esprits intrusifs reste controversée. Michael Newton a affirmé n'avoir jamais constaté, pendant les 30 années de recherche qu'il a consacrées à la régression spirituelle, le moindre esprit intrusif chez aucun de ses clients. Ses clients ont mentionné l'existence d'une abondance d'énergie négative, émanant d'émotions intenses telles que la colère, la haine ou la peur d'autres personnes, qui auraient été attirées par d'autres personnes nourrissant des pensées négatives. Dolores Cannon dans son livre *Between Death and Life*[3] cite des déclarations de clients indiquant que les esprits intrusifs n'interviendraient que dans les cas où il existe une faille dans le champ d'énergie de la personne ayant subi l'intrusion.

Deux pionniers de la thérapie par la régression, Hans TenDam and Roger Woolger, ont travaillé sur les esprits intrusifs. Alan Sanderson, un psychiatre anglais, maintenant retraité et fondateur de la *Spirit Release Foundation*[4] défend le point de vue selon lequel beaucoup de problèmes de santé mentale sont liés à des esprits intrusifs. D'autres thérapeutes par la régression suivent l'opinion de Michael Newton ou vont plus loin en suggérant que ce dont nous parlons serait l'effet de sous-personnalités résultant de traumatismes non résolus et qui s'expriment par des fantasmes saisissants.

J'ai constaté que des clients vivent des expériences intérieures qui semblent être des esprits intrusifs qu'ils ont attirés ou certaines formes particulièrement convaincantes de pensées négatives. Je les appellerai collectivement énergies intrusives. De cette façon, la méthode de nettoyage devient rapide et beaucoup de comportements et de symptômes émotionnels non-désirés sont réduits ou même disparaissent. On peut rencontrer les énergies intrusives avant ou pendant la thérapie par régression et cela fait partie intégrante de la thérapie. Ce chapitre ne se veut pas exhaustif mais juste suffisant d'un point de vue pratique pour la plupart des formes d'énergies intrusives rencontrées habituellement. Pour ceux qui souhaiteraient approfondir cette question, je recommande les livres de William Baldwin ou de

Louise Ireland-Frey que j'ai cité précédemment et dont j'ai utilisé de façon sélective les techniques ou adapté celles-ci.

DÉTECTION

Ceux qui connaissent la kinésiologie peuvent utiliser la technique de test musculaire. Le principe est que les muscles se relâchent en présence de quelque chose qui provoque une tension sur le système énergétique. On peut appliquer sur un muscle, tel qu'un avant-bras, une pression modérée et demander au client de résister à la pression. Il suffit de prononcer les mots prévus pour ce test et la personne baissera le bras dès que son système énergétique se retrouvera dans un état de tension.

Ceux par contre qui ne seraient pas familiers avec la kinésiologie peuvent utiliser le balayage énergétique, dont nous avons parlé dans les chapitres précédents. Cependant, notre intention à ce stade est de détecter toute forme d'énergie qui pourrait ne pas appartenir au client :

> **Je vais procéder à un balayage pour détecter toute forme d'énergie qui pourrait ne pas vous appartenir. Fermez les yeux et concentrez-vous sur vos sensations corporelles tandis que ma main se déplace lentement, des pieds à la tête, à quelques centimètres au-dessus de votre corps et sans vous toucher. Dites-moi les parties du corps qui vous semblent plus légères ou plus lourdes ou différentes de quelque façon que ce soit.**

Tandis que le balayage est effectué, le client peut être encouragé à se concentrer sur les différentes parties du corps :

> **Je commence le balayage énergétique au niveau des pieds ... des jambes ... des genoux ...** (et autres parties du corps)

Les énergies intrusives

Le balayage peut être répété deux ou trois fois, dès lors que chacun d'entre eux augmente la sensibilité du thérapeute et du client. On peut aussi utiliser la technique des signaux idéomoteurs en lien avec l'esprit supérieur du client. Pendant un balayage énergétique ou une trance légère, les étapes suivantes peuvent être utilisées :

Je voudrais communiquer avec votre esprit supérieur (votre inconscient) **par l'intermédiaire de vos doigts. Laissez-seulement votre mental conscient se tenir à l'écart.**

Je demande à votre esprit supérieur de lever un doigt de la main gauche (ou droite) **pour signifier un OUI.** Attendez qu'un doigt se soulève. **Merci**

J'aimerais que votre esprit supérieur lève un autre doigt de la main gauche (ou droite) **pour signifier NON.** Attendez qu'un doigt se soulève. **Merci**

Il se peut que le client mette un certain temps à réagir et les mouvements du doigt peuvent être très légers. Dans le cas contraire, cela peut indiquer que l'esprit conscient est toujours présent, ce qui nécessiterait d'amener le client à une trance plus profonde.

La présence et le nombre d'énergies intrusives peuvent être détectés grâce aux signes idéomoteurs qui indiquent la réponse. Plutôt que d'alarmer le client, je préfère faire référence à de *l'énergie n'appartenant pas au client* plutôt que de parler d'énergie intrusive. Vous pouvez poser les questions suivantes en vous adressant à l'esprit supérieur, et attendre la réponse:

Y a-t-il dans votre corps une énergie qui ne vous appartient pas ?

Y-a-t-il 2 énergies ou plus ? Ceci peut être répété pour 3 ou plus etc...

En fonction des réponses obtenues, il est possible d'identifier la présence et le nombre d'énergies intrusives qui doivent être traitées. Les thérapeutes qui n'auraient pas d'expérience en ce domaine sont invités à utiliser les deux techniques pour être sûrs qu'ils ont bien identifié l'énergie intrusive. Cela est utile parce qu'occasionnellement un esprit intrusif peut perturber le mouvement des doigts du client, ceux-ci donnant de ce fait une fausse réponse.

LIBÉRATION DES ESPRITS INTRUSIFS

Une fois l'énergie intrusive détectée, on l'encourage à s'exprimer par l'intermédiaire du client, ainsi que je vais l'illustrer avec le cas d'une cliente que j'appellerai Lena. En écoutant le récit de sa vie, il était difficile de ne pas être désolé pour elle. Tout d'abord, sa mère l'abandonne à la naissance. Elle est élevée par sa grand-mère qui décède quand elle a six ans. A seize ans son petit ami l'abandonne alors qu'elle tombe enceinte, ce qui l'a conduit à avorter. Ensuite vers ses vingt ans, le petit ami, qu'elle a longtemps gardé, la laisse tomber. Elle traverse des phases de dépression et commet deux tentatives de suicide. Au moment de la séance, elle est danseuse professionnelle :

> Pendant le balayage énergétique, Lena ressent une lourdeur dans une zone autour de ses jambes. Cette

énergie ne semblant pas lui appartenir, la présence d'une énergie intrusive est confirmée par un test idéomoteur. Léna est invitée à laisser cette énergie parler et à partager les pensées qui lui viennent spontanément à l'esprit. Soudain, elle dit : « Victoria ». Le dialogue qui s'ensuit fait apparaitre que Victoria est une fille de sept ans, elle porte une robe rouge avec des rubans blancs. Alors qu'elle était sur son cheval à bascule, son frère l'a poussée, dans sa chute, elle s'est cognée la tête et en est morte. Victoria était en colère que personne ne l'ait remarqué. Victoria a été attirée par Léna un jour où celle-ci était très déprimée et pleurait dans sa chambre. Victoria, qui avait toujours voulu être une danseuse, a expliqué qu'elle pouvait satisfaire ce désir quand Léna dansait. Dans un premier temps, Léna refusa de laisser partir Victoria qui était comme la petite fille qu'elle aurait eue si elle n'avait pas avorté. En la questionnant davantage, Victoria se dit être prête à quitter Lena à condition de rejoindre l'âme d'une gardienne d'enfant aimante. Une fois Victoria partie, Lena dit qu'elle se sentait plus légère. Elle expliqua aussi que pendant les quelques mois qui ont suivi sa dépression, elle a souvent senti la présence de quelqu'un en elle. La disparition du blocage énergétique de Léna a été confirmée par un nouveau balayage énergétique et par un test idéomoteur. La suite de la séance a été consacrée aux problèmes de la vie courante de Léna.

Victoria présentait toutes les caractéristiques d'un esprit resté attaché au plan terrestre et qui s'était fixé sur Léna au moment où, pendant sa dépression, son champ d'énergie avait perdu de sa vitalité. C'est avec la plus grande compassion que le thérapeute a aidé l'esprit de Victoria à rejoindre le plan spirituel.

Il arrive que le lien entre l'esprit intrusif soit assez distant et que celui-ci soit prêt à « retourner à la maison » avec la seule aide du guide spirituel. Un contrôle peut alors être effectué à l'aide des signaux idéomoteurs.

Est-ce que ces énergies peuvent être libérées sans dialoguer avec elles ?

Si la communication avec les énergies intrusives s'avère nécessaire je commence habituellement par la plus puissante. Elle peut être identifiée pendant le balayage énergétique ou avec les signaux idéomoteurs. Ensuite, le contact est établi de la façon suivante :

Laissez votre mental conscient se retirer tranquillement en arrière-plan. Je vous demande d'autoriser l'énergie qui est dans votre poitrine (vos jambes, ...) à prendre possession de votre larynx et de bien vouloir me parler.

Bonjour, je m'appelle ... (nom du thérapeute) **comment t'appelles-tu ?**

Une voix douce est moins menaçante, et quelquefois il faut un peu de persévérance pour obtenir une réponse et un nom. Une fois obtenu, on obtient assez aisément et rapidement d'autres informations sur cet esprit intrusif. La plupart paraissent contents de converser. D'autres informations telles que le sexe et l'âge peuvent être collectées bien que l'intérêt de ce dialogue est d'affaiblir la connexion entre l'esprit intrusif et le client. Certains ne réalisent pas qu'ils sont morts ou dans un autre corps. Un esprit de sexe mâle fut surpris de constater qu'il habitait le corps d'une jeune fille avec de la poitrine. Les questions à poser sont par exemple :

Est-ce que tu réalises que tu es mort ?
Est-ce que tu réalises que tu n'es pas dans ton corps ?

Les détails historiques et biographiques sont moins importants que la problématique essentielle à traiter pour permettre la libération de cette énergie vers la lumière ; par exemple, en la réunissant à une personne aimée lors de sa propre vie ou à une gardienne pour un bébé. Certaines énergies demandent seulement à être en sécurité, d'autres justes de pouvoir fumer un cigare. Il faut assurer à l'esprit intrusif qu'il pourra faire ce qu'il voudra une fois qu'il sera dans la lumière.

Lorsque tu es mort, qu'est-ce qui t'a empêché d'aller vers la lumière ?

Est-ce que quelqu'un a compté pour toi ? Aimerais-tu retrouver cette personne ?

Que faudrait-il pour que tu ailles vers la lumière ?

Il est important de comprendre ce qui s'est passé dans la vie du client lors de cette intrusion. Un traumatisme ou une forte émotion a pu constituer comme une sorte « d'hameçon » qui a permis d'accrocher cette entité. Cette émotion ou ce traumatisme devra alors être traité lors d'une prochaine thérapie par régression.

Qu'est-ce qui t'a attiré dans ce corps ?

Que se passait-il dans la vie ... (du client) **quand tu as fait intrusion ?**

Avant la libération de l'esprit intrusif, il est utile de comprendre l'impact qu'il a eu sur le client, par exemple une baisse d'énergie, des pensées ou des émotions particulières ou des changements de comportement.

Quelles pensées as-tu amené au client ?

Quand l'esprit intrusif est prêt à partir, on peut demander au client de le repousser avec les mains, cela contribue à le renforcer dans cette démarche. Les clients font souvent part de sensations de picotement, de légèreté ou de quelque chose qui les quitte. L'un d'entre eux me dit : « quelque chose s'est levé et est parti ». Pour les énergies intrusives restantes, on peut vérifier avec un signal idéomoteur si un dialogue est nécessaire ou si un guide spirituel peut les emmener directement.

Nettoyage des énergies intrusives négatives

Nous avons tous un dialogue intérieur, mais ce qui peut indiquer qu'il s'agit d'énergies intrusives, c'est quand ces voix s'expriment de façon autonome. Le cas d'un client que j'appellerai Joe, un nigérien vivant et travaillant en Allemagne, est illustratif. Depuis deux ans, il entendait des voix dans sa tête, lui ordonnant de faire du mal à des gens. Tentant de résister à ces injonctions, il était de plus en plus tourmenté, et quand ces voix parlaient, il ressentait une colère intense. Sa femme qui avait pris peur, l'avait quitté et, au moment de la séance, il avait un très mauvais moral et était épuisé. Joe avait fait appel à un médecin puis à un psychiatre qui lui avait prescrit des médicaments psychotropes. Les médicaments n'apportèrent aucun soulagement et Joe se sentait de plus en plus isolé :

La technique habituelle consistant à parler à l'énergie intrusive par l'intermédiaire du client s'avéra impossible. D'abord à cause de la barrière de la langue, compte tenu du faible niveau d'anglais de Joe, ensuite parce qu'il était très anxieux et voulait continuer à parler de la façon dont il était affecté par cette énergie. Il se calma après une simple technique de relaxation, ce qui permit de balayer son champ énergétique. L'énergie intrusive se révéla puissante, Joe voulait qu'elle parte, mais pensait qu'elle ne serait pas consentante. Alors que son anxiété réapparaissait au fur et à mesure qu'il devenait plus conscient de cette énergie, le thérapeute s'exprima haut et fort : « *Je demande aux Esprits de Lumière de libérer cette énergie* ». Joe se sentit plus en sécurité comprenant que ces Esprits étaient mis à contribution pour libérer cette énergie. Le thérapeute lui demande alors de visualiser ce qui va advenir. Il dit : « *elle est enveloppée de lumière et se retire* ». L'esprit supérieur de Joe confirma le départ de l'énergie intrusive et l'absence d'autres énergies intrusives. Le thérapeute prodigua un soin énergétique pour son corps subtil, et Joe devint incroyablement calme à la fin de la séance. Il dit qu'il a ressenti comme si une énorme pierre avait été retirée de sa poitrine.

Etant donné le faible niveau d'anglais et la forte agitation de Joe, il n'a pas été possible d'engager un dialogue avec l'énergie intrusive. Même sans ces difficultés de langage, il est souvent difficile de travailler avec ce type d'énergie intrusive. Hans Ten Dam les appelle les « obsesseurs ». Que cette technique soit décrite comme une visualisation créative ou la libération d'un esprit intrusif à influence négative est sans importance eu égard au fait que les voix et émotions négatives que Joe entendait et ressentait cessèrent au moment même où il se redressa après la séance. Lors d'un appel de suivi de séance un mois après, il annonça qu'il était désormais tout à fait en paix avec lui-même et s'efforçait activement de remettre son mariage sur pied.

Un client peut avoir un bas niveau d'énergie ou changer de comportement à la suite de traumatismes, d'un décès, d'une fausse couche ou d'une opération. Un autre indice est quand un client dit « c'est comme si une autre partie de moi s'exprimait ». Des énergies intrusives peuvent se manifester en plein milieu d'une thérapie par une sensation qui semble se déplacer durant la séance, par exemple de l'épaule à la tête et ensuite dans le dos.

Parfois des esprits intrusifs à l'influence négative peuvent être réticents à aller vers la lumière ou continuent à entretenir un dialogue avec le thérapeute. On peut envoyer vers eux de l'énergie d'amour. Ils disent souvent que la lumière grandit ainsi que son éclat jusqu'à ce qu'ils soient transformés et soient ensuite prêts à partir vers la lumière.

Je vais t'envoyer de l'amour dans le centre de ton être. Dis-moi ce que tu ressens.

Il n'y a pas de démarche à suivre bien définie pour ces séances et il faut faire appel à son intuition et à sa créativité. L'objectif est atteint quand l'énergie intrusive est libérée et va vers la lumière.

Le cas de Joe illustre la difficulté qu'il y a à obtenir des réponses de la part d'énergies puissantes. Parfois l'action se résume à des signaux idéomoteurs avec l'aide des esprits de lumière spécialisés dans les âmes perdues. Michael Newton les appelle les « *Rédempteurs des âmes perdues* » [5]. Ils aident les âmes perdues à quitter le plan terrestre pour aller au plan spirituel. Personnellement, je demande toujours l'assistance d'un guide spirituel pour une libération d'âme. Je m'assure de cette façon que l'énergie intrusive ne revienne pas.

Je demande à un esprit de lumière de venir emporter cette énergie vers la lumière.

Je remercie Di Griffiths[6] un thérapeute par la régression, formateur et spécialisé dans les énergies intrusives, d'avoir fourni l'étude de cas de Joe.

Il arrive que l'énergie intrusive apparaisse sous forme de pensée négative.

Est-ce que tu as déjà eu un corps humain ?

Si la réponse à la question est "non", le dialogue avec l'énergie négative peut tout de même se poursuivre. La situation est comparable à celles des parties utilisées en hypnothérapie. Si l'énergie négative est amenée à revenir au moment où elle a fait intrusion pour la première fois dans le corps du client, cette façon de procéder s'accompagne d'une description des émotions et problèmes du client à cette même époque. Je préfère utiliser la thérapie par la régression quand je traite de ces questions.

Allez au moment où ... (l'entité) **a fait intrusion et dites-moi ce qui se passe.**

Le sort est une forme particulière d'énergie négative. Créé par une pensée intense et concentrée, la plus grande partie de son effet est alimentée par la peur du client. Comme il existe un lien énergétique entre la personne qui demande à ce qu'un sort soit jeté, le jeteur de sort et celle ou celui qui en est victime, on peut établir entre eux un dialogue comme on le fait au plan spirituel. Cela apporte au client une meilleure compréhension avec de nouvelles perspectives. Les guides spirituels peuvent être mis à contribution pour aider à la dissolution du lien énergétique.

Il est important de vérifier après-coup que les énergies intrusives aient bien été enlevées, soit par un balayage énergétique, soit en utilisant les signaux idéomoteurs.

Je demande à votre moi supérieur de me dire si toutes les énergies qui n'appartiennent pas à ... (nom du client) ont été libérées.

SOIN ÉNERGÉTIQUE ET ENTRETIEN DE FIN DE SÉANCE

A la fin d'une séance, le champ d'énergie du client doit être fortifié avec une nouvelle énergie en donnant le temps à celle-ci de s'intégrer. Un soin spirituel tel que le Reiki ou une canalisation d'énergie similaire peuvent être utilisés, suivis par un test idéomoteur pour vérifier que le soin a fonctionné :

Laissez votre esprit supérieur lever un doigt pour signifier « oui » quand votre énergie aura été régénérée.

De façon alternative, les clients peuvent être impliqués de manière interactive dans le processus de soin. La première étape est de formuler une intention consistant à apporter de l'énergie de l'univers en direction de n'importe quelle partie de leur champ énergétique qui nécessite un soin. La suivante est de demander au client de se visualiser, se tenant debout sous une douche de soin d'énergie revitalisante en la laissant couler le long de la tête, des épaules etc… et finalement tout le long du corps.

A la fin de la séance, le client voudra savoir ce qui s'est passé et aura besoin d'être rassuré. Les films d'horreur hollywoodiens et les exorcismes religieux ont influencé l'idée courante que se font les personnes des esprits intrusifs et certaines d'entre elles peuvent avoir peur. J'explique parfois qu'un voyageur indésirable ayant perdu son chemin leur a rendu visite et leur explique comment cette énergie a profité de l'affaiblissement de leur système de défense pour réussir à s'implanter chez eux. Cela est comparable à des parasites et bactéries qui assiègent le corps, invisibles à l'œil nu, mais qui doivent être traités quand ils commencent à poser problème. Parfois, je compare la thérapie à de la visualisation imaginative, à un dialogue entre différentes parties, qui est une forme de psychothérapie. En indiquant que les signaux idéomoteurs sont hors de contrôle du champ de conscience du client, cela leur permet de réaliser que quelque chose était présent au début qui s'est dissipé à la fin. Ce qui est somme toute le plus important reste le bénéfice thérapeutique qu'en retire le client.

RÉSUMÉ

La question des énergies intrusives est controversée et certains pensent qu'elle discrédite la profession des thérapeutes par la régression. Personnellement, je l'utilise avec succès avec la plupart de mes clients. On repère la présence des énergies intrusives lors de l'entretien préliminaire avec des blocages ou des sensations qui changent de place sans raison logique. On peut confirmer leur présence avec des balayages énergétiques ou des signaux idéomoteurs reliés à l'esprit supérieur. La première étape consiste à déterminer s'il faut oui ou non établir un dialogue avec l'énergie intrusive pour en libérer le client. Une fois le dialogue engagé, en cas de difficulté, il ne faut pas hésiter à faire preuve de persévérance.

D'importantes questions sont destinées à affaiblir l'emprise sur le client et à bien déterminer ce qu'il faut pour le déloger. Souvent des êtres aimés dans une vie passée ou des nounous quand il s'agit de bébés, suffisent. On peut solliciter l'aide d'un guide spirituel pour amener l'esprit intrusif vers la lumière, Avant son départ, demander au client ce qui se déroulait dans sa vie, au moment où l'intrusion s'est produite, permet d'identifier les traumatismes émotionnels ou les dénommés « *hameçons* », qui sont des portes d'entrée pour l'esprit intrusif, afin de les traiter lors de la thérapie par la régression.

Apporter une énergie renouvelée dans l'aura du client est bénéfique. Le client a besoin d'explications de ce qui lui arrive. Il faut privilégier des explications qui soient logiques et cohérentes pour lui, plutôt que d'imposer « une vérité ».

Après le départ des énergies intrusives, beaucoup de symptômes diminuent et souvent les blocages pour accéder à un état de transe ou à une vie antérieure disparaissent.

10

INTÉGRATION

*Quand l'esprit est en paix, le monde l'est également
Rien n'est réel, rien n'est absent
Ne pas s'attacher à la réalité, ne pas rester figé dans le vide.
Vous n'êtes ni un saint, ni un sage
Seulement une personne ordinaire qui accomplit sa mission*
Layman P'ang 8ème siècle Maître Zen chinois

La remémoration d'événements de cette vie actuelle ou d'une vie antérieure peut permettre à une personne de remonter à la source du problème. Les rencontres au plan spirituel apportent de nouveaux éclairages, et l'énergie qui était resté figée et qui se trouve être à l'origine des complexes, peut être libérée et transformée. Ensuite l'expérience doit être pleinement intégrée dans la vie actuelle du client pour compléter le processus de guérison.

INTÉGRATION D'UNE VIE ANTÉRIEURE

Identifier les schémas répétitifs, qui se perpétuent de la vie antérieure dans la vie actuelle, facilite le processus d'intégration de la séance de régression. Pour l'illustrer, je vais présenter l'étude de cas d'une cliente que j'appellerai Jenny. La tension était très perceptible sur son visage tandis qu'elle décrivait la raison pour laquelle elle était venue en thérapie : « *Ce n'est pas facile à exposer, mais il s'agit d'une question d'ordre physique qui se pose dans ma relation* ». Malgré plusieurs années de consultations auprès de spécialistes et autres thérapies, quelque chose n'allait toujours pas.

Jenny effectua une régression et se retrouva dans la vie antérieure d'une petite fille de 7 ans qui travaillait comme domestique dans une grande maison. Elle avait laissé tomber une figurine en porcelaine qu'elle tentait de dérober. Elle avait volé en éclats au contact du sol et elle essayait désespérément de recoller les morceaux. Jenny commença à s'étouffer et cria *"ma gorge, on est en train de m'étrangler"*. La petite fille fut rapidement conduite par le thérapeute au moment de sa mort. Sa dernière pensée fut « *J'essayais de toutes mes forces. Je n'étais pas assez bonne* ».

La petite fille fut invitée à récapituler les événements importants de cette existence. Ses parents l'avaient envoyé travailler dans cette grande maison sans qu'elle en connaisse la raison. A son arrivée, elle fut présentée au maître de maison et à sa famille et à ce moment-là elle remarqua que leur fils adolescent la dévisageait de la tête aux pieds avec un mauvais rictus sur son visage. Tous les employés de maison savaient qu'il avait mauvais caractère, elle essaya ainsi de l'éviter. Plus tard, elle déroba une figurine en porcelaine de valeur en la cachant sous sa robe. Malheureusement, le fils l'avait, à son passage, saisie par le bras et la figurine en porcelaine avait glissé par terre et s'était brisée en morceaux. Tandis qu'elle se baissait pour tenter de ramasser les morceaux, il se plaça derrière elle de telle sorte qu'elle pouvait entendre sa voix monotone et

Intégration

colérique. Il avait utilisé une attache en cuir qu'il portait sur lui pour l'étrangler.

Au plan spirituel, la petite fille rencontra les esprits de son père et de sa mère et grâce à cet échange elle comprit la raison pour laquelle ils l'avaient envoyé travailler dans cette grande maison. Disposant de peu d'argent et de nourriture, ils n'avaient pas le choix. Réalisant ceci, Jenny se décontracta tandis qu'elle prononçait les mots: *"je suis suffisamment bonne"*. Quand la petite fille rencontra l'esprit du garçon qui l'avait étranglée, elle voulut lui montrer que la figure en porcelaine n'était pas cassée. A l'aide d'un objet de substitution, elle eut des retrouvailles émouvantes avec lui et en lui représentant la figurine, elle lui dit: « *Elle n'est pas cassée. Prends soin d'elle* ». Ensuite, elle sourit et dit: « *Et ne tue plus personne pour cela !* ".

Lors d'un scan corporel, Jenny rapporta qu'elle ressentait toujours une tension d'un côté de la tête. Elle fut ramenée au point où la tension s'était manifestée la première fois, c'est-à-dire lorsqu'elle tenta de rassembler les pièces de la figurine brisée. Laissant aller son inspiration de façon intuitive, Jenny dit: « *Je n'ai pas besoin de chercher frénétiquement. Tout va bien si les morceaux restent là* ». Elle fut alors invitée à dire si elle pouvait retrouver dans sa vie actuelle une tendance de cette petite fille à vouloir recoller frénétiquement des morceaux ensemble. Des larmes jaillirent de ses yeux et le thérapeute lui tendit un mouchoir. « *J'essaie de recoller les aspects sexuels de ma vie avec celle de mon mari sans toutefois y parvenir* ». Elle fut amenée à dire comment la petite fille s'était délivrée de la forte pression dans sa tête. Jenny dit: « *En arrêtant de se faire du mal* ». Et soudain Jenny se mit à rire: « *Je n'ai plus besoin de me faire du mal. Je suis suffisamment bonne ».* Forte de cette affirmation, elle put l'intégrer dans sa vie actuelle.

Deux semaines après la séance Jenny adressa ce message électronique :

« Je me sens beaucoup plus décontractée dans ma relation de couple. Je me suis toujours sentie comme entravée mais cela a disparu complètement et j'arrive davantage à rire de beaucoup de choses désormais. Je pense que la figurine en porcelaine [de la séance] était symbolique de la relation, que je pensais avoir détruite et que je ne pouvais réparer. Je me sens maintenant rassurée et tous les doutes se sont envolés. Utiliser l'affirmation « je suis suffisamment bonne » a été un message extrêmement fort. A chaque fois que j'ai eu un problème et que je me suis sentie découragée, j'ai fait usage de cette affirmation et me suis sentie plus détendue. Je me sens moins comme une enfant asphyxiée. Je me sens davantage capable et suffisamment bonne. Aucun mot ne sera assez fort pour exprimer ma profonde gratitude ».

Pour Jenny, la relation entre la vie antérieure et la vie actuelle reposait sur la pensée qu'elle n'était pas assez bonne. Pour d'autres clients, cela pourrait être une émotion, une sensation physique, un problème relationnel ou même reconnaître une personne :

Reconnaissez-vous un schéma de cette vie antérieure toujours présent dans votre vie actuelle?

Reconnaissez-vous des personnes de cette vie antérieure présentes également dans cette vie ?

Intégration

Toujours dans un état modifié de conscience, il peut se produire une pause avant qu'émergent des inspirations d'ordre intuitif. Si un schéma répétitif tarde à apparaitre, une suggestion peut être faite « Existe-t-il un lien entre la douleur dans votre dos dans la vie antérieure et celle de la vie actuelle »? Amener le client par des questions judicieuses à une découverte de soi est plus pertinent que de proposer un point de vue ou une opinion.

Quand un client a des pensées négatives obsessionnelles, je préfère m'entendre avec eux sur une affirmation positive qu'ils peuvent prendre avec eux dans la vie actuelle. L'accent doit être porté sur la création d'une affirmation positive en lien avec la pensée au moment de la mort ou tout autre type de pensées obsessionnelles. Parfois, utiliser le conseil d'un guide spirituel peut être adapté. Dans le cas de Jenny, la pensée au moment de la mort « J'essayais tellement dur, je ne suis pas assez bonne » fut transformée en une affirmation « je suis suffisamment bonne ». Les affirmations sont une façon de contrer les pensées négatives qui « ont déteint » de la vie antérieure dans la vie actuelle.

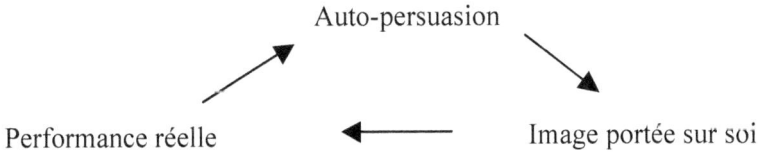

Quand la charge émotionnelle associée à une pensée obsessionnelle a été ôtée durant la régression, il est plus facile de créer un cycle de renforcement d'auto-persuasion positive.

L'affirmation doit être formulée au présent, être positive et faire appel à l'imagination ou aux émotions plutôt qu'à l'intellect. *Par exemple: « je suis forte quand je résiste aux hommes » ou « je me sens libre quand je prends en main ma propre destinée ».*

Elles peuvent être répétées régulièrement ou écrites à un endroit bien visible pour raviver cette affirmation à la conscience.

Après une régression de la vie entre les vies, il est utile de résumer l'ordre des événements, telles que la revue de la vie antérieure et la rencontre avec le groupe d'âmes. Des questions d'approfondissement peuvent être posées, telles que :

Qu'est-ce qui a été le plus marquant dans cette séance et qu'est-ce que cela vous a apporté ?

Je leur conseille d'attendre quelques semaines avant d'écouter l'enregistrement. A chaque fois que l'enregistrement est réécouté, en raison de la quantité d'informations qu'il contient, de nouvelles révélations sont possibles. Lorsque suffisamment de temps a été laissé à la réflexion, je demande qu'un récapitulatif me soit adressé par courriel ou par la poste. Cela permet un renforcement du processus d'intégration.

INTÉGRATION DE LA THÉRAPIE PAR LA RÉGRESSION

Dans la thérapie par la régression, l'espace temporel est étendu afin d'inclure les événements significatifs de la vie actuelle ainsi que ceux de la vie antérieure qui sont liés à la problématique du client. Tous doivent être portés à la conscience et transformés en une ou plusieurs séances. L'étude de cas d'une cliente que j'appellerai Jane permet de l'illustrer. Elle avait 32 ans et était mère de deux petits garçons et d'une fille. Elle vivait actuellement avec son petit ami et travaillait comme infirmière de nuit. Deux ans auparavant elle avait traversé une dépression légère à la suite d'une séparation avec son mari. Elle avait une tendance chronique à attirer la maltraitance dans les relations intimes et avait maintenu cette relation avec son mari alors qu'il avait un sale caractère. Inquiète de voir son petit ami actuel la quitter, elle avait consulté plusieurs thérapeutes et était consciente de ses difficultés mais trouvait difficile d'agir en ce domaine. Elle avait souffert récemment de crises de panique deux ou trois fois par jour, accompagnées de spasmes et de douleurs dans l'estomac. Elle était en arrêt maladie et son médecin lui avait doublé sa dose de médicaments, mais elle souhaitait tenter une autre approche:

> A peu près au moment où Jane commença à parler de sa dernière crise de panique la veille au soir, elle ressentit un spasme à l'estomac. Lorsqu'elle fut amenée à se concentrer dessus, son cou et sa mâchoire se contractèrent et finalement tout son corps se mit à trembler. Quand l'intensité diminua, le thérapeute lui demanda de faire venir une image liée à ces sensations. Elle évoqua le souvenir d'une césarienne dix ans auparavant. Sous anesthésie locale, elle eut une incision et était terrifiée à l'idée que son bébé puisse mourir, mais elle resta incapable de bouger. Revivant ce souvenir, Jane fut encouragée à se pencher vers l'enfant et à le visualiser en bonne santé.
>
> Se concentrant sur une tension résiduelle dans son estomac, Jane régressa dans une mémoire antérieure. Elle avait 5 ans et était dans un petit bateau en bois utilisé pour des excursions touristiques. Lors d'une soudaine rafale, l'eau commença à submerger un côté du bateau. Son père était à l'autre bout du bateau et pensant qu'elle allait mourir, elle s'était accrochée à la jambe de l'homme le plus proche. La situation empira quand son père rit à la vue de sa fille s'accrochant à la jambe d'un inconnu. Il n'avait malheureusement pas réalisé à quel point cet événement avait été traumatique pour elle. Jane fut amenée à laisser son corps parler de ce qui se passait. Tandis qu'elle ajustait

la position de son corps se redressait, serrant fortement un coussin, tout son corps commença à trembler et sa respiration devint rapide et saccadé. Quand cela fut réglé, le thérapeute l'autorisa à modifier à son souhait l'un quelconque de ces évènements. Tandis qu'elle retournait une nouvelle fois à cette scène, elle cria à son père: « *j'ai besoin de toi. Tu n'as pas le droit de te moquer de moi* ». A la suite de plusieurs régressions suivantes, elle put se remémorer ce souvenir sans expérimenter de crise d'angoisse.

Une des priorités de cette séance fut de travailler sur les mémoires corporelles issues de deux incidents traumatiques dans la vie antérieure de Jane. Compte tenu de l'intense libération d'énergie qu'entraîne ce type de séance, une attention particulière fut portée sur ce que Jane pouvait tolérer en une seule séance. Jane vint pour une seconde séance une semaine après. Elle signala que les crises de panique et les spasmes avaient diminué en fréquence et en intensité. Elle voulait travailler davantage sur la question des spasmes:

> Alors qu'elle parlait de sa dernière crise de panique, l'estomac de Jane commença à frémir. Elle fut amenée à se focaliser sur ses sensations au niveau de l'estomac et à se replacer au moment où celles-ci avaient débuté. Son corps entier commença à trembler et elle haleta: « *J'étouffe. Je me sens oppressée. Oh, mon estomac. Il y a un groupe d'autochtones qui m'encercle. L'un d'entre eux a un couteau et je peux sentir son corps. Oh, le couteau entre dans mon estomac* ». Elle est rapidement conduite au moment de la mort.

Jane repassa en revue sa vie antérieure cette fois plus en détails. A l'époque victorienne, elle se trouvait être

Intégration

enceinte. Elle avait été entraînée par-dessus bord durant une tempête sur un bateau à voile. Au bord de la noyade, elle avait finalement réussi à rejoindre la côte à la nage et s'était retrouvée sur la plage entourée de femmes autochtones et d'enfants. Elles prirent soin d'elles et finalement elle donna naissance à deux jumeaux de sexe masculin. Quelques temps après, tandis qu'elle marchait seule, un groupe d'hommes se rapprochèrent d'elle. Tandis qu'elle reculait contre un arbre, l'un d'entre eux l'attaqua et la poignarda à l'estomac. Alors qu'elle prenait son dernier souffle, elle se rappela flottant au-dessus de son corps et voyant celui-ci à distance. Ses dernières pensées furent pour ses enfants qu'elle ne reverrait plus.

Elle fut ramenée au point où elle ressentit la douleur d'être poignardée et amenée à revivre l'événement d'une manière différente. A l'aide d'un coussin utilisé comme support, elle put repousser l'autochtone et retirer le couteau en se servant de la pression exercée par la main du thérapeute. Avec un profond soupir, Jane déclara que la douleur dans son estomac avait disparu et qu'elle se sentait apaisée.

Au plan spirituel, la femme de l'époque victorienne put rencontrer ses enfants et découvrir ce qu'il était advenu d'eux. Avec une voix étonnée elle dit « *ils sont désolés de ce qui m'est arrivé* ». Un coussin fut utilisé pour qu'elle puisse vivre l'expérience de l'étreinte. Ensuite vint le tour de l'autochtone qui l'avait tuée. Avec l'aide de ses enfants, elle découvrit qu'il avait une femme et des enfants qui étaient à sa charge, qu'il était désolé et demandait pardon. Grâce à cette nouvelle compréhension, elle était maintenant prête à pardonner. Bien que la séance fut intense, elle exprima un grand soulagement à la libération quelle venait d'expérimenter.

Eveiller et approfondir ces différentes mémoires s'apparentent à peler les différentes couches de peau d'un oignon. En se laissant conduire par l'énergie, plusieurs couches de mémoires émergent jusqu'à ce que celles restées figées et reliées au complexe du client, soient prêtes à être libérées et transformées. Une part importante de cette séance a consisté à la fois à aider Jane à acquérir une compréhension et à trouver le pardon dans sa vie antérieure. Beaucoup de gens trouvent souvent plus facile de pardonner dans une vie antérieure avant d'être prêt à faire de même dans leur vie présente. Tel était l'objet de la troisième séance de Jane. Après avoir discuté de sa dernière vie antérieure, elle régressa dans des mémoires de sa vie actuelle qui portaient le même thème, à savoir celui consistant à tenir le rôle de victime.

Jane raconta qu'elle avait fait l'objet de maltraitance de la part de son compagnon et aussi de son ex-mari. Elle fut amenée à imaginer une rencontre avec l'esprit de son ex-mari afin de lui dire ce qu'elle n'avait pu exprimer à l'époque. Après une profonde réflexion elle dit: « *Je ne peux pas vivre avec ton sale caractère. Ce n'est pas juste pour les enfants* ». Après lui avoir demandé quelle fut sa réponse, elle précisa qu'il avait du tempérament en raison du stress occasionné par son travail et parce qu'il ne pouvait pas davantage supporter son caractère à elle. Le thérapeute rappela à Jane comment elle avait puisé dans la force du pardon dans sa vie antérieure, ce qui l'avait aidé à parvenir à une résolution. Elle étreignit avec émotion son ex-mari à l'aide d'un coussin. Elle fit de même avec son ex petit ami. Jane était maintenant prête à affronter son petit ami même s'il la quittait, ce qui était pour elle une nouvelle démarche courageuse.

Intégration

La seule compréhension des schémas répétitifs entre la vie antérieure et la vie actuelle est souvent suffisante pour que l'intégration se réalise. Cependant, quand des charges émotionnelles sont toujours présentes dans la vie actuelle, elles doivent être libérées pour que la résolution puisse se produire. Parfois cela peut être effectué en une séance ou plusieurs. Lors de la première séance, Jane résolut des problèmes avec son père et lors de la troisième séance, elle traita le sujet de son ex-mari et de son petit ami actuel. J'ai illustré comment dans la régression une connexion intuitive existe entre l'énergie émotionnelle restée attachée au corps et les acteurs de la vie antérieure. Dans un état modifié de conscience, un dialogue peut prendre place utilisant cette connexion intuitive. Les mêmes principes s'appliquent à l'énergie émotionnelle restée attachée au corps d'une personne dans cette vie :

Laissez votre esprit s'élever pour aller à la rencontre de... (une personne de cette vie). **Que voulez-vous lui dire que vous n'avez jamais pu dire ?**
Que vous répond-elle ?

Un dialogue mené en vue d'une transformation apporte de nouveaux éclairages à ces rencontres et également le pardon. Passer de nouveau en revue les mémoires de cette vie actuelle en bénéficiant de nouveaux éclairages au plan spirituel, appelés changement d'histoire de vie, peut entraîner la transformation.

Avec ces nouvelles ressources (éclairages spirituels ou animaux de pouvoir) **allez au moment où...** (juste avant l'évènement dont il s'agit) **et dites-moi comment la scène se transforme maintenant.**

La futurisation est une technique efficace pour intégrer une régression dans une vie antérieure ou présente. Cela permet à un client de se projeter dans le futur à un moment où les objectifs ont déjà été atteints. Cela fonctionne mieux quand cela est effectué de façon interactive avec le client, en permettant à celui-ci de fournir l'information de façon intuitive ou consciente.

Situez-vous 6 mois après la séance et observez les événements qui se sont produits tout au long de ces 6 derniers mois et soyez consciente des changements intervenus en vous depuis que vous avez bénéficié de ces nouveaux éclairages spirituels.

Dites-moi ce qui s'est produit dans votre vie sociale durant ces 6 derniers mois (ou vie professionnelle, ou dans vos relations).

Retour dans l'ici et maintenant

Souvent les séances de régression ont un large impact sur le système énergétique du client quand des blocages d'énergie et d'entités ont été libérés. Il peut se passer quelques jours avant que la séance soit bien assimilée et qu'un nouvel équilibre s'installe. Cela indique simplement que le processus de guérison se met en place et il convient d'en informer les clients afin qu'ils ne soient pas surpris.

Afin d'aider à l'équilibrage du champ énergétique à la fin d'une séance, beaucoup de thérapeutes prennent quelques minutes pour canaliser l'énergie vers le champ d'énergie du client avant qu'il ne quitte la séance. Cela peut être fait rapidement en utilisant le Reiki, un soin spirituel ou des techniques similaires.

Intégration

Certains thérapeutes pensent qu'un apport extérieur d'énergie n'est pas nécessaire et qu'il est préférable d'enseigner aux clients à le faire eux-mêmes. Les techniques mentionnées précédemment utilisant la lumière blanche peuvent être choisies. Je pense que chaque approche a ses avantages et je ne canalise brièvement l'énergie moi-même que si je me sens intuitivement appelé vers cette façon d'opérer. De même une douche de lumière peut aider à nettoyer le champ énergétique. Je conseille aux clients de se ménager pendant 24 heures et d'éviter toute situation trop émotionnelle.

A la suite d'une hypnose profonde après une régression spirituelle, il faut un certain temps avant que le client reprenne pleinement conscience. Il doit aussi permettre à la circulation du sang d'être à nouveau normale. Un compte à rebours de 10 à 1 peut être utilisé tout en encourageant les mouvements de parties du corps. Cette façon de procéder est plus souple que de s'asseoir rapidement en position verticale.

Dès qu'une personne se focalise sur son monde intérieur, cela produit un état modifié de conscience, même en l'absence de toute induction hypnotique. Il est important que le client s'ancre dans la réalité et soit bien dans son corps avant de quitter le thérapeute. Tant que le retour à la conscience n'est pas total, certaines activités telles que la conduite d'un véhicule peuvent être dangereuses. L'ancrage dans la réalité peut commencer à la fin de la séance par 10 minutes de discussion en position verticale. Boire un verre d'eau et une longue marche permettent aussi l'ancrage.

Autres activités d'intégration

Dans le cas de traumatisme infantile, une façon efficace d'intégrer les apports d'une séance de régression est, par exemple, de faire écrire une lettre par l'enfant intérieur au moi actuel. Cette lettre d'une cliente que j'appellerai Sonia traite du problème récurrent connu depuis l'enfance. Prêtez bien attention à la soigneuse formulation qu'elle utilise :

> J'étais une belle enfant heureuse et insouciante. Une famille aimante qui m'a élevée avec le désir de plaire. Puis à l'âge de 10 ans, le diable a conspiré pour faire en sorte que je ne sois plus jamais la même. « *C'est notre petit secret* » dit-il. « *Ils ne comprendraient pas. Tu es ma fille chérie. Je t'aime* ». Alors que je sentais ses mains, cela ne me semblait pas juste mais je ne pouvais rien faire pour l'en empêcher. J'ai été conditionnée à mener une vie secrète, pleine de mensonges et de honte. Agée de 13 ans, adolescente feignant le bonheur, j'ai refoulé mes mémoires d'enfance pour me protéger. « *Tu es si belle* » dit-il « *ne le dit à personne* ». C'étaient des mains différentes mais les mêmes secrets, les mêmes mensonges et la même honte. Maintenant belle et âgée de 18 ans mais manquant de respect vis à vis de moi-même, la grossesse n'était pas planifiée. Que pouvais-je attendre, certainement pas un avortement, mais je fis comme ma mère ordonna. Elle était fermement décidée à ce que je ne gâche pas ma vie comme elle l'avait fait. Je grandis et tomba amoureuse mais l'homme avait des mains. Battue et violée je pensais que personne ne comprendrait. Par la torture physique, émotionnelle et mentale, je fus mise à l'épreuve. Une dépression nerveuse ont-ils dit, une dépression se profile,

Intégration

des pensées suicidaires, tant de colère et de douleur. Toujours en train de travailler sur mes sentiments, mais plus de secrets, de mensonges et de honte.

Les mots ont un puissant et émouvant pouvoir. Si la guérison est encore incomplète et la cliente a été victime d'un agresseur, la mémoire peut être trop douloureuse pour affronter celle-ci. Le travail d'écriture permet une distanciation par rapport à l'expérience. Penny Parks[1] qui a passé sa vie à travailler avec des adultes ayant été enfants victimes d'abus sexuels, rappelle dans son livre majeur *« Rescuing the Inner Child »* l'importance d'intégrer l'enfant intérieur par des dessins et par un travail d'écriture. Beaucoup de clients ayant été victimes d'abus sexuels, ont grandi émotionnellement mutilé sous une charge énorme de dégoût d'eux-mêmes. Beaucoup ont trouvé difficile de nouer une relation mature et de confiance. Comme il a été discuté au sujet de l'étude de cas de Rose dans le chapitre précèdent, une vie antérieure est souvent un moyen de pouvoir faire face à ces mémoires douloureuses de l'enfance. Des activités entre les séances de régression peuvent accompagner la démarche d'intégration et permettre une prise en charge de soi dans le processus de guérison. Ecrire un journal sur ces expériences de vies antérieures peut aussi aider, et de nouveaux éclairages peuvent se révéler au fil des jours. Ceux qui ont déjà expérimenté la distanciation peuvent être encouragés à pratiquer des activités physiques telles que monter à cheval, pratiquer l'escrime, jouer au football ou tout autre sport qui associe la conscience au corps. Un client incapable de pousser un cri, resté longtemps réprimé, pourrait être amené à exercer une activité qui l'amènerait naturellement à le faire, telle que faire un tour avec ses enfants à la fête foraine et aller sur les montagnes russes. Un client dans l'incapacité de ressentir des émotions pourrait recevoir un soin énergétique ou avoir recours à des traitements homéopathiques.

Au début de chaque séance le thérapeute passe en revue ces activités. Interroger le client sur la réduction du symptôme permettra au thérapeute d'obtenir un feedback sur les résultats de la précédente séance. Bien que des progrès significatifs puissent se manifester dès la première séance, il est préférable de prévoir initialement trois séances ou pour des cas plus complexes, cinq séances.

RÉSUMÉ

Après une régression, l'expérience doit être pleinement intégrée dans la vie présente du client en vue de compléter le processus de guérison. Une simple compréhension des schémas répétitifs à la fois dans une vie antérieure et une vie présente est souvent suffisante. Cela peut être : l'abandon, la solitude, la position de victime, ou des symptômes récurrents émotionnels ou physique. Ces schémas répétitifs peuvent correspondre à des personnages de la vie antérieure encore présents dans la vie actuelle. Pour une séance thérapeutique unique, un feedback du client est nécessaire par téléphone ou par email et des techniques d'approfondissement peuvent compléter le processus d'intégration. En présence de plusieurs complexes, le thérapeute par régression doit prendre en compte l'ensemble des mémoires de cette vie présente et de la vie antérieure. Souvent une vie antérieure est un moyen efficace pour soigner au moins partiellement des mémoires douloureuses de cette vie présente avant que le client puisse les appréhender. Celles-ci peuvent être traitées de la même façon que des événements significatifs de la vie antérieure et des rencontres intuitives avec les autres personnes qui y figurent peuvent être facilitées. Dans un état modifié de conscience, de nouveaux éclairages et accomplissements peuvent advenir de ces rencontres. Les affirmations positives, les changements d'histoire de vies et la futurisation permettent également l'intégration.

11

ENTRETIEN PRÉLIMINAIRE

Tout le monde sait que nous avons des « complexes » mais ce que les gens oublient c'est que ce sont les « complexes » qui nous possèdent.

Carl Jung

Alors que je décrochais un jour le téléphone, voilà ce que j'entendis :

Pourriez-vous donner une séance de régression à mon fils. Euh...ma fille s'il poursuit son idée de changer de sexe. Il prend des hormones et se fait appeler Marie. Je ne sais plus quoi faire, je suis à bout de nerfs parce qu'il refuse d'en parler. Il va en Hollande dans quelques mois pour subir une opération chirurgicale.
Souhaite-t-il ... elle ... une séance de régression ?
Oui, mais il ne parlera à aucun autre thérapeute. Pourriez-vous insister sur les dangers d'une telle opération quand vous le verrez ?
C'est vraiment aimable d'appeler de sa part. Je peux en effet lui proposer une séance de régression mais seulement s'il le demande lui-même. J'ai toujours un premier entretien avec mes clients. J'écoute leur histoire, nous discutons des problèmes qu'ils veulent résoudre, nous

convenons ensemble des changements à opérer. Toute information recueillie sera confidentielle entre lui et moi. S'il ne veut pas discuter des problèmes consécutifs à une opération de changement de sexe, je respecterai son souhait.

Le fils vint me voir peu de temps après, portant une robe. L'effet de la prise d'hormones était évident et caractérisé par la poitrine visible sous la robe et par sa voix féminine. Nous avons convenu d'une séance de régression et que je l'appellerai Marie. La régression révéla l'existence d'une vie antérieure d'une fille née de parents qui voulaient désespérément un garçon. Ce fut une vie courte et malheureuse car elle était du « *mauvais sexe* » et à la suite d'une attaque à la hache par un villageois local, elle se vida de son sang et mourut. A la fin de la séance, je donnais à Marie le nom d'un professionnel local qui avait lui-même subi une opération de changement de sexe et qui s'était spécialisé dans la relation d'aide en ce domaine.

J'ignore ce qui est advenu de Marie mais la concordance des thèmes entre l'opération planifiée en Hollande et le fait d'avoir trouvé la mort tranchée par une hache dans la vie antérieure a dû lui donner matière à réflexion.

L'ALLIANCE THÉRAPEUTIQUE

Le précédent extrait montre combien il est important d'établir une alliance thérapeutique pendant l'entretien et de maintenir celui-ci durant toute la séance. La thérapie par régression partage cela avec d'autres psychothérapies[1]. La relation de confiance doit être établie de telle sorte que des informations douloureuses, gênantes ou troublantes puissent tout de même être dévoilées. Dans une relation de confiance, le strict respect de la confidentialité, ainsi qu'une attitude de non jugement sont essentielles. Dans les cas de traumatismes particulièrement douloureux, tels que les abus sexuels, il peut être nécessaire de consacrer les premières séances à établir cette relation de confiance et d'offrir un accompagnement psychologique avant que le client soit prêt à s'engager dans une thérapie par la régression.

L'extrait suivant vient de Milton Erikson, un psychiatre américain qui a contribué à fonder l'hypnothérapie moderne. L'extrait suivant de *The Collected Papers of Milton Erickson*[2] fournit un bel exemple de la façon dont il établissait une relation thérapeutique avec un patient psychotique :

> Un patient de l'hôpital de Worcester dans le Massachussetts avait demandé à être enfermé dans sa chambre et il passait son temps, non sans anxiété, à enrouler des cordes autour des barreaux de la fenêtre de sa chambre. Il savait que ses ennemis allaient entrer et le tuer et que seules les fenêtres étaient des ouvertures. Les épais barreaux en fer forgé lui semblaient peu fiables, ainsi les renforçaient-ils avec des cordes. J'entrais dans la chambre et l'aidais à renforcer les barreaux en fer avec de la ficelle. Tout en agissant ainsi, j'ai découvert qu'il y avait des fissures dans le sol et je suggérais qu'elles soient comblées avec du papier journal afin de ne laisser aux ennemis aucune chance de se faufiler par là. Ensuite je découvris des fissures dans la porte qui devaient également être bourrées de papier journal. Petit à petit, je l'amenais à réaliser que cette chambre était seulement une parmi d'autres dans l'unité de service et à accepter les infirmiers comme faisant partie de l'équipe de défense contre les ennemis, puis le Bureau de la Santé Mentale de l'état du Massachussetts, puis la police, et enfin le Gouverneur.

J'étendis ensuite aux états voisins et finalement fit des Etats-Unis une partie intégrante du système de défense. Cela lui permit de se dispenser de la porte verrouillée dès lors qu'il avait tant de lignes de défense. Je n'ai pas essayé de corriger sa perception psychotique que ses ennemis allaient le tuer. J'ai seulement fait remarquer qu'il avait d'innombrables lignes de défense. Le client put dès lors bénéficier d'autorisations de sortie et se promener en toute sécurité. Ses comportements frénétiques cessèrent et il devint moins difficile à gérer.

Grâce à une attitude de non jugement et de respect du monde intérieur de l'autre, Erickson démontra avec quelle rapidité il est possible de gagner la confiance d'un client avant de transformer leurs problèmes. Dans le cas précédent, la transformation fût progressive et a tenu compte de la capacité de compréhension du client. Quand un client ne réagit pas à la thérapie, il est considéré comme étant *résistant*. En régression, la résistance n'a pas lieu d'être dès lors que ce qui est apporté à la séance, devrait être considéré comme faisant partie du problème global.

Une étude des travaux de recherche de l'Université de Pennsylvanie a montré que 55 pour cent de notre communication est exprimée par le corps, 38 pour cent par la voix et 7 pour cent par le langage. Quand une personne se concentre exclusivement sur les paroles d'une conversation, il perçoit les autres 93 pour cent de la communication de façon subconsciente. L'effet miroir est une technique qui aide à la communication subconsciente. Avec un effet de miroir corporel, une personne peut établir un contact visuel et s'accorder avec la posture et les mouvements de l'autre. Parfois les mouvements du corps ne peuvent immédiatement s'accorder, tels que les mouvements des mains ou des bras qui se croisent soudainement. Cependant, quand le moment vient de se mettre à parler, la nouvelle posture corporelle de l'autre peut être imitée sans que cela ne se remarque. Le ton, le rythme et le volume de la voix, peuvent s'accorder en réutilisant les mots que l'autre personne utilise. « Etablir un rapport » signifie s'accorder à une autre personne.

Il est utile de connaître les croyances du client au sujet de ce qui adviendra après la mort. Certains peuvent en avoir une idée matérialiste et la régression dans la vie antérieure peut être décrite comme apportant une résolution du problème dans la mémoire au niveau subconscient, avec des visualisations créatives et des histoires imaginaires qui s'apparentent à une vie antérieure. Pour ceux qui ont des croyances plus spirituelles, la régression peut être décrite comme une démarche qui vise à remonter à la source d'un problème vécu dans une vie antérieure pour régler celui de la vie présente. Ce qui importe n'est pas d'apporter une quelconque « vérité » mais de respecter la perception et la compréhension du client, en ce qu'elles sont cohérentes et logiques pour lui. Il conviendra de rappeler aux personnes de type analytique qu'elles n'arrêtent pas un film en plein milieu pour l'analyser et que la même chose s'applique aux régressions dans les vies antérieures.

Pour expliquer comment la régression peut résoudre ses symptômes, le thérapeute peut donner des exemples de clients ayant présenté des symptômes similaires. La confiance du thérapeute en un résultat bénéfique est communicative.

Les objectifs et les symptômes mesurables

L'entretien préliminaire permet de définir avec le client les objectifs de la thérapie. Ceux-ci doivent être soigneusement mis en relation avec les symptômes du client. En font partie : les pensées intrusives, les émotions négatives et les douleurs inexplicables. Un défaut courant chez les étudiants en thérapie par la régression est de relever un vague symptôme tel que «*je me mets en colère*». Un questionnement plus approfondi visera à évaluer la fréquence du symptôme, par exemple : «*deux accès de colère par jour dans les trois dernières années*». L'intensité peut être établie en utilisant une échelle de 1 à 10, 10 représentant, dans ce cas, l'intensité de la colère la plus élevée que le client a pu expérimenter. On peut encore raffiner la mesure avec des informations additionnelles telles que : accès de colère d'intensité 7 au cours des derniers mois et dans telles situations ... En mesurant les symptômes en intensité, en fréquence et en durée, le thérapeute et le client peuvent l'un et l'autre évaluer l'efficacité de la thérapie en fonction de l'évolution de ces mesures.

FIXER LE CADRE DE LA THÉRAPIE ET RECUEILLIR LES ANTÉCÉDENTS

Une relation de confiance doit être établie avec le client avant tout contact physique, d'autant plus s'il amène une problématique où il se voit en position de victime. Lors d'une séance de régression, une thérapie corporelle peut nécessiter un contact physique, habituellement par l'intermédiaire d'un coussin, et cela nécessite l'autorisation du client. Si cette éventualité n'est pas évoquée lors de l'entretien, il est toujours possible d'obtenir son consentement au cours de la séance, par exemple : «*Je vais juste vous demander maintenant de repousser ma main afin d'aider à la libération d'énergie*». L'enregistrement de la séance, pour des raisons professionnelles, doit également faire l'objet de son accord.

Il est important de clarifier le cadre de la thérapie et les attentes du client surtout pour ceux qui ne sont pas encore familiers avec ce type de thérapie ; en particulier, d'expliquer ce que comporte l'expérience d'hypnose, de la régression dans les vies antérieures ou dans la vie entre les vies. Il faut également expliquer que des émotions pourront émerger et que cela fait partie de la thérapie. Le sujet de la durée et du nombre de séances doit également être discuté.

Parmi les antécédents à prendre en considération : les expériences précédentes en thérapie, les problèmes de santé mentale, de santé physique et toute déficence, telle que la surdité et l'hyper-tension artérielle. Ces informations permettent d'identifier les éventuelles contre-indications à la thérapie par la régression.

Contre-indications à la thérapie par la régression

Les thérapeutes encore débutants en régression réaliseront bientôt qu'ils ont tendance à attirer des clients qui ne demandent pas un travail lourd et d'autres qui ont déjà beaucoup travaillé sur eux-mêmes. Leur capacité à gérer des situations plus complexes vient progressivement avec l'expérience. Beaucoup de troubles, tels que les troubles obsessionnels compulsifs, demandent une expérience confirmée dans le traitement de problèmes mentaux difficiles et une capacité à intégrer d'autres techniques psychothérapeutiques.

Dans certains cas, la thérapie par la régression n'est pas appropriée, par exemple, pour les personnes incapables de raisonner de façon claire et rationnelle ou qui sont délirantes. Le trouble de l'anorexie entre également dans les contre-indications, quand le poids du corps est descendu en deçà d'un seuil critique. Le manque de protéine alimentaire entraîne en effet une incapacité à produire les hormones permettant l'activité normale du cerveau. Y figure également la dépression à un niveau avancé, quand le niveau d'activité se réduit, le temps de sommeil devient excessif, la fatigue est constante, avec une incapacité de se concentrer et de travailler. Les troubles bipolaires sont une autre contre-indication à la thérapie par la régression en raison de l'alternance entre un état sévère de dépression et des périodes d'excitation intense où le mental s'accélère et les besoins de sommeil diminuent.

La schizophrénie est également une contre-indication, car les personnes qui en souffrent risquent de s'identifier aux fragments de vie antérieure ou même de les inventer, plutôt que de les intégrer dans leur propre psyché.

L'usage de drogues récréatives ou la consommation de fortes doses de médicaments, particulièrement les antidépresseurs et les anxiolytiques, peuvent être des contre-indications. Des doses supérieures à 50mg rendent souvent la concentration et la mémorisation difficiles. De telles doses affectent la capacité à se relier à son soi supérieur, rendant ainsi difficile les remémorations et le travail dans le plan spirituel. Tous les états pathologiques dans lesquels les personnes ne sont pas en situation de supporter une catharsis, comme certaines insuffisances cardiaques ou états épileptiques, sont également des contre-indications à la thérapie par la régression. Il convient aussi d'être prudent avec les femmes enceintes dès lors que le fœtus pourrait subir les expériences émotionnelles de sa mère. Pour un enfant de moins de 16 ans, le consentement écrit des parents est requis.

Effets secondaires des neuroleptiques

Les neuroleptiques permettent d'enrayer une spirale vers une dépression plus sévère ou une psychose. Cependant, on ne devrait pas les considérer comme une solution à long terme quand une thérapie est possible. Les effets secondaires de ces médicaments sont importants. Dans le guide des médicaments largement utilisé par les médecins de langue anglaise, *Psychotropic Drugs Fast Facts*, Jerrold Maxmen[3] a rassemblé les données disponibles de recherche sur les médicaments antipsychotiques. Parmi les effets secondaires figurent la confusion, la désorientation, les hallucinations, l'hypomanie et même une augmentation du niveau d'anxiété et de dépression qu'ils sont censés réduire. Quand un client arrête de prendre des médicaments antipsychotiques, se produisent souvent des effets secondaires désagréables. Les symptômes initiaux d'anxiété et de dépression peuvent s'intensifier pour une courte période. Pour cette raison, les médecins praticiens réduisent la dose[4] par paliers successifs, typiquement de 10% à chaque fois. En principe, l'étape suivante commence quand les effets secondaires de la phase précédente ont diminué. Bien évidemment, le thérapeute ne doit pas interférer avec les prescriptions médicamenteuses qui sont sous la seule responsabilité du médecin traitant.

Problème des faux souvenirs

Le récit qui suit alerte du risque pour le thérapeute d'être accusé d'avoir induit de faux souvenirs.

> En septembre 2003, un psychiatre renommé pour enfant a été accusé d'avoir induit de faux souvenirs d'abus sexuels chez une enfant de 13 ans. Le General Medical Council (Conseil de l'ordre des médecins du Royaume-Uni) a examiné le chef d'accusation à son encontre de faute professionnelle. Cette jeune fille avait été envoyée chez le psychiatre alors qu'au pensionnat, elle ne mangeait plus et qu'elle avait pris une overdose de médicaments antidépressifs. Avant cela, elle avait vu un rhumatologue car ses parents étaient inquiets qu'elle ne grandisse pas

assez vite pour son âge. Durant la séance, le spécialiste avait procédé à un examen de sa poitrine. Le psychiatre pour enfant prétendit que la jeune fille lui aurait dit que le spécialiste lui avait caressé les seins. Cependant, il s'est avéré que les parents de la jeune fille avaient été présents à chaque visite et qu'ils n'avaient été témoins de rien de tel.

Dans certains pays, particulièrement les Etats-Unis, les allégations portant sur de faux souvenirs ont amené des thérapeutes à faire l'objet de poursuites. Bien que cela soit difficile à prouver, le thérapeute doit prendre des mesures de précaution. Dans toute forme de thérapie corporelle utilisée dans le processus de régression, un contact physique peut avoir lieu. Afin de se prémunir contre toute allégation de conduite professionnelle inadéquate, il est conseillé au thérapeute d'enregistrer chaque séance, ce qui est devenu facile avec les enregistreurs numériques actuels à la fois peu coûteux, sensibles et de grande capacité. Le thérapeute doit aussi être attentif à poser des questions plutôt que d'user d'affirmations, particulièrement si des informations relatives à des abus sexuels émergent durant la séance.

Résumé

L'entretien préliminaire est une opportunité permettant de décider s'il est approprié d'utiliser la thérapie par la régression ou la régression de la vie entre les vies. Celles-ci sont contre-indiquées pour les clients qui seraient incapables de penser clairement ou de façon rationnelle ou qui seraient délirants. Leur complexe peut en être la cause ou il peut être induit par la prise de médicaments ou l'usage de drogues dites récréatives. Les antécédents du client doivent être examinés avec beaucoup d'attention. La protection contre des allégations d'induction de faux souvenirs ou de conduite non professionnelle est facilitée par un enregistrement systématique de chaque séance. La relation de confiance s'établit dès le premier entretien et doit se maintenir pendant tout le processus thérapeutique. Cela implique de bien définir les attentes et de s'accorder sur ce qui va se dérouler tout au long de la thérapie. Une relation de confiance, dans le non- jugement, avec une garantie de la confidentialité est essentielle. Les symptômes doivent être mis en relation avec les objectifs visés. Ils doivent être également mesurés en intensité, en fréquence et en durée, de façon à évaluer les progrès de la thérapie.

GUÉRIR L'ÂME ÉTERNELLE

12

Conclusion

Il n'y a pas d'erreur, pas de coïncidence, chaque épreuve est un bienfait qui nous est offert pour continuer à apprendre.
Elizabeth Kubler-Ross

Les travaux d'Ian Stevenson et de ses collègues sur les récits de vies antérieures recueillis auprès d'enfants, auxquels s'ajoutent un nombre croissant de récits d'expériences de mort imminente, constituent une imposante masse de données objectives difficiles à expliquer autrement que par l'hypothèse de l'existence des vies antérieures.

La science occidentale n'est pas en mesure de fournir une explication rationnelle. Le cadre théorique reste celui de l'Ancienne Sagesse avec ses principes du karma et de la croissance spirituelle de l'âme par les réincarnations successives. J'ai illustré comment cela a été confirmé par les recherches approfondies de Michael Newton et par mes propres études de cas de régression dans la vie entre les vies. Parfois, seuls des fragments de ce qui apparait être une vie antérieure se manifestent. L'étude de cas de Rose, qui avait été abusée par son père, en donne un exemple parlant. Elle se remémora une vie antérieure de soldat sur un champ de bataille enseveli sous les gravats d'un bâtiment. Alors qu'elle se remémora la douleur de sa jambe écrasée, la guérison fût possible sans qu'il soit nécessaire d'explorer la mémoire douloureuse de son enfance. Son esprit s'était ouvert à toutes ses mémoires, d'abord dans sa vie antérieure puis dans sa vie actuelle. Elle était parvenue à un stade de résolution qui conduisit à une rémission de ses symptômes. Pour ce type de thérapie, chercher à démontrer la véracité de la vie antérieure est beaucoup moins important que son pouvoir de guérison.

Certains aiment à penser que la thérapie par la régression connaît moins d'échecs que d'autres thérapies ou encore qu'elle intègre toutes les disciplines thérapeutiques clés de la psychothérapie y compris transpersonnelle. C'est une illusion, car la thérapie par la régression connait aussi des échecs et, clairement, elle ne convient pas à tout le monde. Pour certains clients, la thérapie par la régression est trop intense. Tout le monde ne ressent pas le besoin ou l'envie d'accéder aux couches profondes de sa personnalité. Pour beaucoup, une thérapie de soutien classique qui aide à retrouver confiance en soi ou en l'existence, est tout à fait suffisant. Laisser librement son intuition vagabonder pour s'ouvrir aux vies antérieures ne convient pas à tous. D'autres personnes encore sont tellement enfermées dans leur complexe qu'ils ne sont pas prêts à s'en détacher, comme si la douleur physique et émotionnelle qu'ils vivent pouvait avoir une vertu. Les douleurs récurrentes et la disharmonie seraient-elles pour l'âme d'excellents maîtres ? Cette question n'est pas prise en compte par la profession médicale.

La thérapie par régression peut apporter un notable soulagement aux symptômes physiques chroniques et aux traumatismes émotionnels. Un certain nombre de ces symptômes ont été décrits dans les études de cas. Les travaux de recherche en thérapie par la régression montrent que 60% des clients en retirent un mieux-être là où d'autres thérapies avaient échoué. Quelles que soient les croyances du client, la régression dans les vies antérieures permet à une personne de comprendre les schémas répétitifs de son existence et comment ils ont été engendrés. Au-delà de la mort, se retrouver au plan spirituel peut avoir un

Conclusion

profond impact et pardonner à un personnage d'une vie antérieure constitue, au niveau conscient, une excellente métaphore du changement. La communication intuitive avec les guides spirituels apporte un niveau de sagesse spirituelle qui va bien au-delà de la thérapie conventionnelle, et il est conseillé aux thérapeutes d'adopter une posture humble dès lors qu'ils sont le maillon d'une chaîne dans le processus de guérison. Je commence toujours toutes les séances de régression en demandant explicitement aux esprits de lumière leur assistance et ce pour le plus grand bénéfice de mon client.

Une part importante de cette thérapie est de reconnaître que le soin de l'âme consiste à travailler sur les énergies. Un client voulait savoir ce qui lui était arrivé dans les six heures qui se sont écoulées entre l'overdose massive de médicaments et le réveil à l'hôpital après sa tentative de suicide. Les docteurs étaient en peine d'expliquer comment il avait pu survivre à une dose de médicaments six fois plus forte que la normale et généralement mortelle. Quand il revit l'expérience de régression, il pleura en pensant à la compassion et à l'amour qu'il avait ressenti quand son guide spirituel lui insuffla dans tout son corps la guérison, par l'utilisation de l'énergie universelle. Cet apport d'énergie a été effectué au niveau cellulaire pour bloquer l'effet des médicaments et ensuite son guide spirituel expliqua pourquoi il ne lui avait pas été permis de mourir. L'intérêt d'opérer dans le plan spirituel est qu'il autorise une riche palette d'approches qui peuvent être utilisées pour libérer et transformer des énergies restées figées dans des émotions inexprimées, telles que la peur, la culpabilité ou la colère ainsi que les sempiternelles pensées récurrentes. Cela aide aussi les thérapeutes à identifier et libérer l'énergie provenant d'autres personnages de vies antérieures, telles que des troupes conduites vers une mort certaine ou des esclaves cruellement frappés à mort.

Les énergies intrusives permettent aussi d'illustrer l'importance d'envisager le soin comme un travail sur les énergies plutôt que de conserver une image traditionnelle de la psychothérapie. Bien que cela soit contesté et difficile à prouver, des énergies de corps subtils ainsi que des énergies négatives peuvent sur terre s'attacher aux clients. Comme l'illustre l'étude de cas de Joe, qui entendait des voix, et la recherche portant sur Ron Van der Maeson dans l'annexe 1, des transformations assez remarquables peuvent se produire en reconnaissant que certains symptômes manifestés par le client sont des esprits intrusifs. William Baldwin y fait référence en parlant de libération d'âme, les shamans appellent cela : travailler avec des parties d'âmes perdues. Les différences d'appellation sont moins importantes que les conséquences bénéfiques de la libération de ces énergies.

La plupart des approches thérapeutiques, telle que la thérapie comportementale cognitive, sont des thérapies par la parole qui n'ont pas recours à la libération émotionnelle, cathartique. Cependant, en se focalisant seulement sur les mémoires cognitives, elles laissent de côté le système limbique du cerveau où les mémoires corporelles et les souvenirs traumatiques sont enregistrés. Déjà en 1920 William Reich avait étudié les structures rigides de caractères et montré comment elles s'exprimaient dans le corps. Ses études ont révélé que ces cuirasses corporelles n'étaient pas seulement le résultat de stress physique mais l'expression directe d'émotions profondément refoulées. Bessel van der Kork et ses collègues chercheurs en psychiatrie ont découvert que leurs clients devaient d'abord explorer ces mémoires corporelles restées captives de façon à les réactiver, à les libérer et les transformer avant d'agir sur d'autres mémoires. Alice Bailey exposa les principes gouvernant l'héritage karmique de vies antérieures comportant de sévères pathologies et mémoires corporelles. Cela a été également vérifié de façon indépendante par les recherches de Ian Steveson sur des symptômes physiques présentés par des enfants ayant subi

Conclusion

des morts violentes. Tout cela implique que pour faire remonter à la mémoire et libérer les résidus traumatiques, le corps aussi soit engagé.

La régression spirituelle permet un rappel détaillé des mémoires d'âme entre les vies. Ces mémoires incluent la rencontre d'autres membres du groupe d'âme, certains pouvant même être reconnus comme étant des personnes de la vie actuelle. Souvent le client aura eu antérieurement avec eux un conflit karmique qui se rejoue dans la vie actuelle. Découvrir que cela était programmé à l'avance par leur âme avant la réincarnation est transformateur dans la façon de gérer la relation. Comprendre ce qui nous a conduit à choisir notre corps et les circonstances de notre vie permet une prise de conscience encore plus approfondie. Un des moments forts de la régression de la vie entre les vies est la rencontre avec les Anciens qui, avec amour et compassion, organisent la planification de la vie actuelle. Souvent, ils nous indiquent une direction spirituelle à mi-parcours de vie. Dans l'histoire de l'humanité, ceci n'avait jusqu'alors été rendu possible qu'au terme de l'existence. Ces esprits de lumière qui orientent la destinée de la terre semblent avoir pris la décision de changer les règles et d'accélérer la guérison de l'âme en permettant à cette information d'être plus directement disponible. Claire après sa régression spirituelle le résume très bien:

Je me rends compte que ce travail a eu un plus fort impact que je ne l'avais réalisé au départ. J'utilise beaucoup le mot confiance désormais. Je réalise maintenant, que je ne fais pas seulement confiance, je sais que tout est parfait. C'est le fait de savoir qui a permis à mon cœur et mon âme de s'ouvrir. Je me sens de nouveau reliée, je sais où je suis, je sais pourquoi je suis venue, je sais que les choix que je fais sont parfaits au moment où je les fais et je sais que je suis aimée.

GUÉRIR L'ÂME ÉTERNELLE

Buddha a énoncé quels étaient les étapes de la guérison de l'âme, qui sont des enseignements éternels de l'Ancienne Sagesse. La première étape est de reconnaître qu'un problème existe au niveau conscient. La deuxième étape est d'identifier sa cause. La régression dans les vies antérieures et la régression spirituelle aident les gens à voir au-delà de l'illusion et de la confusion de nos existences. La troisième étape est de savoir quoi faire. La thérapie par la régression débloque les charges émotionnelles et physiques qui rendent les changements si difficiles et les expériences spirituelles qui l'accompagnent amènent de nouvelles compréhensions. La quatrième étape consiste à changer notre manière de penser et d'agir envers les autres dans la vie actuelle. L'étape d'intégration à la fin d'une régression y contribue, bien sûr, mais en fin de compte c'est au client que revient la décision d'opter ou non pour le changement et d'utiliser son libre arbitre pour grandir et se développer spirituellement.

Il reste mystérieux que ces outils puissants consacrés à la guérison de l'âme soient mis à notre disposition justement en ce moment, mais cela est probablement lié à cette période difficile que nous traversons, dans l'histoire de l'humanité. Avec toutes ces erreurs qui sont faites et qui sont dues à l'avidité et au matérialisme, tellement de choses peuvent être changées dès lors que nous prenons conscience de l'existence de la dualité, du pouvoir de l'intention positive et du karma. L'Ancienne Sagesse l'exprime fort bien, « *nous sommes venus sur terre par un acte d'amour et nous retournerons à la source d'amour* ».

ANNEXE I - NOTES

1 — L'HISTOIRE DE LA THÉRAPIE PAR LA RÉGRESSION

Dr Morris Netherton fut l'initiateur il y a 30 ans du travail effectué sur les vies antérieures. Dr Hans TenDam, l'auteur de *Deep Healing* a poursuivi ce travail et introduit de nouvelles techniques. Il a été le formateur en Hollande de la plupart des thérapeutes et pratiquement du tiers des thérapeutes par la régression au Brésil. Dr Roger Woolger a, au cours d'une période de 20 ans, intégré le psychodrame, la thérapie corporelle de Reich et la théorie des complexes de Jung dans sa propre version de la thérapie par la régression qu'il a appelé *Deep Memory Processes (DMP)*. La thérapie par la régression a été introduite dans la pratique de la médecine traditionnelle. Celle-ci comprend les travaux du Professeur Mario Simoes dans les centres médicaux au Portugal et le docteur en médecine Terumi Okuyama, qui fut le premier à utiliser la régression dans les vies antérieures parmi d'autres traitements médicaux offerts au Japon. Parmi les autres pionniers figurent le docteur en médecine Pavel Gyngazov, qui a pratiqué la thérapie par la régression en Russie, et également le Docteur Newton Kondavati en Inde ainsi que le Docteur Julio Peres au Brésil. Il convient de citer par ailleurs, les recherches sur les vies antérieures spontanées des enfants du Professeur Ian Stevenson. Le Dr Michael Newton, quant à lui, a pendant 30 ans méthodiquement enregistré les mémoires d'âme de ses clients qui, en transe profonde, ont eu accès aux mémoires de la vie entre les vies.

La liste présentée ci-dessus ne vise pas à exclure les efforts de beaucoup d'autres pionniers à travers le monde, mais seulement à indiquer les très nombreuses façons dont certains y ont contribué.

2- L'ÉTAT DE LA RECHERCHE DE LA THÉRAPIE PAR RÉGRESSION

Les recherches d'avant-garde utilisant la thérapie par la régression du Dr Ron Van der Maesen ont été réalisées avec des clients qui avaient des maladies, que chacun s'accordait à considérer comme intraitables, par la voie de la psychothérapie traditionnelle. Ses premiers travaux de recherche portaient sur le syndrome de Tourette[1]. Il s'agit d'un trouble caractérisé par des comportements répétitifs involontaires, qui a été longtemps considéré comme une maladie neuro-psychiatrique chronique. Sa recherche a été effectuée en utilisant 10 membres de la *Dutch Association of Regression Therapy* et portait sur 22 personnes de 9 à 52 ans. Tous les patients recevaient des soins médicaux en vue de contrôler leurs tics moteurs. Sur les dix patients qui ont été jusqu'au bout de leur thérapie et répondu à un questionnaire annuel de suivi, cinq ont indiqué que leurs tics moteurs avaient pour la plupart largement disparu ou considérablement été réduits en fréquence. Même chose pour les tics vocaux. Cinq patients ont aussi indiqué ne plus être sous médicament.

Son deuxième travail de recherche[2] portait sur des clients qui avaient des hallucinations auditives, et qui ont été diagnostiqués comme manifestant des troubles de schizophrénie, selon les critères du *Manuel Diagnostique et Statistique des Troubles Mentaux (DSM-IV)*. Il travailla sur 54 personnes lesquelles étaient partagées entre un groupe de thérapie et un groupe témoin. Des thérapeutes de La *Dutch Association of Regression Therapy* se sont joints à la recherche. A l'occasion d'un suivi de la thérapie par un psychiatre externe six mois plus tard, 25 pour cent ont déclaré qu'ils n'entendaient plus de voix et 32 pour cent pouvaient s'accommoder de celles-ci. Dans l'ensemble, 80 pour cent avaient eu une expérience positive et recommanderaient cette thérapie pour des personnes souffrant des mêmes troubles. Dans son livre *What Works for Whom*[3] paru dans la revue critique de psychothérapie, le Professeur Fonagy a fait remarquer que pour une bonne moitié de patients souffrant de schizophrénie, d'autres traitements psychologiques se sont révélés être inefficaces. Pour la seconde moitié, des améliorations n'ont pu être constatés que pour des sujets souffrant de délires.

A l'occasion de travaux de recherche de grande envergure, axés sur la pratique, Helen Wambach[4] transmit les résultats d'une enquête portant sur 26 thérapeutes par la régression qui avaient utilisé la thérapie par la régression dans les vies antérieures avec 17350 clients. Sur le nombre, 63 pour cent virent leurs symptômes émotionnels et physiques s'améliorer, tandis que 40 pour cent virent leurs relations interpersonnelles se transformer. Un des éléments marquants ressortant de cette étude est que nombre de clients s'étaient tournés vers cette thérapie parce que d'autres approches thérapeutiques avaient échoué.

Hazel Denning[5] conduisit aussi à l'aide de huit thérapeutes spécialisés dans la régression des recherches à grande échelle sur environ 1000 clients entre 1985 et 1992. Les résultats furent analysés tout de suite après la thérapie, après six mois, après un an, et après cinq ans. Parmi les 450 clients dont on a pu encore retrouver la trace après cinq ans, 24 pour cent indiquèrent que leurs symptômes avaient totalement disparu, pour 23 pour cent une amélioration considérable ou spectaculaire, pour 17 pour cent une nette amélioration et pour 36 pour cent aucune amélioration.

3 – VISUALISATION UTILISÉE EN PSYCHOTHÉRAPIE

L'imagerie guidée a à la fois un passé riche et honorable en psychothérapie. Pour Jung[6] en 1935, l'imagination active était un principe fondamental de sa méthode. En 1940, Roberto Assagioli[7] avait fait des méditations par imagerie guidée le socle de sa thérapie, connue sous le nom de *Psychosynthèse*. Cette profonde considération pour l'imagination constitue la base de la psychothérapie transpersonnelle[8]. Milton Erickson, une personnalité remarquable dans le développement contemporain de l'hypnothérapie, considéra les récits et la métaphore comme de puissantes techniques de soin[9]. Les travaux d'Erickson constituèrent également l'assise de la PNL, une thérapie très largement utilisée[10]. Un autre exemple d'imagerie guidée se retrouve dans la thérapie mise au point par David Groves[11] dénommée *Metaphor Therapy*. L'essence même de cette thérapie implique que le thérapeute travaille de façon interactive avec le client en créant une image ou une métaphore directement issue de la problématique du client. Il n'est d'ailleurs pas exagéré de dire que pratiquement toutes les méthodes de psychothérapie et d'hypnothérapie comportent un certain degré de visualisation thérapeutique.

4- CATHARSIS

Sigmund Freud utilisa pour la première fois le terme catharsis quand il découvrit que, le fait pour sa cliente Anna O d'avoir pu revivre d'anciennes émotions réprimées, avait fait disparaitre ses symptomes. Il abandonna ultérieurement la méthode cathartique quand il sut que les symptômes d'Anna O avaient de nouveau fait surface quelques années après la fin de sa thérapie. D'autres continuèrent à utiliser la méthode cathartique, y compris Reich, l'un des fondateurs de la conscience corporelle, et plus tard Moreno. Ce qui avait échappé à Freud, mais pas à Moreno, c'est que la catharsis ne consiste pas seulement à libérer une charge émotionnelle qu'il s'agisse de fureur, peur, colère ou tristesse. Moreno comprit qu'il s'agissait d'une opportunité pour le client d'accéder à de nouvelles perspectives et de les intégrer dans sa vie présente. Ces idées ont été reprises dans sa thérapie de groupe et utilisées avec succès dans le cadre de ses consultations cliniques externes et par des organismes de santé mentale aux Etats-Unis. Parmi les psychothérapies bien connues qui utilisent la libération d'énergie refoulée et l'intégration qui en résulte, figurent la Gestalt-Therapie de Fritz Perl, le Psychodrame[12], la méthode Rebirth et la thérapie de l'enfant intérieur. La libération émotionnelle est la condition préalable permettant d'atteindre un niveau de compréhension supérieur de la scène traumatique et de désensibiliser les images qui y sont associées. Quand l'émotion a été libérée, le client voit la scène sous un autre éclairage et développe une compréhension plus large de ce qui se manifeste[13]. Pour soigner de graves complexes, Dr Hans TenDam, Dr Roger Woolger et beaucoup d'autres thérapeutes ont constaté que des émotions figées, réprimées devaient au préalable être libérées et transformées.

L'hypnothérapie et beaucoup de techniques psychothérapeutiques, incluant la thérapie cognitive comportementaliste, ont développé une approche différente et appellent une catharsis une *abréaction* et tentent d'éviter celle-ci. Les thérapeutes par régression utilisant l'hypnose, pratiquent la désensibilisation. L'idée est de dévoiler rapidement une situation ou une mémoire négative de la vie antérieure et de permettre à la conscience d'absorber celle-ci lentement, comme le ferait un observateur distant. L'attention est davantage portée sur le fait d'amener la vie antérieure à la conscience plutôt que de libérer et transformer le complexe.

5- Mémoires corporelles

La trauma-thérapie développée par Bessel Van der Kolk[14] a souligné l'importance de la libération d'énergie corporelle qui accompagne la libération émotionnelle. Les chercheurs en psychiatrie de Harvard, avec lesquels il a travaillé, ont mis en évidence l'implication des structures cérébrales les plus archaïques, particulièrement les systèmes reptilien et limbique. Ces structures cérébrales répondent aux questions de survie et stockent les mémoires corporelles et émotionnelles traumatiques. La partie inférieure de la région limbique contrôle les sensations et les mouvements tandis que la partie intermédiaire contrôle la réponse émotionnelle[15]. Cette partie est séparée du cortex préfrontal qui est le siège des fonctions cognitives. Il en résulte que le corps doit être mis en jeu pour accéder à ces mémoires corporelles, de façon à rendre efficace la libération de résidus traumatiques.

L'Ancienne Sagesse[16] enseigne que les mémoires corporelles sont des mémoires éthériques qui sont conservées dans le corps subtil. Dans le cas d'une fille morte étranglée dans une vie antérieure, avec une sensation physique d'étouffement au moment de sa mort, cette sensation va s'imprimer dans une mémoire éthérique au niveau du corps subtil au moment où elle va quitter son corps. Cette mémoire s'imprime dans le corps réceptif du bébé au moment où, dans une vie future, l'âme s'unit à celui-ci. Dans la lignée des recherches de William Reich sur les thérapies corporelles, le travail sur les mémoires corporelles dans les vies antérieures aboutit fréquemment à la libération des cuirasses et à la restauration de la libido. Ce qui frappe le plus un observateur non aguerri au sujet de cette approche, c'est la façon dont le client

Annexe I – Notes

s'investit corps et âme dans l'histoire qui est en train d'être revécue. Comme Roger Woolger[17] le fait remarquer, un client qui a des problèmes physiques chroniques ne se contente pas de faire part de ses visions intérieures les yeux fermés et passivement assis ou allongé. Bien au contraire, ils sont sujets à des mouvements spectaculaires, comme par exemple, en revivant la blessure provoquée par un coup de lance, ils peuvent s'agripper à leur estomac, ou encore, du temps où ils étaient esclaves, s'accroupir au moment où ils sont roués de coups. Il s'agit d'une différence fondamentale avec une régression dans les vies antérieures utilisant l'hypnose, qui n'aurait qu'une visée cognitive et spirituelle et négligerait le corps. A l'inverse, un travail sur les mémoires corporelles focalise l'attention des clients sur leur corps pour la simple raison que c'est bien dans le corps que les mémoires corporelles sont le plus distinctement enregistrées.

GUÉRIR L'ÂME ÉTERNELLE

Annexe II

Structurer une seance de therapie par la regression

Préparation

Préparer l'enregistreur. L'enregistrement de la séance pourra être réécouté par le client à sa demande et aussi à titre de précaution légale.

Confort du client - Le client doit être confortablement installé de telle sorte qu'il puisse se mouvoir librement ? Cela s'avère particulièrement nécessaire pour une thérapie corporelle. Un siège inclinable avec un appui tête et des accoudoirs peut faire l'affaire.

Veiller à limiter les perturbations phoniques, débrancher les téléphones fixes, mettre les mobiles en « mode avion » sans oublier le téléphone mobile du client.

Garder à disposition une boite de mouchoirs en papier.

Entretien préliminaire

Pour le thérapeute, l'objectif de cet entretien préalable est d'évaluer s'il est approprié d'effectuer un travail de régression avec le client. Il s'agit également d'établir une relation de confiance et d'apaiser les éventuelles appréhensions du client.

Recueil de l'histoire du client : il s'agit pendant l'entretien préliminaire, de recueillir les informations personnelles du client, en particulier sa problématique et de repérer d'éventuelles contre-indications. Il s'agit aussi de vérifier s'il prend des médicaments et se renseigner sur son parcours de santé mentale ou s'il a déjà suivi une thérapie.

Se mettre d'accord sur les objectifs à atteindre: les attentes du client doivent être discutées pour aboutir à des objectifs raisonnables et étalés dans le temps. Il ne faut pas hésiter à prendre des exemples concrets pour expliquer la démarche de la thérapie par la régression.

Qu'est-ce qui vous amène vers moi aujourd'hui ?
Quel est le problème le plus important pour vous ?
Par quoi voudriez-vous commencer (parmi une longue liste de problèmes) **?**
Quand nous aurons commencé la thérapie, quel sera le premier signe qui montrera que vous avez progressé ?

Demander au client quelles sont les pensées, les émotions et les sensations physiques liées à son problème. Mesurer l'intensité et la fréquence des symptômes permet d'évaluer les progrès tout au long de la thérapie.

La dernière fois que vous avez rencontré ce problème, quelles émotions avez-vous ressenties ?
À quelle fréquence ? Une fois par jour, par semaine, par mois, … ?
Et avec ces émotions, quelles pensées traversent votre esprit ?
Et avec ceci, quelle sensation physique, tension ou douleur ressentez-vous également ?

Sur une échelle de 1 à 10, à combien estimez-vous l'intensité de ce symptôme ?

Durée d'une séance. Si chaque séance est particulière, certaines caractéristiques et certaines étapes sont communes à toutes séances. Une séance de régression dure en général deux heures. L'entretien préliminaire prend une quinzaine de minutes, il faut environ dix minutes pour l'induction ou le pont, puis 80 minutes pour la régression proprement dite, enfin quinze minutes pour le retour à la réalité concrète et le débriefing.

Eviter la présence d'amis pendant la séance. Les informations qui émergent lors d'une régression sont très intimes et peuvent interférer avec des amis ou un partenaire avec lequel le client a une relation karmique. Le client pourra, s'il le souhaite, communiquer avec ses proches, ce qu'il jugera approprié, après la séance.

Clarifications des attentes: Le thérapeute doit prendre le temps d'expliquer le déroulement de la séance, que ce soit une séance d'hypnothérapie, de régression dans une vie antérieure ou de régression spirituelle. On demande aux personnes un peu inquiètes de garder un esprit ouvert et aux clients analytiques, on peut rappeler qu'au cinéma, on n'arrête pas un film en cours pour l'analyser. Préciser également que l'émergence de mémoires enfouies peut impliquer la libération émotionnelle, qui fait partie du processus. Cela mérite d'être discuté ouvertement avec le client avant la séance.

Bien fixer les limites : au cours d'une thérapie corporelle, un contact physique (faisant usage d'un coussin, en général) peut s'avérer nécessaire. Il faut en demander la permission au client, soit avant le début de la séance, soit juste avant la thérapie corporelle.

Utilisation des ponts

La manière la plus simple d'établir un pont est d'utiliser les informations données par le client, par exemple pendant l'entretien préliminaire :

> **Que s'est-il passé dans votre vie au moment où le problème est apparu pour la première fois ?**

Certaines phrases qui émergent lors de l'entretien, en relation avec la problématique du client, et chargées émotionnellement, peuvent être utilisées comme pont verbal :

> **Inspirez profondément et répétez cette phrase (ces mots) plusieurs fois, que se passe-t-il ?**

Les émotions qui émergent à l'évocation d'un souvenir de la vie courante sont un point d'entrée idéal:

> **Quel a été le moment le pire ?**
> **Concentrez-vous sur cette émotion, allez à sa rencontre, allez-y complétement.**
> **Allez au moment où vous avez ressenti cette émotion pour la première fois ... que se passe-t-il ?**

Les symptômes physiques inexplicables, rapportés pendant l'entretien, sont des ponts somatiques possibles:

Quelle sensation physique ressentez-vous ? Est-ce intense ou superficiel ... sur un point précis ou plus largement étendu ?
Laissez votre corps, vos bras et vos jambes prendre la position qui va avec cette mémoire. Est-ce que la sensation s'amplifie ?
C'est comme si ? ... que se passe-t-il maintenant ?
Quelles images vous viennent à l'esprit ?

Un balayage énergétique peut aider à amplifier la sensation physique ou l'émotion:

Je vais commencer un balayage de votre champ énergétique pour détecter d'éventuels blocages reliés à ... (la problématique)

Effectuer le balayage corporel deux ou trois fois en nommant au fur et à mesure les parties du corps concernées :

Tout en fermant vos yeux, concentrez-vous sur vos sensations pendant que je vais faire un balayage corporel. Mes mains resteront à une quinzaine de centimètres au-dessus de votre corps, sans vous toucher. Dites-moi ce que vous ressentez de particulier, une sensation de blocage, de lourdeur ou au contraire de légèreté, ou toute autre sensation ou émotion. Je commence avec les pieds ... les chevilles ..., les jambes ... les genoux ... (et ainsi de suite). Où se situe la sensation la plus forte ? Concentrez-vous sur cette partie-là.

Ensuite, utiliser le pont somatique.

Au sujet de l'hypnose

Les scripts d'induction hypnotique et d'imagerie guidée sont décrits dans l'annexe III. Il est souvent utile d'avoir recours aux signaux idéomoteurs pour obtenir des indications sur le travail à effectuer (nettoyage énergétique, régression dans la vie courante ou dans une vie antérieure, …) et dans quel ordre il convient de faire les choses.

Incarner le personnage principal de la vie antérieure

Il convient de réunir des informations sur le personnage de la vie antérieure et de s'assurer que l'expérience soit relatée au temps présent et de l'intérieur du corps. Si le client entre directement et spontanément dans une catharsis, ces informations pourront être obtenues ultérieurement.

> **Quels vêtements portez-vous ?**
> **Est-ce que vous les sentez sur votre corps ?**
> **Décrivez-les en détails.**
> **Portez-vous un objet particulier ?**
> **Etes-vous un homme, une femme … plutôt jeune ou plutôt âgé ?**

Etablir la scène

Il s'agit ensuite de récolter des informations sur la scène de la vie antérieure. Les autres questions qui pourront être posées seront basées sur la façon dont se dégage l'histoire de la vie antérieure.

> **Etes-vous à la campagne ou dans une ville ou un village ?**
> **Décrivez ce qu'il y a autour de vous en détail.**

Y a t-il d'autres personnes autour de vous ?
Que font les autres personnes autour de vous ?
Comment sont-ils habillés ?
Que percevez-vous d'autre ?
Est-ce le jour ou la nuit ?

Exploration de la vie antérieure

La navigation dans la vie antérieure jusqu'à la mort requiert un mode directif. Il faut éviter les détails sans importance pour se focaliser sur les évènements les plus significatifs de la vie antérieure. Il faut repérer avec soin les tournants et les points de blocage.

Que se passe –t-il ensuite ?
Y a-t-il encore quelque chose d'important dans cette scène ?
Je vais compter jusqu'à 3, et à 3 je vais vous demander d'aller au prochain évènement important de cette vie ...
1 ... 2 ... 3 ... que se passe-t-il maintenant ?

CATHARSIS

Si une catharsis se présente spontanément, il faut accompagner la libération émotionnelle avec une voix plus forte, un langage sensoriel adressé au corps du client, tout en répétant les consignes.

Laissez tout sortir ... allez-y.
Voilà, c'est fini.

LE PASSAGE DE LA MORT

Le passage de la mort doit être traité systématiquement, car toute pensée ou émotion non résolue au moment de la mort reste imprimée profondément. Il faut les noter pour les transformer ultérieurement ainsi que les mémoires corporelles, comme par exemple la suffocation ou une blessure.

Quand je vais compter jusqu'à trois, je vais vous demander d'aller au moment où votre cœur cesse de battre ... 1 ... 2 ... 3 que se passe-t-il maintenant ? Quelles pensées et émotions vous accompagnent au moment de la mort ?

Les morts violentes doivent être parcourues assez rapidement pour éviter au client tout désagrément inutile. Prononcez avec une voix forte :

Allez rapidement au moment de la mort

Puis répéter autant que nécessaire :

Voilà, c'est fini maintenant !

Assurez-vous que l'âme quitte le corps et ne reste pas attachée au plan terrestre. Dans le cas contraire, trouvez la condition pour qu'elle puisse se diriger vers le plan spirituel.

Votre âme a-t-elle quitté votre corps ?
Que faudrait-il pour qu'elle puisse quitter votre corps ?

Annexe II – Structurer une séance de thérapie par la régression

A LA RENCONTRE DES AUTRES PERSONNAGES AU PLAN SPIRITUEL

La rencontre avec les personnages de la vie antérieure, avec l'aide des guides spirituels, est riche en enseignements. Un véritable pardon procure un effet thérapeutique profond et permet souvent une complète résolution:

> **Laissez votre esprit s'élever maintenant à la rencontre de ...** (des personnages de la vie antérieure). **Que voudriez-vous leur dire que vous n'avez pas pu leur dire jusqu'à maintenant ?**
> **Que vous répondent-ils?**

Pour les agresseurs ne manifestant aucun signe de pardon :

> **Faites leur comprendre de façon télépathique le mal qu'ils vous ont fait.**
> **Envoyez-leur l'énergie de l'amour. En quoi cela change leur compréhension ?**
> **Allez dans une autre vie antérieure où vous les avez déjà rencontrés.**
> **Demandez l'aide de votre guide spirituel. Quels conseils vous donne-t-il ?**

Thérapie corporelle — exploration des mémoires corporelles

Cette technique est appropriée aussi bien pour une vie antérieure que pour la vie courante et déclenche souvent une catharsis. Il est important de prendre une voix ferme et directive:

Allez directement au moment juste antérieur où: (par exemple vous avez pour la première fois ressenti les coups)
Corps, montre-moi ce qui se passe (encourager le mouvement des bras et des jambes).
Corps, montre-moi ce qui se passe ensuite (répéter autant de fois que nécessaire)
Corps, voilà, c'est fini (répéter d'une voix forte jusqu'à la fin de la catharsis)

Thérapie corporelle — libération des mémoires corporelles

Il est préférable d'entamer cette thérapie après avoir exploré les mémoires corporelles. Il sera nécessaire de faire appel à un supplément d'énergie pour transformer un blocage et celle-ci peut provenir de l'esprit d'un animal.

Corps (poings, pieds, ...) **que veux-tu faire que tu n'as jamais pu faire ?**
Allez au royaume des animaux à la rencontre de l'esprit d'un animal qui pourra vous apporter l'énergie dont vous avez besoin. Laissez venir en vous cette énergie et ressentez là intensément dans ... (la partie du corps qui nécessite la transformation)

Revoyez ce que vous allez faire pour permettre la transformation. Il est recommandé de compter jusqu'à 3 afin de donner au thérapeute le temps de coordonner la thérapie corporelle.

Annexe II – Structurer une séance de thérapie par la régression

Je vais compter jusqu'à 3, à 1 vous irez au moment où ... (par ex: les coups ont commencé) **et à 3 vous** ... (ferez ce que cette partie du corps aurait souhaité faire)
1 ... **allez au moment où** ... (par ex: vous avez ressenti les coups pour la première fois)
2 ... **cela va se produire dans un instant** (ou toute autre formulation qui induit le psychodrame)
3 ... **corps** (ou poing, etc ...) **montre-moi ce que tu as toujours souhaité faire.**

Transformez l'histoire qui s'est jouée dans le corps en utilisant des coussins, des serviettes nouées, etc...Mettez en scène le psychodrame avant d'entamer le processus de transformation ou faites en sorte d'opposer une certaine résistance au cours de la transformation.

Il est utile d'accompagner cette transformation d'une affirmation telle que « voyez/sentez comment vos mains ont maintenant le force de repousser... »

RÉGRESSION DANS LA VIE COURANTE

Les évènements importants de la vie courante prolongent ceux des vies antérieures. Ils émergent pendant l'entretien préliminaire ou par un pont effectué à partir d'une vie antérieure.

Allez au moment où vous avez ressenti cette colère (ou cette peur, etc.) **pour la première fois dans cette vie courante et dites-moi ce qui se passe.**

Une fois mise à jour, les mémoires de la vie courante peuvent être transformées de la même façon qu'une vie antérieure par une rencontre avec les personnages reliés aux évènements importants :

> **Laissez votre esprit s'élever et se connecter avec l'esprit de ...** (la personne). **Que voulez-vous lui dire maintenant et que vous n'avez jamais pu lui dire ?**
>
> **Qu'est-ce qu'il (elle) vous répond ?**

Changer l'histoire de vie :

> **Grâce aux nouvelles ressources que vous avez maintenant** (compréhension spirituelle ou ressources animales) **allez au moment où** ... (juste avant l'évènement) **et dites-moi comment les choses évoluent différemment et de manière utile pour vous.**

Pont vers le futur:

> **Déplacez-vous dans le temps à 6 mois d'ici et en contemplant tous les évènements qui seront arrivés à ce moment, dites-moi ce qui a changé dans votre vie avec cette compréhension spirituelle que vous avez acquise maintenant.**
>
> **Dites-moi ce qu'il est advenu dans les six derniers mois dans votre vie sociale (ou vie professionnelle ou dans vos relations personnelles).**

Annexe II – Structurer une séance de thérapie par la régression

VÉRIFICATION DE LA COMPLÉTUDE DES TRANSFORMATIONS

Il convient de vérifier à la fin de la séance que toutes les transformations sont complètes au moyen d'un balayage énergétique ou de signaux idéomoteurs. Dans le cas contraire, il faut retourner au point qui nécessite encore une transformation, explorer l'événement et cette fois le transformer.

Dans le cas où une seule séance aurait été prévue, un retour d'expérience du client par téléphone ou par email peut faciliter son intégration. Dans l'hypothèse où plusieurs séances sont organisées, un journal retraçant les vies antérieures peut être tenu par le client, il peut être encouragé à exercer des activités physiques en vue de favoriser la dissociation et la vie antérieure peut de nouveau être passée en revue avant de démarrer une nouvelle séance.

ENTRETIEN DE FIN DE SÉANCE

Dans cette phase, alors qu'il est encore absorbé par son expérience, le client retrouve une position assise. Le rôle du thérapeute est d'aider son client à formuler sa propre interprétation de ce qui s'est produit durant la séance.

Il faut prévoir une bonne quinzaine de minutes pour ce dialogue et pour s'assurer que votre client a bien repris contact avec l'ici et maintenant.

Ces questions à la fin de la séance débutent le déroulement de l'intégration :

Est-ce que vous reconnaissez d'éventuels schémas répétitifs entre cette vie antérieure et votre vie présente ?

Est-ce que vous reconnaissez des personnages communs entre cette vie antérieure et votre vie présente ?

ANNEXE III

STRUCTURER UNE SEANCE DE REGRESSION SPIRITUELLE

La méthode présentée dans ce paragraphe, y compris les scripts et les questions, est une adaptation du livre du Dr Michael Newton, *Life Between Lives Hypnotherapy,*[1] et du manuel de son cours au *Michael Newton Institute*.

PRÉPARATION

Il s'agit de tout mettre en œuvre pour que la régression spirituelle soit parfaitement réussie.

Entretien préliminaire avec le client. Vérifiez que votre client ait déjà expérimenté l'hypnose et une régression dans la vie antérieure de façon satisfaisante. Pour ceux qui n'auraient pas vécu ce type d'expérience, il conviendrait d'organiser au préalable une séance dédiée à la régression dans les vies antérieures utilisant l'hypnose. Cela permettra à vos clients de plonger plus profondément dans un état de transe ou un état similaire modifié de conscience s'ils l'ont déjà expérimenté. Fournir un CD d'auto-hypnose peut aider le client à entrer dans une transe auto-provoquée et lui permettre d'apprendre à se relaxer. Il convient de vérifier l'absence de contre-indications, particulièrement la prise de médicaments, la consommation de drogues ou les troubles émotionnels. La régression spirituelle n'a pas de visée thérapeutique.

Préparer un enregistreur. En transe profonde, le client ne se souviendra pas de tous les détails de sa régression spirituelle. Chaque nouvelle écoute de la séance permet d'accéder à un niveau de compréhension supérieure. Par prudence, il est recommandé d'utiliser un deuxième enregistreur.

Confort du client. Une séance dure habituellement entre trois et quatre heures. Sachant qu'en transe profonde, une personne n'est pas en mesure d'ajuster sa position, il est important que le canapé, le sofa ou le fauteuil inclinable soit confortable. Il faut également proposer une couverture pour éviter un refroidissement consécutif au ralentissement de la circulation sanguine.

Veiller à limiter les perturbations phoniques. Débrancher les téléphones fixes, mettre les mobiles en « mode avion » sans oublier le téléphone mobile du client.

Le temps des différentes phases de la séance doit être bien maîtrisé. En plus d'une séance pouvant durer quatre heures, le client doit prévoir un temps calme de réflexion et d'intégration de cette expérience. Pour le thérapeute, ces régressions sont consommatrices d'énergie en raison du temps important passé en étant connecté avec les aides spirituelles.

Pour éviter le « burnout », il est recommandé au thérapeute de ne pas effectuer plus d'une régression spirituelle par jour.

Créer un espace sacré pour la séance. La ressource essentielle du thérapeute est sa connexion intuitive. S'il celui-ci ne travaille pas dans son lieu d'exercice habituel, il est important de s'assurer que le lieu choisi ainsi que son niveau énergétique soient adéquats. Il est possible pour créer un fond sonore et faciliter l'entrée en transe d'utiliser un lecteur de CD.

Annexe III – Structurer une séance de régression spirituelle

Travail préalable à effectuer par le client : Les instructions communiquées verbalement ou par email pourraient s'exprimer ainsi :

"Merci de votre message. Avant d'effectuer une Régression Spirituelle de la Vie entre les Vies, il est important d'avoir expérimenté la transe hypnotique. Pouvoir entrer dans un niveau de transe profonde est nécessaire pour accéder aux mémoires de l'âme. La transe est un état naturel de focalisation sur le monde intérieur alors que le mental ralentit pour se mettre en retrait. Chaque personne vit cette expérience quotidiennement, par exemple quand vous conduisez une voiture sur un long trajet et qu'en arrivant vous ne vous souvenez que des pensées qui vous ont traversé l'esprit. Atteindre un état de transe profonde, demande l'aide du thérapeute. Plus vous aurez expérimenté cet état modifié de conscience, plus vous pourrez y accéder rapidement et profondément.

Si vous n'avez jamais pratiqué l'hypnose, soit vous pouvez contacter un hypnothérapeute proche de chez vous, soit je peux vous adresser un enregistrement d'autohypnose que vous pourrez utiliser autant de fois que possible ».

Il est également important d'avoir préalablement effectué une régression dans les vies antérieures de façon à nettoyer tout blocage qui pourrait vous empêcher d'accéder à un niveau profond de transe. Une séance de régression dure environ deux heures et coûte ***. Je peux vous recevoir à *** le *** (tel jour) à *** (telle heure).

Un enregistrement de la séance vous sera remis. Il vous est aussi possible d'apporter votre propre enregistreur. Le fait d'écouter plusieurs fois l'enregistrement permet de mieux intégrer les informations qui seront révélées. Il vous est demandé de formuler vos objectifs pour cette séance.

Parmi ceux-ci figurent par exemple les questionnements suivants : le sens de votre existence actuelle, les progrès réalisés sur les plans spirituel et karmique, les raisons pour lesquelles certains événements se sont produits dans votre vie, le repérage de certains membres de votre groupe d'âmes dans votre vie actuelle et la rencontre avec votre guide spirituel. Il convient d'identifier jusqu'à 8 personnes qui ont eu sur vous un effet positif ou négatif dans votre vie. Notez la relation qu'ils ont eu avec vous et énumérez trois adjectifs pour chacun, par exemple, Joanne – Mère : aimante, dominatrice, distante.

Compte tenu de la durée de la séance, il est recommandé de porter des vêtements confortables et de s'allonger durant la séance. Il est déconseillé d'inviter des proches en raison du caractère personnel de ce qui sera révélé au cours de la séance. Vous pourrez toujours à une date ultérieure et si vous le souhaitez partager l'information qui a été enregistrée.

Il est également recommandé de prévoir un temps de repos juste après la séance et si vous devez conduire, suffisamment de temps pour votre trajet de retour.

Début de la séance

Il s'agit d'établir un rapport de confiance, de bien comprendre les objectifs du client, de définir les attentes et de répondre à toutes ses questions.

Historique du client - Au cours de l'entretien initial, le thérapeute recueille les informations sur la vie du client, et vérifie l'absence de contre-indication. Il se renseigne sur son âge et sur l'existence d'éventuels traumatismes vécus durant l'enfance. Certains clients ont des difficultés à se souvenir de leur enfance, ce qui devrait amener le thérapeute à s'interroger sur

Annexe III – Structurer une séance de régression spirituelle

l'opportunité ou tout au moins les précautions à prendre avant d'utiliser l'induction par la régression en âge. Les clients qui ont déjà expérimenté l'hypnose peuvent indiquer au thérapeute les techniques qui ont le mieux fonctionné pour eux et certaines d'entre elles peuvent remplacer l'induction hypnotique ou l'approfondissement. Pour les clients de type analytique, une induction par confusion peut s'avérer nécessaire.

Bien expliquer le processus - Le thérapeute explique comment se déroule la séance et répond à toutes les questions du client. Il est préférable de préciser au client qu'ils peuvent faire part de leur besoin d'aller aux toilettes même en état d'hypnose légère ou non.

Répondre aux interrogations du client - Ce qui se déroulera durant la séance peut être différent de ce que le client aura déjà lu sur le sujet. Plutôt que de voir défiler des images, il est possible que l'expérience soit plutôt de l'ordre du ressenti. Il y a dans une séance de régression, une certaine fluidité dans l'ordre des événements et la quantité de détails varie. Parfois l'esprit supérieur (l'inconscient) bloque totalement ou partiellement l'accès aux informations, mais quelle que soit l'expérience vécue, elle correspond à ce dont le client a besoin à ce moment de sa vie. Même en transe profonde, l'esprit conscient sera d'une certaine façon toujours présent, le plus souvent comme un observateur médusé. Souvent après une séance de régression spirituelle de la vie entre les vies, les clients pensent qu'ils ont tout inventé. Il est utile de préciser au client que ces doutes peuvent se produire mais certains indices permettent d'éclairer sur la réalité de ce qui a été vécu : les émotions indéniables ressenties lors de la rencontre avec le guide spirituel et le groupe d'âmes, la façon spontanée dont l'histoire se déroule, la quantité de détails, et les réflexions des Anciens et du guide spirituel qui semble être parfaitement en résonance avec l'expérience de la vie actuelle du client..

Revoir avec le client la liste des personnages importants. Il s'agit ici de passer en revue les objectifs et la liste des personnes importantes citées par le client.

Eviter les amis et connaissances durant la séance. L'information qui ressort de la séance est personnelle et intime. Il est toujours possible que des amis, voire des époux puissent faire partie intégrante de l'information karmique. Pour cette raison, il est préférable qu'ils n'assistent pas à la séance. Le client peut s'il le souhaite partager l'information enregistrée lors de la séance quand il le jugera opportun.

INDUCTION HYPNOTIQUE

Il arrive qu'une aide soit nécessaire pour que le client puisse ralentir son activité mentale qui peut s'exprimer comme suit :

> « Je vais vous demander de fermer les yeux et d'imaginer une boite, je ne sais pas à quoi elle ressemble ... mais vous pouvez la voir, la toucher ou la percevoir de la façon qui vous plait ... je voudrais maintenant que vous placiez vos pensées à l'intérieur de cette boite ... tous vos soucis, toutes vos inquiétudes, toutes sortes de pensée vont à l'intérieur de cette boite ... et maintenant vous pouvez imaginer que vous refermez cette boite avec un couvercle solide ... faites-moi signe avec votre tête quand la boite sera solidement refermée ... bien, merci ... et pendant cette séance, si d'autres pensées vous viennent à l'esprit, vous pourrez toujours ouvrir le couvercle et les mettre dans la boîte...et mettre ensuite la boîte derrière vous ».

Amener un client dans une transe suffisamment profonde pour qu'il accède aux détails de ses mémoires d'âmes peut prendre jusqu'à 45 minutes. Le thérapeute doit adapter le rythme de sa

Annexe III – Structurer une séance de régression spirituelle

voix, y inclure des temps de pause, et ralentir de plus en plus son rythme de parole au fur et à mesure que l'induction progresse. Une douce musique céleste pourra aider à masquer des bruits de fonds indésirables. Il est important que le client soit confortablement installé en position allongée, ses mains restant visibles pour le thérapeute. Autant que possible l'induction doit s'effectuer de façon synchronisée avec l'expiration du client.

> Alors que vos yeux se ferment... vous pouvez prendre plusieurs inspirations profondes... et vous concentrer sur votre respiration... alors que vous inspirez... vous inspirez de la relaxation... et lorsque vous expirez... vous expirez toute tension... et maintenant si vous vous concentrez sur le sommet de votre tête... et toutes les tensions musculaires commencent à s'évanouir... tout simplement, vous vous détendez et vous lâchez prise... et, je me demande si la relaxation profonde et peut-être l'engourdissement de votre front... se propagent déjà... vers les yeux... le visage... la bouche... la mâchoire... le cou... profondément reposant... lourd... plus vous vous détendez physiquement... plus vous vous relaxez aussi mentalement... et bientôt... vous pouvez profiter de ce sentiment merveilleux... de relaxation totale.... et je me demande avec quelle rapidité la relaxation va se répandre vers le cou et les muscles des épaules... vers le haut des bras... c'est cela, laissez ces muscles se détendre et se libérer... et les avant-bras... vous les sentez se détendre... jusqu'aux coudes... et le long des avant-bras... vous laissez ces muscles se détendre... et se relâcher... jusqu'aux poignets... les mains, les doigts et les pouces.... jusqu'au bout des doigts... laissez juste toute la tension musculaire s'en aller... ... et maintenant les muscles du dos... le long de l'épine dorsale... laissez juste tous ces muscles se relâcher et se relaxer... et laissez-les s'enfoncer

confortablement dans les coussins juste en dessous de vous... et la taille et les hanches... jusqu'aux muscles des cuisses.... toute la tension s'en va... et vous descendez vers les genoux... pensez à la détente... qui gagne les jambes... jusqu'aux mollets... les chevilles et les pieds... jusqu'aux orteils.... jusqu'au bout des orteils... vous devenez plus calme, plus détendu... et totalement à votre aise...votre respiration devient plus régulière...tous ce que vous pouvez entendre autour de vous fait partie de votre expérience de relaxation et de détente... et maintenant je vais vous demander d'utiliser votre merveilleuse imagination... imaginez que vous êtes dans une très belle maison de campagne, vous pouvez la voir, la sentir ou en faire l'expérience de la façon qui vous convient...une vraiment belle...maison de campagne...ancienne... lors d'un après-midi d'été...chaud et ensoleillé...et vous vous trouvez au sommet d'un escalier ...qui mène à une porte d'entrée...et tandis que vous regardez vers le bas...vous pouvez apercevoir ce qu'il y a derrière la porte entrouverte...un jardin de campagne enchanteur...et c'est tellement attirant que vous avez envie de descendre les marches de l'escalier...pour découvrir cet endroit unique...par ce bel après-midi d'été ensoleillé...et il n'y a personne aux alentours...qui puisse vous déranger...ou vous ennuyer... et dans un moment je vais compter de 1 à 10...chaque nombre représente une marche...et chacune de ces marches vous conduit plus bas...à des niveaux plus profonds de transe...et lorsque vous aurez atteint la 10ème marche...vous serez aussi détendu...que vous pourrez l'être...et votre esprit vagabondera...et vous entendrez encore le son de ma voix... mais cela n'a pas la moindre importance...le son de ma voix continuera à vous relaxer... un....lorsque vous serez prêt (e), descendez la première

marche...détendu(e), relaxé(e)... deux...une autre marche...vous êtes à l'aise ...tranquille ...apaisé(e)...trois ... peut-être remarquez- vous une sensation de détente qui se propage vers vos pieds à chaque nouvelle marche...quatre... vous descendez de plus en plus profondément en transe avec cette nouvelle marche ... cinq... une autre marche... vous êtes de plus en plus calme... encore plus calme... vous continuez à vous détendre... à vous relaxer... et à vous sentir de mieux en mieux ... six.... peut-être commencez- vous à remarquer que tous les sons environnants font partie de votre expérience de bien-être et de relaxation... et tout autre chose que vous remarquerez fera partie de cette expérience...
Sept... vous vous enfoncez de plus en plus profondément dans la relaxation ... votre esprit flotte comme un bouchon à la surface de l'océan ...
Huit... vous profitez de ces sensations tellement agréables ... à moitié éveillé et à moitié endormi... vous vous sentez tellement bien...
Neuf... votre relaxation s'accroît... et un bien-être grandissant se diffuse dans tout votre corps à chaque nouvelle expiration ...
Dix... et maintenant vous êtes au pied de l'escalier... et vous vous avancez pour ouvrir la porte... et aller dans le jardin... vous percevez cette atmosphère de paix... et de tranquillité... dans cet endroit merveilleux et calme... et vous passez la porte... vous vous tenez debout, juste là et vous remarquez cette herbe qui ondule sous la brise, ces fleurs multicolores et odorantes ... ces arbres ... le ciel ... magnifiques ... et vous sentez la chaleur du soleil sur votre peau... alors que vous profitez de ce bel après-midi... dans cet endroit merveilleux...... toute cette palette de couleurs

...rouge, jaune...violet...blanc...ces odeurs que vous avez envie d'inhaler...et il n'y a personne autour...personne qui attende ou désire quelque chose de vous ...vous pouvez ainsi profiter pleinement de la paix, la tranquillité de ce jardin merveilleux....vous vagabondez dans le pré...et parvenez à une arche ornée de fleurs...puis vous descendez quelques marches en pierre...le long desquelles ruisselle gaiement un cours d'eau... qui clapote et gargouille dans la distance...et vous désirez vous aventurer toujours plus loin dans ce jardin ô combien enchanteur... et toujours plus profondément plonger dans la relaxation...une fois parvenu(e) en bas des marches...vous apercevez un autre pré...et un ruisselet bordé de roseaux...et vous traversez lentement le pré...baigné(e) dans la chaleur et la paix de cet après-midi d'été ...et vous vous asseyez au bord du ruisseau...vous contemplez la clarté et transparence de l'eau...vous laissez votre esprit vagabonder librement tandis que vous respirez la fraîcheur de l'eau...et vous ressentez votre complète relaxation...vous laissez votre esprit s'échapper ...là où il souhaite voyager.

ÉVALUATION DE LA PROFONDEUR DE TRANSE

Ce test de profondeur de transe peut être utilisé à tout moment. Un temps de réponse assez long ainsi qu'un mouvement presque involontaire des doigts sont également des signes de transe profonde.

Imaginez une échelle de 1 à 10 ... 10 représentant un état de pleine conscience ... 1 représentant l'état de transe le plus profond que vous pouvez atteindre ... je vais compter en descendant de 10 à 1 ... quand j'aurais atteint le nombre qui correspond à votre niveau de transe actuel, vous pourrez lever un doigt de la main droite (ou gauche) ... 10 ... 9 ... 8 ... 7 ... et ainsi de suite.

Attendez le mouvement du doigt. « Bien, merci ».

APPROFONDISSEMENT DE TRANSE

La technique d'approfondissement, parfois appelée de « *compte à rebours* », peut être utilisée en lieu et place de l'approfondissement préconisé par M. Newton pour obtenir un état de transe plus profond encore.

> Dans un moment, je vais vous demander de commencer à compter ... en commençant par un ... et au fur et à mesure que vous compterez, vous serez de plus en plus détendu ... de plus en plus relaxé ...vous allez compter lentement ... très lentement ... et peut-être même que vous allez remarquer que rapidement .... ces nombres vont juste s'effacer ... et finalement disparaitre complètement ... car vous vous sentez tellement détendu(e), tellement confortable...et tellement relaxé(e)...et ces nombres n'ont désormais plus la moindre importance...et en commençant par le nombre 1...

Entre chaque nombre que le client prononce, le thérapeute ajoute :

Commence à disparaitre
Plus profondément
De plus en plus profondément

Vous voyez comment les nombres commencent à s'effacer...à s'effacer
Une relaxation tellement agréable

Au fur et à mesure que les nombres s'effacent, la voix du client devient de plus en plus basse.

Ancrer la profondeur de transe

Quand le client a atteint le niveau le plus profond de leur transe, il est utile d'ancrer cette expérience afin que celle-ci puisse être rappelée au moment opportun si nécessaire :

> « A chaque fois que je prononcerai les mots "RESTEZ DANS CETTE EXPERIENCE », vous pourrez automatiquement, sans avoir besoin de penser, autoriser votre corps et votre esprit à revenir immédiatement dans cet état de transe tellement agréable dont vous profitez maintenant ... A chaque fois que je prononcerai les mots "RESTEZ DANS CETTE EXPERIENCE », vous pourrez automatiquement, sans avoir besoin de penser, autoriser votre corps et votre esprit à revenir immédiatement dans cet état de transe tellement agréable dont vous profitez maintenant ... A partir de maintenant et pour toutes les autres séances que nous ferons ensemble ».

INSTRUCTIONS FINALES

Ces instructions doivent être données avec une voix plus directive.

> « et progressivement vous vous rendez compte que vous parlez de plus en plus librement...vous parlez de tout sans

vous éveiller...en réalité la conversation que nous avons ensemble ne sert qu'à vous permettre de rester dans cet état de transe profonde ...j'aimerais que vous visualisiez que vous êtes entouré(e) d'un bouclier de lumière...de la tête aux pieds...qui vous donne du pouvoir et vous offre de la lumière et si des pensées négatives venaient vous assiéger, elles viendraient rebondir sur votre bouclier de lumière protecteur et seraient rejetées loin de vous ».

Entrée dans la vie antérieure

« et nous allons entrer dans la brume conduisant à votre dernière vie antérieure...ou une autre vie que votre esprit supérieur sélectionnera pour vous...sachant que je vais compter jusqu'à 3 et qu'au nombre 3, vous sortirez de la brume et entrerez dans la vie antérieure...1... vous entrez dans la brume...2...vous commencez à sortir de la brume...vos souvenirs commencent à devenir plus précis...et bientôt vous serez tout à fait sorti de la brume et totalement dans votre corps dans cette vie antérieure...3...voyez comme la brume se dissipe tandis que vous voyez apparaître vos pieds... vos jambes...et les vêtements sur votre corps...et quand vous le souhaiterez...quand la brume sera totalement dissipée...dites-moi quels vêtements vous portez ».

Incarner le personnage

Gather detailed information about the past life character and move through any spontaneous catharsis quickly. Possible questions are:

Récoltez le plus d'informations possibles sur ce personnage de la vie antérieure et avancez rapidement dans le cas où une catharsis spontanée se manifesterait :

> Quels vêtements portez-vous ?
> **Décrivez ces vêtements en détail.**
> **Quelle est votre perception du tissu que vous portez ?**
> **Portez-vous un objet ?**
> **Etes-vous un homme ou une femme... jeune ou agé(e) ?**

Entrée dans la scène

Il s'agit ici de collecter des informations sur la scène de la vie antérieure. D'autres questions peuvent être posées sur la façon dont l'histoire se déroule, par exemple :

> **Etes-vous à la campagne ? Y a-t-il des bâtiments ?**
> **Pouvez-vous percevoir plus de détails ?**
> **Etes-vous seul ou accompagné ?**
> **Que font les autres personnes ?**
> **Que portent-ils comme vêtements ?**
> **Que percevez-vous d'autre autour de vous ?**
> **Est-ce le jour ou la nuit ?**
> **Est-ce qu'il fait froid ou chaud ?**

Exploration de la vie antérieure

Utilisez des suggestions/instructions directives pour naviguer dans la vie antérieure. Passez les détails sans importance et allez directement aux événements significatifs de cette vie.

> **Que se passe-t-il maintenant ?**

Au nombre 3, allez au prochain moment important de cette vie...

PASSAGE DE LA MORT

L'exploration de la vie antérieure ne doit pas excéder 15 à 30 minutes car elle est normalement revue en détail dans le plan spirituel avec le guide spirituel. Bien sûr, le passage de la mort est un moment majeur qui traduit la fin de cette incarnation :

> **Allez au moment où vous prenez votre dernière inspiration et dites-moi ce qui se produit.**

Dans le cas d'une mort violente, traversez rapidement le passage de la mort pour éviter toute souffrance inutile.

> **Allez directement au moment de la mort. C'est fini maintenant.**

Entrée dans le plan spirituel

A ce stade, il n'est pas nécessaire de réunir beaucoup de détails. Laissez suffisamment de temps pour que vienne la réponse. Voici le type de questions à poser :

> **Allez au moment où votre cœur cesse de battre. Est-ce que vous restez fixé(e) à votre corps ou êtes-vous prêt(e) à le quitter ?**
> **Alors que votre cœur a cessé de battre, que se passe-t-il ensuite ?**

Quand l'âme quitte le corps, il peut s'ensuivre une certaine confusion. A ce moment, il est préférable d'être assez directif, par exemple :

> Allez au moment où vous quittez votre corps et dites-moi ce qui se passe maintenant.
> Est-ce que vous quittez votre corps de vous-même ou est-ce que vous ressentez comme une aspiration ?
> Est-ce que vous regardez vers la terre ou vers le haut ?
> Apercevez-vous des présences ou des lumières et combien sont-elles ?
> Est-ce que l'une d'elle se rapproche de vous ou est-ce vous qui vous déplacez vers la lumière?
> Alors que vous être proche de ces présences, décrivez leur apparence physique, leur couleur, ...

L'ESPACE DE SOIN ÉNERGÉTIQUE

Si la vie antérieure a été traumatisante, le client est dirigé vers un lieu de soin énergétique. Sa vocation est d'ôter de lourdes énergies émotionnelles provenant de vies antérieures ou d'apporter de nouvelles énergies avant que se produise la rencontre avec d'autres âmes dans le plan spirituel.

> **Où allez-vous maintenant?**
> **Décrivez l'endroit vers lequel vous avez été attiré ?**
> **Est-il différent d'une quelconque façon des autres fois où vous y avez été ?**
> **Y recevez-vous de nouvelles énergies ou des anciennes vous sont-elles retirées ?**
> **Dites ce que vous expérimentez ?**

Regardez la couleur de votre champ d'énergie et dites quels changements se sont opérés depuis que vous êtes arrivé(e) en ce lieu ?

Exploration des mémoires d'âmes

Ces questions peuvent être posées à plusieurs reprises :

Que se passe-t-il maintenant ? Y a-t-il d'autres évènements importants dont vous aimeriez parler avant que nous poursuivions.

Revue avec le guide spirituel

Pour les clients qui rencontrent leur guide spirituel pour la première fois, cette expérience est inoubliable et ils s'en souviendront jusqu'à la fin de leur existence. Il s'agit souvent du moment où leur vie antérieure est passée en revue.

Avez-vous une idée de qui vient à votre rencontre ?
Est-ce que votre guide apparait sous une forme physique ou énergétique ?
Que ressentez-vous quand vous rencontrez votre guide spirituel pour la première fois ?
Demandez à votre guide de se montrer sous une apparence physique et décrivez ce que vous percevez.
Décrivez les traits de son visage, la couleur et la longueur de ses cheveux, la couleur de ses yeux.
Quel est le nom de votre guide ?
S'il passe en revue votre vie passée, que vous dit-il ?
Comment cette vie antérieure vous apparait-elle ?

Est-ce que votre guide vous révèle la mission de cette vie antérieure ?
Avez-vous accompli cette mission ? Quels problèmes avez-vous rencontrés ?
Comment votre guide vous a-t-il aidé dans cette vie passée ?

Rencontre avec le groupe d'âmes

Chaque personne fait partie d'un groupe d'âmes. Parfois la rencontre est spontanée et le client décrit des formes lumineuses qui viennent vers lui :

> Regardez attentivement ces formes lumineuses une par une et dites-moi quelles sont leurs couleurs ?
> Si votre regard devient encore plus pénétrant, quelle couleur voyez-vous ?
> Ces couleurs sont-elles identiques ou différentes de la vôtre ?
> Que ressentez-vous en leur présence ?
> Dites-moi, dans votre groupe d'âmes, combien sont-ils ?
> Y en a-t-il qui ont été impliqués d'une quelconque façon dans vos vies antérieures ?
> Est-ce que votre groupe d'âmes partage un intérêt commun ou un thème de travail particulier ?
> Regardez les attentivement une par une, dites-moi leurs noms et celles qui sont présents dans votre vie courante.
> Avez-vous effectué des préparatifs avec elles en vue de votre vie actuelle ?
> Depuis combien de vies êtes-vous avec ce groupe ?
> Est-ce que certains membres de ce groupe consacrent des périodes prolongées à d'autres activités et lesquelles ?

Annexe III – Structurer une séance de régression spirituelle

Rencontre avec d'autres groupes d'âmes

Dans le cas où le client appartient à d'autres groups d'âmes, il se peut qu'il se dirige spontanément vers d'autres formes lumineuses :

> **Regardez attentivement ces formes lumineuses une par une et dites-moi quelles sont leurs couleurs ?**
> **Si votre regard devient encore plus pénétrant, quelle couleur voyez-vous ?**
> **Ces couleurs sont-elles identiques ou différentes de la vôtre ?**
> **Regardez les attentivement une par une, dites-moi celles qui sont présentes dans votre vie courante.**
> **Avez-vous effectué des préparatifs avec elles en vue de votre vie actuelle ?**
> **Est-ce que votre groupe d'âmes partage un intérêt commun ou un thème de travail particulier ?**
> **Depuis combien de vie êtes-vous avec ce groupe ?**

Rencontre avec les anciens

Quel que soit le nom qu'on leurs donne, les âmes rencontrent les Anciens au moins une fois dans leur vie entre les vies. C'est le moment le plus important de la régression spirituelle et sur lequel il faut porter le plus d'attention. Il se produit souvent après que l'âme ait quitté le groupe d'âme pour partir avec son guide spirituel. Le thérapeute peut aller directement à cette rencontre, en particulier, si la vie antérieure qui a permis l'entrée au plan spirituel n'était pas la plus récente :

Allez maintenant au moment où vous allez rencontrer les esprits de lumière avec qui vous avez planifié votre vie actuelle.

Demandez-lui de décrire la scène en détail. Les esprits de lumière peuvent apparaitre sous forme physique ou énergétique.

Décrivez ce qui se passe pendant votre trajet, ainsi que ce que vous apercevez à votre arrivée.
Décrivez l'endroit dans lequel vous arrivez.
Quelle différence y a-t-il depuis votre venue précédente ?
Etes-vous accompagné(e) par votre guide spirituel ?
Si oui, où est-il situé par rapport à vous ?
Que ressentez-vous de particulier dans cet endroit ?

Les Anciens peuvent apparaitre sous une forme physique ou énergétique:

Combien percevez-vous d'esprits de lumière ?
Comment s'appellent-ils ?
Si vous regardez attentivement, ont-ils une apparence physique ou énergétique ?
Décrivez les traits de leurs visages, leurs cheveux, la couleur de leurs yeux.
Décrivez leurs traits les plus caractéristiques, leurs vêtements, leurs parures ou tout emblème qu'ils porteraient.
Quelle serait la signification symbolique de ces parures ou de ces emblèmes ?

Faites préciser les échanges avec les Anciens:

Que vous disent-ils ?

Qu'ajoutent-ils de plus aux paroles de votre guide ?
Est-ce qu'ils formulent des encouragements ou des conseils ?
Vous conseillent-ils sur votre vie future ?
Discutez-vous du niveau d'énergie que l'âme va emmener dans sa prochaine incarnation ?

Sélection du corps de la vie courante

Il y a un moment où il est possible de tester le corps de la vie à venir et parfois même d'en choisir un parmi d'autres, souvent en présence du guide spirituel ou des Anciens. La revue de cet épisode donne une meilleure compréhension des origines. Il est possible d'accéder directement à cette scène de la manière suivante:

Allez maintenant au moment où vous choisissez le corps de votre vie actuelle.

Parmi les questions utiles pour explorer cette scène:

Décrivez l'environnement.
Etes-vous accompagné par votre guide ?
Entre combien de corps pouvez-vous choisir ?
A quoi ressemblent les corps qui vous sont proposés ?
Qu'en pensez-vous ?
Est-ce que les corps proposés sont associés à des choix familiaux, des choix de vies ou des circonstances particulières ?
Pour quelles raisons rejetez-vous certains corps ?
En quoi le corps que vous choisissez vous aidera-t-il dans votre mission de vie ?

Avec le corps que vous avez choisi, pouvez-vous aussi choisir des émotions ou un niveau de facultés mentales ? Le niveau d'énergie et la part d'âme que vous emmènerez avec vous ont-ils fait l'objet d'une discussion?

Autres activités spirituelles

Ce qui suit traite de ce que le client peut expérimenter à un moment ou un autre et un grand nombre de questions émergeront de façon intuitive au cours de l'échange avec le client.

Voici un exemple de questions à poser dans les lieux d'apprentissage et d'enseignement.

Décrivez ce qu'il y a autour de vous.
Que pouvez-vous apprendre ?
Comment se déroule le processus d'apprentissage ?
En quoi cela vous aidera-t-il dans votre vie courante ?

Autres questions possible à propos des espaces solitaires d'étude et de réflexion:

Décrivez ce qu'il y a autour de vous.
Avez-vous déjà connu cet endroit auparavant ?

Voici d'autres questions à poser quand le client se déplace dans une autre dimension ou a accès à de nouvelles connaissances.

Décrivez ce qu'il y a autour de vous.
En quoi cela vous aidera –t-il dans votre vie courante. ?
Avez-vous déjà connu cet endroit auparavant ?

Annexe III – Structurer une séance de régression spirituelle

Départ du plan spirituel vers la réincarnation

Cette phase de remémoration apporte souvent une meilleure compréhension de la vie courante.

On peut y accéder directement par :

Allez au moment où vous vous préparez pour la future réincarnation.

Parmi les questions utiles sur cette phase:

**Décrivez ce qu'il y a autour de vous..
Etes-vous accompagné par votre guide ou êtes-vous seul?
Quel est la part de l'énergie de votre âme que vous emmenez avec vous ?
Quelle est la raison pour emporter ce niveau d'énergie dans cette réincarnation ?
Quelles mémoires émotionnelles et physiques gardez-vous de vos vies antérieures ?
Comment vous-souviendrez-vous des personnages importants, qu'il sera nécessaire de rencontrer dans cette nouvelle vie ?
Allez maintenant au moment où l'énergie de l'âme ente dans le corps du bébé dans le ventre de sa mère. Dites-moi ce que vous ressentez.
Quel âge a le bébé depuis sa conception au moment où l'âme le rejoint.
Y-a-t-il une raison pour le rejoindre à cet âge ?**

Les anciens et le présent éternel

A tout moment, le thérapeute peut à l'occasion de la rencontre avec les anciens passer de la remémoration au présent éternel et bénéficier d'une communication interactive en posant des questions. Il vaut mieux en premier lieu expérimenter toutes les mémoires d'âme parce que cela évitera toute confusion quand le client réécoutera l'enregistrement.

Retournez à la rencontre avec les anciens (ou tout autre nom utilisé précédemment)

Pour ce qui concerne l'éternel présent, voici un exemple des questions qui peuvent être posées:

> **Demander leur de confirmer quelle est votre mission dans cette vie.**
> **Depuis combien de vies passées avez-vous travaillé sur ce même sujet?**
> **Demandez-leur de revoir, parmi toutes ces vies, celle qui pourrait vous apporter un éclairage.**
> **Que pensent-ils des progrès déjà effectués ?**
> **Demandez-leur de vous conseiller pour mieux vous aider dans cette vie.**
> **Demandez-leur si vous pouvez déjà connaître quelles seront vos activités spirituelles dans la prochaine vie.**
> **Demandez à chacun des Anciens s'ils ont quelque chose à ajouter.**

Annexe III – Structurer une séance de régression spirituelle

Clôture de l'entretien au plan spirituel

Voici une clôture possible:

Avant que nous quittions les Anciens, dites-moi si vous avez quelque chose d'autre à demander aux Anciens.

Remerciez les esprits de lumière de l'aide et de la sagesse apportées avant de les libérer.

Phase d'éveil du client

Après quelquefois quatre heures de transe profonde, il faut donner du temps au client pour revenir à un état de conscience bien éveillé et que sa circulation sanguine redevienne complètement normale. Avec une voix plus forte que normale, dites-lui par exemple :

> « Nous allons maintenant quitter le plan spirituel et vous pouvez en ramener avec vous toutes les mémoires et retirer tous les enseignements que vous souhaitez. Je vais maintenant décompter à partir de dix jusqu'à un et à un vous serez complètement éveillé, détendu, revigoré comme après une bonne nuit de sommeil.
> « 10 ... vous commencez à revenir ...
> 9 ... vous pouvez bouger votre jambe gauche (encourager ce mouvement) ...
> 8 ... vous pouvez aussi bouger la jambe droite (encourager ce mouvement) ...
> 7 ... et maintenant la main droite et le bras droit ...
> 6 ... et ensuite la main gauche et le bras gauche ...

5 ... et maintenant votre bassin ...
4 ... ainsi que les épaules ...
3 ... tout naturellement ...
2 ... et bientôt vos yeux vont s'ouvrir ...
1 ... vos yeux sont complètement ouverts et vous êtes pleinement présent dans l'ici et maintenant ».

Entretien de fin de séance

Pendant cette dernière phase réflexive de la séance, il est préférable que le client soit en position assise. Le rôle du thérapeute est d'aider le client à assimiler son expérience. Il faut réserver au moins 15 minutes pour cet entretien et s'assurer également que le client soit bien revenu à l'état conscient.

Passez en revue les événements marquants de la régression spirituelle, par exemple passage de la mort, rencontre avec le groupe d'âmes, etc...et pour chacun de ces thèmes, posez des questions du type :

> **Quels ont été les points marquants de cette étape et qu'est-ce que vous en retenez?**

Il est préférable que le client attende quelques semaines avant de réécouter l'enregistrement afin de bénéficier de nouveaux éclairages. On peut les inviter aussi à faire un retour écrit au thérapeute par email, précisant de quelle façon toutes ces informations l'ont aidé. Cela permet de favoriser le processus d'intégration et offre également au thérapeute de précieux renseignements.

Annexe IV

Libération des énergies intrusives

Détection – balayage du champ d'énergie

Il est important de formuler clairement l'intention de ce que l'on veut détecter :

Dans un instant, je vais procéder à la détection d'énergies qui ne vous appartiennent pas. Vous pouvez fermer les yeux et vous concentrer sur les parties de votre corps que je vais nommer au fur et à mesure que je vais effectuer le balayage énergétique des pieds à la tête. Mes mains vont rester à une quinzaine de centimètres au-dessus de votre corps. Indiquez-moi toute sensation de lourdeur, de légèreté ou autre. Je commence avec les pieds ... ensuite les chevilles ... les jambes ... (et toutes les parties du corps jusqu'à la tête).

Il est parfois utile de répéter le balayage deux ou trois fois.

Détection — signaux idéomoteurs

A utiliser de préférence après le balayage énergétique ou après une mise en transe légère.

« Je voudrais maintenant communiquer avec votre esprit supérieur (votre inconscient) par l'intermédiaire de vos doigts. Votre mental conscient peut se retirer tranquillement en arrière-plan ».

« Je demande à votre esprit supérieur (votre inconscient) de bien vouloir soulever un doigt de la main gauche (ou droite) pour dire OUI »...*attendez qu'un doigt se soulève...* « merci ».

« Je demande à votre esprit supérieur (votre inconscient) de bien vouloir soulever un autre doigt de la main gauche (ou droite) pour dire NON »»...*attendez qu'un doigt se soulève...* « merci ».

On doit s'attendre à un délai de réponse et un mouvement assez léger du doigt.

"**Y-a-t-il dans votre corps une énergie qui ne vous appartient pas ?** » *attendez la réponse d'un doigt.*

« **Y-a-t-il deux énergies ou plus** » *ceci peut être répété pour 3 ou plus etc.*

« **Y a-t-il exactement x énergies ?** » *jusqu'à trouver un nombre précis.*

Annexe IV – Libération des énergies intrusives

ÉTABLIR LE CONTACT AVEC UN ESPRIT INTRUSIF

Permettez à votre esprit conscient de rester en retrait, en parfaite sécurité. Je demande à l'énergie qui est dans votre poitrine (ou dans les jambes … ou à l'énergie la plus puissante) **de prendre possession du larynx de** (prénom du client) **pour me parler.**

Ensuite, pousser avec les mains l'énergie de son point de départ (poitrine, jambes, …) jusqu'au larynx.

Bonjour. Comment t'appelles-tu ?

Il faut parler à l'énergie avec gentillesse, sans précipitation et faire preuve de persévérance pour l'encourager à prendre la parole.

INFORMATIONS AIDANT À LA LIBÉRATION

Certains départs ne nécessitent pas de dialogue et un test peut être effectué en utilisant les signaux idéomoteurs.

Je voudrais que votre esprit supérieur m'indique si cette énergie peut partir sans qu'il soit besoin de dialoguer.

Si la réponse est affirmative, on peut demander au client de contribuer à cette libération, en poussant avec les mains, et avec l'assistance d'un guide spirituel, pour faire partir cette énergie. Dans le cas contraire, il faut engager le dialogue :

Est-ce que tu réalises que tu es mort ?

Est-ce que tu réalises que ce corps n'est pas le tien ?

Il faut trouver une incitation pour que l'énergie aille vers la lumière, par exemple retrouver une personne aimée ou une nounou, si c'est un bébé.

Est-ce que tu voudrais retrouver une personne que tu as aimée ?
Au moment de ta mort, est-ce qu'il y avait quelque chose qui t'a empêché d'aller vers la lumière ?

Si l'intrusion a eu lieu alors que le client subissait un évènement traumatique, il s'agit d'un « hameçon » qui devra être libéré lors d'une séance de thérapie par la régression. Il peut être détecté grâce au dialogue avec l'entité.

Que s'est-il passé dans la vie de (prénom du client) **quand tu as fait intrusion ?**

On peut également utiliser les signaux idéomoteurs:

Je voudrais que votre esprit supérieur m'indique s'il est nécessaire d'effectuer un travail de régression après le départ de cette énergie.

Tentez de démasquer quel effet cette entité a produit sur le client, par exemple baisse d'énergie, pensées ou émotions spécifiques, changement de comportement.

As-tu transmis des pensées (etc...) **à...** (*nom du client*) **?**

Gérer les difficultés

Il arrive qu'un esprit intrusif montre quelque réticence à partir et qu'il soit nécessaire de se montrer persévérant, d'obtenir plus d'information et surtout de faire appel à son intuition.

> **Prends cette étincelle d'amour au cœur de ton être et dis-moi ce qui t'est arrivé.**
> **Tu n'es pas chez toi dans ce corps, je crois qu'il est temps de partir.**
> **Raconte-moi ce qui s'est passé dans ta vie, quand tu étais dans ton propre corps et que s'est-il passé au moment de ta mort ?**
> **Je demande à un esprit de lumière de venir pour t'emmener vers la lumière.**

Au moment où l'énergie est libérée

Encouragez le client à pousser l'énergie vers le ciel avec ses mains pour lui donner le pouvoir d'être partie prenante dans la libération de l'entité. Prenez note des sensations que le client expérimente.

> **Qu'avez-vous ressenti quand les esprits intrusifs sont partis ?**

Autres types d'esprits intrusifs

Certains esprits intrusifs ne sont que de l'énergie émotionnelle:

As-tu déjà eu un corps humain (en propre) **dans le passé ?**

Si la réponse est affirmative, il est possible de parler à cette partie d'énergie pour lui demander quand elle a fait intrusion dans la vie du client avant de passer à une thérapie par la régression.

Terminer la séance

Vérifier que tous les esprits intrusifs ont bien été libérés.

Je voudrais demander à votre esprit supérieur si toutes les énergies qui n'appartiennent pas à ... (prénom du client) **sont bien parties.**

Soin énergétique et recueil du témoignage du client

Peuvent être ici utilisés le Reiki, un soin spirituel ou assimilé.

Je demande à votre esprit supérieur de m'indiquer avec un doigt de la main gauche (ou droite) **si votre champ d'énergie a été complétement nettoyé.**

A la fin de la séance, une discussion peut s'instaurer avec le client sur ce qui s'est passé. Des éclaircissements sur la nature des esprits intrusifs peuvent être nécessaires. Certains clients accepteront plus facilement l'idée de la présence de sous-personnalités. Le client doit apprendre à se protéger et savoir que les accidents, les opérations chirurgicales et les traumatismes émotionnels fragilisent nos défenses vis-à-vis des esprits intrusifs.

Lectures complémentaires

La liste suivante contient des livres de référence qui ouvrent sur différentes perspectives sur la thérapie par la régression, les vies antérieures, la vie entre les vies, la réincarnation, la psychologie et la psychopathologie. D'autres titres sont répertoriés dans la bibliographie.

Thérapie par la régression

Lucas, W. (ed.), *Regression Therapy: A Handbook for Professionals*, vol. 1, Deep Forest Press, 1993. Publié en deux volumes et contenant des articles et techniques utilisées par un panel de thérapeutes par la régression.

Mack, P., *Healing Deep Hurt Within; The Transformational Journey of a Young Patient Undergoing Regression Therapy*, From the Heart Press, 2011. Dr. Peter Mack est un neurochirurgien qui a, après de nombreuses années, décida d'intégrer la thérapie par la régression dans sa pratique et aida ainsi un de ses patients qui avait contracté une maladie invalidante contre laquelle la médecine traditionnelle restait sans effet.

Mack, P., *Life Changing Moments in Inner Healing*, From the Heart Press, 2012. Il s'agit de la suite du livre précèdent qui décrit la transformation opérée chez des patients, grâce à la régression dans les vies antérieures, qui présentaient des symptômes des plus variés, tels que insomnies, cauchemars, phobies de l'eau ou des serpents, procrastination, rage, perte de mémoire, peur de la réussite, peur de parler en public et douleurs inexplicables.

TenDam, H., *Deep Healing*, Tasso, 1996, (order from Hans' email; tasso@damconsult.nl.). Ce livre traite des techniques de thérapie par la régression utilisées par Hans TenDam, qui est l'un des pionniers de la thérapie par la régression.

Tomlinson, A., *Transformer l'âme éternelle*, Heart Press, 2015. Il s'agit de la suite du présent livre qui contient des techniques plus avancées en matière de thérapie par la régression, à savoir : régression spirituelle de l'enfant intérieur, nettoyage des énergies sombres, prise en charge de clients difficiles, thérapie par la régression dans l'exercice médical, utilisation des cristaux, traitement des situations spirituelles d'urgence et intégration de la thérapie dans la vie actuelle du client.

Woolger, R., *Healing Your Past Lives*, Sounds True, 2004. Woolger est l'un des pionniers qui a introduit la conscience corporelle dans la thérapie par la régression. Ecrit à l'origine pour le grand public, Woolger présente sa façon d'utiliser la thérapie par la régression qu'il dénomme « Deep Memory Process » (DMP).

VIES ANTÉRIEURES

Bowman, C., *Children's Past Lives*, Element, 1998. Traduction française *Les vies antérieures des enfants* épuisée. Un livre agréable à lire qui traite des expériences personnelles de l'auteur concernant des vies antérieures d'enfants.

Lawton, I., *The Big Book of the Soul*, Rational Spiritual Press, 2009. Ceci contient un résumé de la recherche actuelle ayant trait à la réincarnation et à l'existence de l'âme.

Stevenson, I., *20 cas suggérant le phénomène de réincarnation*, J'ai lu, / mars 2007. Le travail d'Ian s'est concentré sur les vies antérieures de 2,600 enfants. Ce livre partage le résultat de ses recherches effectuées avec 20 d'entre eux. C'est un livre de référence sur des travaux de recherche objectifs fournissant des témoignages de vies antérieures.

Stevenson, I., *Réincarnation et biologie : La croisée des chemins*, Dervy, 2002. Il s'agit d'un autre livre d'Ian qui apporte des témoignages sur les liens existant entre les traumatismes expérimentés dans les vies antérieures et les problèmes d'ordre physique dans la vie actuelle.

Weiss, B., *De nombreuses vies, de nombreux maîtres*, J'ai lu, 2015. Un livre agréable à lire d'un psychologue clinicien qui raconte l'expérience de vies antérieures d'un client.

La régression de la vie entre les vies

Lawton, I., with research assistance from Tomlinson, A., *Wisdom of Souls*, Spiritual Rational Press, 2006. Dix groupes d'Anciens de la vie entre les vies partagent leurs visions sur un certain nombre de sujets d'ordre spirituel, historique, philosophique, y compris : le sens de la vie sur terre, le futur de l'humanité, et la vraie nature du temps et de la réalité.

Newton, M., *Souvenirs de l'Au-Delà*, Le Jardin des Livres 2007. Le récit est basé sur le compte-rendu de la vie entre les vies de 29 personnes. Ce livre essentiel fournit des bases fondamentales et une sorte de cartographie du plan spirituel.

Newton, M., *Journées dans l'Au-Delà*, Le Jardin des Livres 2009. Une suite de son précédent livre, qui traite du rôle particulier que tiennent les âmes sur le plan spirituel.

Tomlinson, A., *Exploring the Eternal Soul*, From the Heart Press, 2012. De plus amples détails imagés sont fournis dans ce livre sur ce que cela fait de mourir et de passer dans l'autre monde, qui nous rencontrons, où nous allons et ce que nous faisons dans le plan spirituel avant de choisir notre prochaine incarnation. Ce livre s'appuie sur des travaux d'autres pionniers et présente 15 études de cas de telle sorte que le lecteur est transporté au cœur même du récit de ces âmes.

Réincarnation dans les traditions religieuses

Page, C., *The Frontiers of Health*, 1996. Ecrit par un médecin, ce livre raconte comment notre santé peut se trouver affectée par une quelconque disharmonie se produisant dans notre champ énergétique et notre âme.

Rinpoche, S., *Le Livre Tibétain de la Vie et de la Mort*, Le Livre de Poche, 2005. L'explication bouddhiste de ce qui survient après la mort. Ce livre comprend des informations utiles sur le travail thérapeutique auprès des mourants.

Somé, P.M., *Of Water and the Spirit – Ritual, Magic and Initiation in the Life of an African Shaman*, Penguin, 1994. Un livre facile à lire qui présente des approches de soin shamaniques.

Psychologie et Psychothérapie

Herman, J., *Trauma and Recovery*, New York: Basic Books, 1992. Une vue d'ensemble utile pour traiter les abus sexuels.

Parks, P., *Rescuing the Inner Child*, Human Horizons Series, 2002. Techniques utilisées pour la thérapie de l'enfant intérieur à la suite d'abus durant l'enfance.

Ireland-Frey, L. *Freeing the Captives*, Hampton Roads Publishing, 1999. Une foule d'études de cas intéressantes portant sur des libérations d'esprits intrusifs.

Lectures complémentaires

Psychopathologie

Breggin, P., *Your Drug May Be Your Problem,* Perseus Publishing, 1999. Ce livre offre des conseils utiles sur l'effet des antidépresseurs et anxiolytiques et les effets secondaires sur lesquels les sociétés pharmaceutiques ne s'appesantissent pas.

Morrison, J., *DSM-V Made Easy,* The Guildford Press, 2014. Ce livre explique au travers d'études de cas le diagnostic clinique de clients sérieusement perturbés. Assez facile à lire si l'on tient compte des livres traitant habituellement du DSM.

GUÉRIR L'ÂME ÉTERNELLE

Associations de thérapie par la régression

Spiritual Regression Therapy Association (SRTA)
Il s'agit d'une association internationale de thérapeutes en régression et en régression spirituelle de la vie entre les vies formés par la *Past Life Regression Academy* selon des normes internationales.
Site: http://www.spiritual-regression-therapy association.com

International Board of Regression Therapy (IBRT)
Il s'agit d'un organisme indépendant d'examen et d'homologation de thérapeutes par la régression, de chercheurs et offrant des programmes d'enseignements. Sa mission est d'établir des normes professionnelles pour les thérapeutes par la régression et les organisations. Le site offre une liste d'organisations internationales accréditées portant sur les vies antérieures et la thérapie par la régression.
Site: http://www.ibrt.org

The International Association for Regression Research and Therapies (IARRT)
Il s'agit d'une organisation mondiale de thérapeutes par la régression dans les vies antérieures. Elle encourage la recherche dans le domaine de la régression et des vies antérieures.
Site : http://www.iarrt.org

Earth Association of Regression Therapy (EARTh)
Il s'agit d'une association indépendante qui a pour vocation d'améliorer et d'étendre les applications professionnelles de la thérapie par la régression. Elle organise des forums sur internet, propose des bulletins d'information et fixe les normes professionnelles des écoles formant à la thérapie par la régression reconnues par cette même association. Chaque été, elle organise une série d'ateliers au bénéfice du développement personnel des thérapeutes.
Site : http://www.earth-association.org

International Deep Memory Association (IDMA)
Emanant des travaux de Roger Woolger, cette association encourage le développement personnel de ses membres et leur permet de rester en contact les uns avec les autres. Elle publie régulièrement des bulletins d'information comportant une liste des formations, séminaires et autres événements.
Site : http://www.i-dma.org

Norsk forbund for Regresjonsterapi (NFRT)
Il s'agit d'une organisation de thérapeutes par la régression qui se consacre à l'expansion de l'acceptation professionnelle de la thérapie par la régression en Norvège. Elle assure la promotion des activités de formation et de recherche ainsi que la sensibilisation auprès du grand public de la thérapie par la régression.
Site : http://www.regresjonsterapi.no

Nederlandse Vereniging van Reincarnatie Therapeuten (NVRT)
Cette organisation est basée aux Pays-Bas. Elle met en relation les thérapeutes par la régression et organise la recherche sur l'efficacité de cette thérapie.
Site : http://www.reincarnatietherapie.nl

The Michael Newton Institute
Cette organisation professionnelle se consacre à l'approfondissement de la recherche et des découvertes dans la pratique de la régression spirituelle de la vie entre les vies fondées sur les travaux du Dr Michael Newton.
Site : http://www.newtoninstitute.org

GUÉRIR L'ÂME ÉTERNELLE

Sources et renvois

Bien que la plupart des professionnels cités dans ce livre soient des docteurs en psychologie ou psychiatrie, je n'utilise pas systématiquement le titre de « Docteur » tout au long du livre. Telle n'est certes pas mon intention de leur manquer de respect, mais cette omission permet d'éviter de nombreuses répétitions. Certaines citations d'autres auteurs peuvent parfois avoir été reformulées ou résumées dans un souci de clarification sans pour autant en modifier le contenu essentiel. Toutes les études de cas sont présentées telles qu'elles sont intervenues et les réactions des clients ont été rapportées scrupuleusement. Des modifications mineures ont été apportés aux relevés de notes afin d'éviter des répétitions ou pour améliorer la grammaire. Pour assurer la cohérence, mes questions apparaissent en police de caractères normale et les réponses des clients en caractère italique.

PRÉFACE

1. Don Theo Paredes et Art Roffey offrent des formations shamaniques et des voyages au Pérou. Site : www.innervisionpc.org, email : innervisionpc@comcast.net.

2. Ipu Makunaiman et sa sagesse concernant la forêt tropicale organise des voyages en Amazon. Site: www.nativeculturalalliance.org, email: tucuxi@bellatlantic.net.

3. Joao Teixeira de Faria dénommé « *Jean de Dieu* ». Site: www.johnofgod.com.

CHAPITRE 1 – INTRODUCTION

1. Grof, S., *Psychologie transpersonnelle,* J'ai lu 2009
2. Assagioli, R.M.D., *Psychosynthèse : Principes et techniques.* Desclée de Brouwer 1997
3. Somé, P.M., *Of Water and the Spirit – Ritual, Magic and Initiation in the Life of an African Shaman*, Penguin, 1994.

4. Powell, A.E., *Le Corps astral et autres phénomènes astraux*, Adyar 1994
   Powell, A.E., *Le Double étherique*, Adyar 1999
5. Krippner, S., and Rubin, R., *Galaxies of Life; the Human Aura in Acupuncture and Kirlian Photography*, Gordon and Beach, New York, 1974.
6. Brennan, B.,*Le pouvoir bénéfique des mains*, Tchou 2015.
7. Wirth, D.P., *The Effect of Non-contact Therapeutic Touch on the Healing Rate of Full Thickness Dermal Wounds*, Journal of Subtle Energies & Energy Medicine, Vol. 1 No. 1, 1990.
8. *Daily Mail*, Dec 14th 2001, page 11.
9. Van Lommel et al, *Near-death Experience in Survivors of Cardiac Arrest*; a prospective study in the Netherlands, The Lancet, 15 Dec 2001.
10. Gallup, G., *A Look Beyond the Threshold of Death*, London Souvenir, 1983.
11. Stevenson, I., *20 cas suggérant le phénomène de réincarnation*, J'au lu, 2007.
12. Weiss, B., *De nombreuses vies, de nombreux maîtres*, J'ai lu 2015.
13. Newton, M.,*Journées dans l'au-delà*, Le jardin des livres, 2009
14. Newton, M., *Souvenirs de l'Au-Delà*, Le jardin des livres, 2007
15. Haraldsson, E., *East and West Europeans and their Belief in Reincarnation and Life after Death*, in SMN *Network Review*, No 87, spring 2005.
16. Maj, M., Sartorius, N., Okasha, A., Zohar, J., *Obsessive Compulsion Disorder*, Wiley, 2000.
17. Bowlby, J., *Amour et rupture : les destins du lien affectif,* Albin Michel, 2014
18. Stevens, R., *Understanding the Self,* The Open University, SAGE Publications, 1996.

CHAPITRE 2 – ASPECTS THEORIQUES DE LA REGRESSION DANS LA VIE ANTERIEURE ET DE LA REGRESSION SPIRITUELLE

1. McLaughlin, C., and Davidson, D., Spiritual Politics, Findhorn, 1994.
2. Bailey, A., *Traité sur la magie blanche*, Lucis Trust, 1990
3. Page, C., The Frontiers of Health, 1996.
4. Blatzer, J.P., The Donning International Encyclopaedic Psychic Dictionary, The Donning Company, 1986.
5. Newton, M., *Journées dans l'au-delà*, Le jardin des Livres, 2009

6. Powell, A.E., *Le Corps astral et autres phénomènes astraux*, Adyar 1994
7. Stevenson, I., *Réincarnation et biologie : La croisée des chemins*, Dervy (31 octobre 2002)
8. Guirdham, A., *Les Cathares et la réincarnation*, (Occasion)
9. Tomlinson, A., *Exploring the Eternal Soul*, From the Heart Press, 2012.
10. Rinpoche, S., *Le Livre Tibétain de la Vie et de la Mort*, Le Livre de Poche 2005
11. Hopking, A., *The Emergence of the Planetary Heart*, Godshaer Publishing, 1994.
12. Browne, S., *La vie dans l'au-delà : Voyage d'un médium dans l'après-vie*, AdA 1997

CHAPITRE 3 – ACCEDER A UNE VIE ANTERIEURE

1. Erickson, M., & Rossi, E., *Hypnotic Realities*, New York, Ivington, 1979.
2. Wolinsky, S., *Trances People Live*, The Bramble Company, 1991.
3. Netherton, M., and Shiffren, N., *Past Lives Therapy,* Morrow, New York, 1979.
4. Woolger, R., *A la recherche de nos vies antérieures* : Une thérapie révolutionnaire : *Un psychothérapeute jungien découvre ses vies passées,* Editions Exergue, 2003.

CHAPITRE 4 – EXPLORATION D'UNE VIE ANTÉRIEURE

1. TenDam, H., *Deep Healing*, Tasso Publishing, 1996.

CHAPITRE 5 – LE PASSAGE DE LA MORT

1. Rinpoche, S., *Le Livre Tibétain de la Vie et de la Mort*, Le Livre de Poche, 2005
2. Powell, A.E., *Le Double étherique*, Adyar 1999.

CHAPITRE 6 – TRANSFORMATIONS DANS LE PLAN SPIRITUEL

1. Tomlinson, A., *Exploring the Eternal Soul*, From the Heart Press, 2012.

CHAPITRE 7 – LA REGRESSION SPIRITUELLE DE LA VIE ENTRE LES VIES

1. Newton, M., Life Between Lives; Hypnotherapy for Spiritual Regression, Llewellyn, 2004.
2. The Michael Newton Institute, contact website: http://www.newtoninstitute.org.
3. Newton, M., *Souvenirs de l'Au-Delà*, le Jardin des Livres, 2007
4. Woolger, R., *A la recherche de nos vies antérieures : Une thérapie révolutionnaire : Un psychothérapeute jungien découvre ses vies passées,* Editions Exergue, 2003.
5. Tomlinson, A., Exploring the Eternal Soul, From the Heart Press, 2012.
6. Newton, M., *Journées dans l'Au-Delà*, Le Jardin des Livres, 2009.

CHAPITRE 8 – TRAVAILLER AVEC LES MEMOIRES CORPORELLES

1. Kurtz, R., The Body Reveals, Harper, New York, 1976.
2. Reich, W., Studies in Psychology, Pearson Custom Pub., 1991.
3. Deep Memory Process a remplacé Dr Roger Woolger *original work Integral Regression Therapy*. Se référer aux sites suivants: US and Europe: www.rogerwoolger.com.
Germany, Austria and Switzerland: www.woolger.de.
Brazil: www.woolger.com.br.
4. Woolger, R., and Tomlinson, A., Deep Memory Process and the Healing of Trauma, article publié dans the Network Review, Journal of the Scientific and Medical Network, summer 2004.
Woolger, R., Healing your Past Lives – Exploring the Many Lives of the Soul, Sounds True, 2004.
Woolger, R., Body Psychotherapy and Regression: the Body Remembers Past Lives in Staunton, T., Body Psychotherapy, Routledge, London, 2002.
5. Ogden, P., Minton, K., Sensorimotor Psychotherapy: One Method for Processing Traumatic Memory, Traumatology, 6 (3), Article 3, October 2000.
6. Staunton, T., Body Psychotherapy, Routledge, London, 2002.
7. Greenberg, E., and Woolger, R., Matrix Therapy, available from the author.
8. Givens, A., The Process of Healing, Libra Books, San Diego, California, 1991.
9. Herman, J., Trauma and Recovery, New York: Basic Books, 1992.

Sources et renvois

10. Stevens, R., *Understanding the Self*, The Open University, Sage Publications, 1996.

CHAPITRE 9 – LES ÉNERGIES INTRUSIVES

1. Baldwin, W., *Spirit Releasement Therapy*, Headline Books, 1995
2. Ireland-Frey, L., *Freeing the Captives*, Hampton Roads Publishing, 1999.
3. Cannon, D., *Between Death and Life: Conversations With a Spirit*, Gateway, 2003.
4. The Spirit Release Foundation, website: www.spiritrelease.com
5. Newton, M., *Journées dans l'Au-Delà*, Le Jardin des Livres, 2009
6. Di Griffiths offre des cours de formation en énergie intrusive. Email: diana.benjamin@virgin.net.

CHAPITRE 10 – INTÉGRATION

1. Parks, P., *Rescuing the Inner Child*, Human Horizons Series, 2002.

CHAPITRE 11 – ENTRETIEN PRÉLIMINAIRE

1. Frank, J.D., *Therapeutic Factors in Psychotherapy*, American Journal of Psychotherapy, 25, 1971.
2. Erickson, M.H., Zeigg, J. K., *Symptom Prescription for Expanding the Psychotic's World View*, contained in Dolan, Y., *A Path with a Heart – Ericksonian Utilisation with Resistant and Chronic Clients*, Brunner Mazel, New York, 1985.
3. Maxmen, J.S., Ward, N.G., *Psychotropic Drugs Fast Facts*, W.W. Norton, 1995.
4. Breggin, P., Cohen, D., *Your Drug May Be Your Problem*, Perseus Books, 1999.

ANNEXE I – NOTES

1. Van der Maesen, R., in *The Journal of Regression Therapy, Volume XII (1), PLT for Giles De La Tourettes's Syndrome* International Association for Regression Research and Therapies, 1998.
2. Van der Maesen, R., in *The Journal of Regression Therapy, Volume XIII (1), Past Life Therapy for People who Hallucinate Voices*, International Association for Regression Research and Therapies, 1999.
3. Fonagy, P., Roth, A., *What Works for Whom*, The Guildford Press, 1996.

4. Snow, C., *Past Life Therapy: The Experiences of Twenty-Six Therapists*, The Journal of Regression Therapy, Volume I (2), 1986.
5. Denning, H., *The Restoration of Health Through Hypnosis*, The Journal of Regression Therapy 2:1 (1987), pp. 52–4.
6. Jung, C.G., Cazenave, M. *"Les Racines de la conscience"*, Le Livre de Poche 1995.
7. Assagioli, R.M.D., *Psychosynthèse : Principes et techniques*, Desclée de Brouwer, 1997
8. Boorstein, S. (ed.), *Transpersonal Psychotherapy*, Suny, 1996.
9. Dolan, Y., *A Path with a Heart – Ericksonian Utilization with Resistant and Chronic Clients*, Brunner Mazel, New York, 1985.
10. Dilts, R., *Croyances et santé*, Desclée de Brouwer, 1994
11. Tomkins, P., Lawley, J., *Metaphors in Mind, Transformation through Symbolic Modeling*, The Developing Company, 2000.
12. Nolte, J., *Catharsis From Aristotle to Moreno*, Action Methods Training Center, Indianapolis, 1992.
13. Wilkins, P., *Psychodrama (Creative Therapies in Practice)*, Sage Publications Ltd, 1999.
14. Van der Kolk, B., McFarland and Weisaeth (eds), *Traumatic Stress*, Guildford Press, New York, 1996.
15. MacLean, P.D., *Brain evolution relating to family, play, and the separation call*, Archives of General Psychiatry, 42, 405–417, 1985.
16. Bailey, A., *Guérison ésotérique*, Lucis Trust,1990.
17. Powell, A.E., Le Corps astral et autres phénomènes astraux , Adyar 1994 - Powell, A.E., Le Double étherique, Adyar,1999
18. Woolger, R., *Past Life Therapy, Trauma Release and the Body*, available from the author.

ANNEXE III – STRUCTURER UNE SEANCE DE REGRESSION SPIRITUELLE

1. Newton, M., *Life Between Lives; Hypnotherapy for Spiritual Regression*, Llewellyn, 2004.

Bibliographie

Assagioli, R.M.D, Psychosynthèse : Principes et techniques, Desclée de Brouwer (30 juillet 1997)

Bailey, A., Traité sur la magie blanche, Lucis Trust, 1990.

Bailey, A., Guérison ésotérique, Lucis Trust, 1990.

Baldwin, W., Spirit Releasement Therapy, Headline Books, 1995.

Blatzer, J.P., The Donning International Encyclopedic Psychic Dictionary, The Donning Company, 1986.

Boorstein, S. (ed.), Transpersonal Psychotherapy, Suny, 1996.

Bowlby, J., Amour et rupture : les destins du lien affectif, ed. Albin Michel, 2014 .

Bowman, C., Children's Past Lives, Element, 1998. En français, "Les vies antérieures des enfants», épuisé.

Breggin, P., Cohen, D., Your Drug May Be Your Problem, Perseus Books, 1999.

Brennan, B., Le Pouvoir Bénéfique des Mains, ed. Tchou, 2015 .

Browne, S., La vie dans l'au-delà : Voyage d'un médium dans l'après-vie, ed. AdA, 1997.

Cannon, D., Between Death and Life: Conversations With a Spirit, Gateway, 2003.

Collins, M., L'Idylle du Lotus blanc, Editions Triskell

Crasilneck, H.B., & Hall, J.A., Clinical Hypnosis Principals and Applications, Grune & Stratton, 1985.

Daily Mail, Dec 14th 2001, page 11.

Dilts, R., Croyances et santé, ed. Desclée de Brouwer, 1994.

Dolan, Y., A Path with a Heart – Ericksonian Utilization with Resistant and Chronic Clients, Brunner Mazel, New York, 1985.

Dychtwald, K., Body-Mind, Pantheon, New York, 1986.

Erickson, M. & Rossi, E., Hypnotic Realities, New York, Ivington, 1979.

Erickson, M.H., Zeigg, J.K., Symptom Prescription for Expanding the Psychotic's World View, in Rossi, E.L. The Collected Papers of Milton H. Erickson, Vol IV, Ivington.

Fonagy, P., Roth, A., What Works for Whom, The Guildford Press, 1996.

Frank, J.D., Therapeutic Factors in Psychotherapy, American Journal of Psychotherapy, 25, 1971.

Gallup, G., A Look Beyond the Threshold of Death, London Souvenir, 1983.

Givens, A., The Process of Healing, Libra Books, San Diego, California, 1991.

Greenberg, E., and Woolger, R., Matrix Therapy, available from the author.

Grof. S., Psychologie transpersonnelle, ed. J'ai lu, 2009

Guirdham, A., Les Cathares et la réincarnation, ed. Poche, 2005

Havens, R., and Walters, C., Hypnotherapy Scripts – A Neo-Erickson Approach to Persuasive Healing, Brunner Mazel, 1989.

Herman, J., Trauma and Recovery, New York: Basic Books, 1992.

Hopking, A., The Emergence of the Planetary Heart, Godshaer Publishing, 1994.

Ireland-Frey, L., Freeing the Captives, Hampton Roads Publishing, 1999.

Jung, C.G., Hull, R.F.C., The Archetypes and the Collective Unconscious, Routledge, 1991.

Krippner, S., Rubin, R., Galaxies of Life; the Human Aura in Acupuncture and Kirlian Photography, Gordon and Beach, New York, 1974.

Kurtz, R., The Body Reveals, Harper, New York, 1976.

Lawton, I., The Big Book of the Soul, Rational Spiritual Press, obtainable from website: http://www.rspress.org, 2009.

Lawton, I., Wisdom of the Soul, Rational Spiritual Press, obtainable from website: http://www.rspress.org, 2006.

Levine, P., Réveiller le tigre - Guérir le traumatisme, Editions Socrate Promarex, 2008.

Lucas, W., (ed.) Regression Therapy: A Handbook for Professionals, Vol. 1, Deep Forest Press, 1993.

MacLean, P.D., Brain Evolution Relating to Family, Play, and the Separation Call, Archives of General Psychiatry, 42, 405–417, 1985.

Maj, M., Sartorius, N., Okasha, A., Zohar, J., Obsessive Compulsion Disorder, Wiley, 2000.

Maxmen, J.S., Ward, N.G., Psychotropic Drugs Fast Facts, Norton, 1995.

McLaughlin, C., and Davidson, D., Spiritual Politics, Findhorn, 1994.

Mead, G.R.S., The Doctrine of the Subtle Body in Western Tradition, Society of Metaphysicians, 1987.

Michael Newton Institute, Training Manual, contact website: http://www.newtoninstitute.org.

Netherton, M., and Shiffren, N., Past Lives Therapy, Morrow, New York, 1979.

Newton, M., Destiny of Souls, Llewellyn, 2000.

Newton, M., Journey of Souls, Llewellyn, 1994.

Newton, M., Life Between Lives; Hypnotherapy for Spiritual Regression, Llewellyn, 2004.

Nolte, J., Catharsis From Aristotle to Moreno, Action Methods Training Center, Indianapolis, 1992.

Ogden, P., Minton, K., Sensorimotor Psychotherapy: One Method for Processing Traumatic Memory, Traumatology, 6(3), Article 3, October 2000.

Oschman, J.L., Energy Medicine: The Scientific Basis, Churchill Livingstone, 1999.

Page, C., The Frontiers of Health, 1996.

Parks, P., Rescuing the Inner Child, Human Horizons Series, 2002.

Perls, F., Hefferline, R., Goodman, P., Gestalt Therapy, The Gestalt Journal Press, 1994.

Powell, A.E., Le Corps astral et autres phénomènes astraux, ed. Adyar, 1994.

Powell, A.E., Le Double étherique, ed. Adyar, 1999.

Praagh, J., Talking to Heaven, A Medium's Message of Life After Death, Piatkus, 1997.

Reich, W., Studies in Psychology, Pearson Custom Pub., 1991.

Rinpoche, S., Le Livre Tibétain de la Vie et de la Mort, ed. Le Livre de Poche, 2005.

Rossi, E., Cheek, B., Mind Body Therapy, Norton, 1994.

Rumi, These Branching Moments, versions by Coleman Barks, Copper Beech, 1988.

Rycoft, C., Reich, Fontana Paperback, 1971.

Snow, C., Past Life Therapy: The Experiences of Twenty-Six Therapists, The Journal of Regression Therapy, Volume I (2), 1986

Somé, P.M., Of Water and the Spirit – Ritual, Magic and Initiation in the Life of an African Shaman, Penguin, 1994.

Stevens, R., Understanding the Self, The Open University, Sage Publications, 1996.

Stevenson, I., Réincarnation et biologie : La croisée des chemins, ed. Dervy, 2002

Stevenson, I., 20 cas suggérant le phénomène de réincarnation, ed. J'ai lu, 2007.

TenDam, H., Deep Healing, Tasso Publishing, 1996.

TenDam, H., Exploring Reincarnation, Tasso Publishing, 1987.

Tomkins, P., Lawley, J., Metaphors in Mind, Transformation through Symbolic Modeling, The Developing Company, 2000.

Tomlinson, A., Exploring the Eternal Soul, From the Heart Press, 2012.

Bibliographie

Van der Kolk, B., McFarland and Weisaeth (eds), Traumatic Stress, Guildford Press, New York, 1996.
Van der Kolk, B., The Compulsion to Repeat the Trauma: Re-enactment, Revictimization, and Masochism. This article first appeared in Psychiatric Clinics of North America, 12, (2), 389–411, 1989.
Van der Maesen, R., in The Journal of Regression Therapy, Volume XII (1), PLT for Giles De La Tourettes's Syndrome, International Association for Regression Research and Therapies, 1998.
Van der Maesen, R., in The Journal of Regression Therapy, Volume XIII (1), Past Life Therapy for People who Hallucinate Voices, International Association for Regression Research and Therapies, 1999.
Van Lommel, P., et al, Near-death Experience in Survivors of Cardiac Arrest; a prospective study in the Netherlands, The Lancet, 15 Dec 2001; Anonymous teeth case.
Van Wilson, D., The Presence of Other Worlds, Harper Row, 1975.
Weiss, B., De nombreuses vies, de nombreux maîtres, ed. J'ai lu, 2015.
Wilbarger, P., Wilbarger, J., Sensory Defensiveness and Related Social/Emotional and Neurological Problems, Van Nuys, CA: Wilbarger, obtained from Avanti Education Program, 14547 Titus St., Suite 109, Van Nuys, CA, 91402, 1997.
Wilkins, P., Psychodrama – Creative Therapies in Practice, Sage Publications Ltd, 1999.
Wirth, D.P., The Effect of Non-contact Therapeutic Touch on the Healing Rate of Full Thickness Dermal Wounds, Journal of Subtle Energies & Energy Medicine, Vol. 1 No. 1, 1990.
Wolinsky, S., Trances People Live, The Bramble Company, 1991.
Woolger, R., Other Lives Other Selves, Thorsons, 1999.

Woolger, R., Healing Your Past Lives – Exploring the many Lives of the Soul, Sounds True, 2004.

Woolger, R., Past Life Therapy, Trauma Release and the Body, available from the author.

Woolger,R., A la recherche de nos vies antérieures : Une thérapie révolutionnaire : Un psychothérapeute jungien découvre ses vies passées, Editions Exergue, 2003.

Woolger, R., and Tomlinson, A., Deep Memory Process and the Healing of Trauma, article published in the Network Review, Journal of the Scientific and Medical Network, summer 2004.

A PROPOS DE L'AUTEUR

Andy Tomlinson est psychothérapeute et diplômé en psychologie. Il a également été formé à l'hypnothérapie éricksonnienne et à la thérapie par la régression, et est certifié auprès de l'*International Board of Regression Therapy*. Il a été formé et qualifié par le *Michael Newton Institute* à la pratique de la régression spirituelle. Andy Tomlinson se consacre à la thérapie par la régression depuis 1996, il est un expert de renommée internationale. Il est le directeur de la formation de la *Past Life Regression Academy* et est un des membres fondateurs de la *Spiritual Regression Therapy Association* et de l'*Earth Association of Regression Therapy*. Il est aussi l'auteur de *Exploring the Eternal Soul*, co-auteur de *Transforming the Eternal Soul* et a contribué par ses recherches au livre de Ian Lawton *Wisdom of Souls*, ce livre a été reconnu comme une contribution majeure au domaine de la régression spirituelle. Il enseigne, et fait des conférences sur le plan international. Pour toute autre information concernant Andy Tomlinson ou ses formations, veuillez consulter le site de l'académie de régression, à l'adresse suivante: www.regressionacademy.com.

www.ingramcontent.com/pod-product-compliance
Lightning Source LLC
Chambersburg PA
CBHW052013290426
44112CB00014B/2219